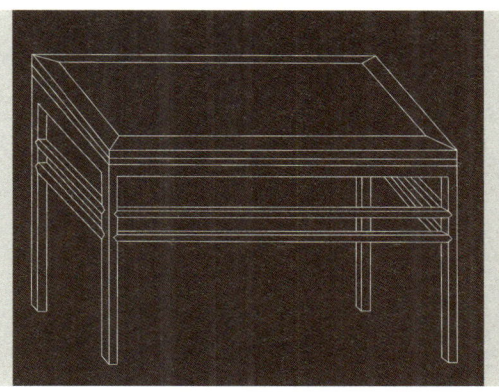

敦煌家具图式

邵晓峰 ⊙ 著 | 东南大学出版社

2017年度国家出版基金资助项目

绘 图

李汇龙　赵盼盼　李　扬　张丹丹
张敏龄　刘荣荣　宋文欣　张心沁
金　璐　徐婉婷　王　华　梅汝晨

图书在版编目（CIP）数据

敦煌家具图式 / 邵晓峰著. —南京：东南大学出版社，2018.12
ISBN 978-7-5641-7734-8

Ⅰ.①敦⋯ Ⅱ.①邵⋯ Ⅲ.①敦煌壁画–家具–图案–研究 Ⅳ.① K879.414 ② TS666.202

中国版本图书馆CIP数据核字（2018）第100112号

书名题写：饶宗颐
装帧设计：邵晓峰
责任编辑：刘庆楚

敦煌家具图式
Dunhuang Jiaju Tushi

出版发行：	东南大学出版社
地　　址：	南京市四牌楼2号　邮编：210096
出 版 人：	江建中
网　　址：	http：// www.seupress.com
经　　销：	全国各地新华书店
印　　刷：	徐州绪权印刷有限公司
开　　本：	787 mm × 1092 mm　1/8
印　　张：	59
字　　数：	1227千字
版　　次：	2018年12月第1版
印　　次：	2018年12月第1次印刷
书　　号：	ISBN　978-7-5641-7734-8
定　　价：	650.00元

本社图书若有印装质量问题，请直接与营销部联系。电话（传真）：025-83791830

邵晓峰在敦煌莫高窟考察，2007 年

邵晓峰，1972 年生于江苏南京。

中国美术馆研究与策划部负责人、教授。

中国博物馆协会美术馆专业委员会副秘书长、文化和旅游部文化大数据发展专家组成员、国家艺术基金评委、中国美术馆公共教育专家委员会委员、中国人民大学徐悲鸿艺术研究院研究员、南京大学中华图像文化研究所研究员、中国美术家协会会员、北京美术家协会理事。

江苏省徐悲鸿研究会常务副会长兼秘书长、江苏省青联常委、南京市青年美术家协会主席，江苏省 333 高层次人才培养工程学术领军人才。南京林业大学艺术设计学院美术与设计研究中心主任、教授、博士生导师。

在中国国家画院、美国耶鲁大学、香港集古斋等举办个人书画展 16 场，出版个人书画集 9 部，主编（执行主编）画集、论文集 8 部。中国画荣获第 29 届大韩民国新造型美术大展"大赏"（最高奖项，韩国美术教育协会主办）、"第二届艺术品市场价值建设奖·最具收藏价值艺术家奖""2008 艺术百家年度作品奖"一等奖等。

发表论文 130 余篇，出版专著 10 部。专著《中国宋代家具》相继荣获第二届中国大学出版社优秀图书奖优秀学术著作类一等奖、教育部第六届高等学校科学研究优秀成果奖等。专著《中华图像文化史·宋代卷（上、下卷）》《中华图像文化史·家具图式卷》被评为国家"十二五"重点出版项目、2014 年度国家出版基金项目。专著《中国泼彩山水画史》荣获中国图书馆学会主办的"全民阅读好书推荐书目（2015—2016）200 种"。2012 年，获"江苏省首批中青年骨干教师和校长境外研修计划"资助，赴香港大学饶宗颐学术馆任访问学者一年，师从一代国学大师、敦煌学大师、艺术大师饶宗颐先生研究"敦煌壁画与中国家具的千年之变"。饶宗颐先生为这一成果题词鼓励，题写书名，并推荐作为香港敦煌吐鲁番研究中心（饶宗颐先生创立）丛书第一辑第一种，2014 年由香港大学饶宗颐学术馆出版发行。

敦煌家具图式

内容简介

为倡导中国与有关国家既有的多边机制及区域合作,"一带一路"倡议应运而生。就古今之变而言,"丝绸之路"不但是东西方经济之路,而且是艺术交流之路。敦煌莫高窟是全世界迄今为止连续建造时间最长、规模最大的佛教石窟群,敦煌壁画是著名的世界文化遗产,敦煌学早已成为国际显学。家具作为造物设计的重要内容,不仅展现人们的生活方式,还可折射内在精神。中国人起居方式由低坐向高坐演进,主要在于"丝绸之路"文化的影响,敦煌家具图式是其中的重要见证。

图式与图像关系密切,图像是人为之形象或影像,具有一定的文化内涵与广泛的视觉形式。图式是图像的呈现方式,具有程式化、结构化特征,一旦形成,具有稳定性、概念性特征。因此,家具图式是具有一定的程式化、结构化与稳定性、概念性特征的家具图像呈现方式。

本书主要通过研究敦煌壁画中的家具图式,佐以敦煌雕塑中的家具形象以及其他艺术作品中的相关家具形象,借鉴考古学、文献学、图像学、敦煌学、美术学等学科的成果,多维考证,交互阐释,进而揭示中国中古家具千年之变的重要规律。为建立通过敦煌壁画研究古代家具图式的理论基础,首先对中国传统绘画与家具图式的关系进行概述,分析绘画中的家具与家具上的绘画,阐释中国传统家具与绘画线条、色彩、章法、意蕴的关系。接下来对高型家具进入中国的背景,敦煌壁画中低坐家具图式的延续、本土家具图式的发展、高坐家具图式的融入、外来家具图式的汉化、特色家具图式的创制等,进行系统研究,并对具有代表性的家具图式进行深入的图像描述、分析与诠释工作。在此基础上,总结出敦煌家具图式的文化表征——家具文化的有机交汇,家具演变的生动见证,中古家具的宏观展现,佛教元素的全面贯穿。

作者通过收集到的敦煌文书记载的3万余字家具资料,结合家具史文献及图式进行分类甄别,展开整体性文本解析。

全书图像共计864幅(337幅正文插图,527幅附图),堪称敦煌家具图像集成,对于深入研究敦煌家具与相关文化意义重大。

本书力求探索建立起敦煌家具文本与图式的研究基础,使这项"丝绸之路"古代设计的研究得以深入,为呈现敦煌在东西方文化交流中的积极作用提供具体化、客观化成果。

关键词:敦煌;家具图式;壁画;文本;千年之变

敦煌家具图式

Abstract

In order to promote the existing multilateral mechanisms and regional cooperation between China and relevant countries, the "Belt and Road Initiative" has emerged as the times require. In terms of ancient and modern changes, the "Silk Road" is not only a road of economic cooperation, but also of cultural and artistic exchanges between the East and the West. Mogao Grottoes in Dunhuang are the group of Buddhist grottoes that have been continuously built for the longest time and the largest scale in the world. Dunhuang frescoes are a famous world cultural heritage. Dunhuangology (Dunhuang Studies) has (have) already become an internationally prominent school of studies. Furniture, as an important part of design, not only shows people's life style, but also reflects their inner thinking. The reason why the Chinese people's daily life style evolved from a low sitting position to a high sitting position lies in the influence of the "Silk Road" culture. The Dunhuang furniture schema is an important testimony of that.

Schema is closely related to images, which are results of human creations and have certain cultural connotations and extensive visual forms. Schema is the presentation of images with stylized and structured features. Once formed, it also has stability and conceptual features. Furniture schema is a systematic way of furniture image presentation with certain stylized, structured, stabilized and conceptual features.

Through the study of the furniture schema in Dunhuang frescoes and the images of furniture in Dunhuang sculptures, this book is to reveal the millenary changes of Chinese ancient furniture. This research, drawing on the achievements of archeology, philology, graphics, Dunhuangology and fine arts, takes the methods of multidimensional textual research and interactive interpretation. It attempts to establish the theoretical basis for the study of ancient furniture patterns through Dunhuang frescoes, to outline the relationship between traditional Chinese painting and furniture patterns, to analyze the furniture in paintings and furniture paintings, and to explore the relationship between traditional Chinese furniture and painting lines, colors, compositional techniques and implications. Also, a more systematic study was conducted on the background of high-type furniture entering China, the continuation of the low-lying furniture pattern in Dunhuang murals, the development of local furniture patterns, the integration of high sitting furniture patterns, the localization of foreign furniture patterns, and the creation of distinctive furniture patterns. In the overall description and in-depth exploration, focus is on the in-depth image description, analysis and interpretation of representative furniture patterns. Based on this, the book sums up the cultural representation of Dunhuang furniture schema, namely the convergence of different furniture cultures, the vivid witness of the furniture evolution, the macro display of ancient Chinese furniture, and the full reflection of Buddhist elements.

This book also collects more than 30,000 words of furniture materials recorded in Dunhuang documents and has them categorized. It makes a text analysis, based on the comparison with the documents of furniture history and Dunhuang furniture schemas.

A total of 864 images (337 illustrations and 527 schema classification and analysis) are collected in the whole book, which can be called a Dunhuang furniture pattern integration. It is of great significance for the in-depth study of Dunhuang furniture and related culture.

This book attempts to establish the research foundation of the Dunhuang furniture texts and schemas, and to further the research on the ancient design of the "Silk Road", providing concrete and objective results for highlighting the positive role of Dunhuang in the cultural exchanges between the East and the West.

Key words: Dunhuang, Furniture schema, Frescoes, Texts, Millenary changes

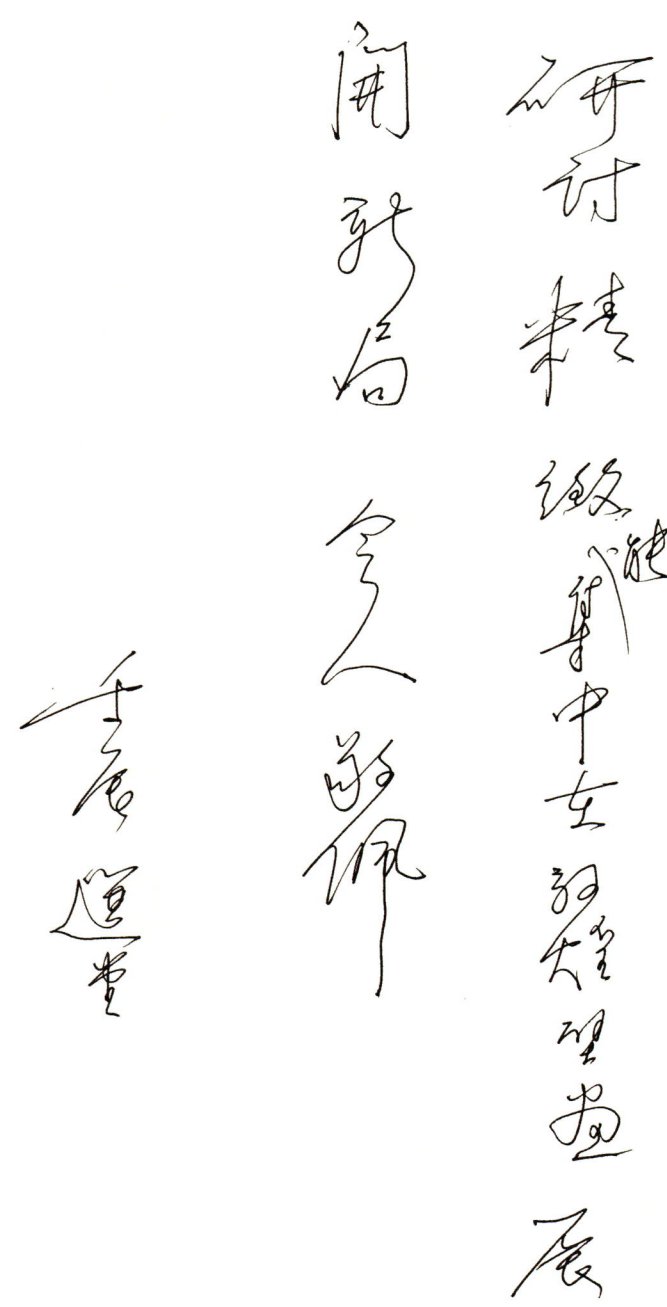

题词：饶宗颐（选堂）

　　2012年8月，邵晓峰获得"江苏省首批高校优秀中青年教师和校长境外研修计划"资助，有幸在香港大学饶宗颐学术馆进行为期一年的访问学者工作。一代国学大师、艺术大师、西泠印社第七任社长选堂饶宗颐先生为邵晓峰在香港大学的研究项目"敦煌壁画与中国古代家具研究"专门题词："研讨精微，能集中在敦煌壁画，展开新局，令人敬佩！壬辰选堂。"

题词

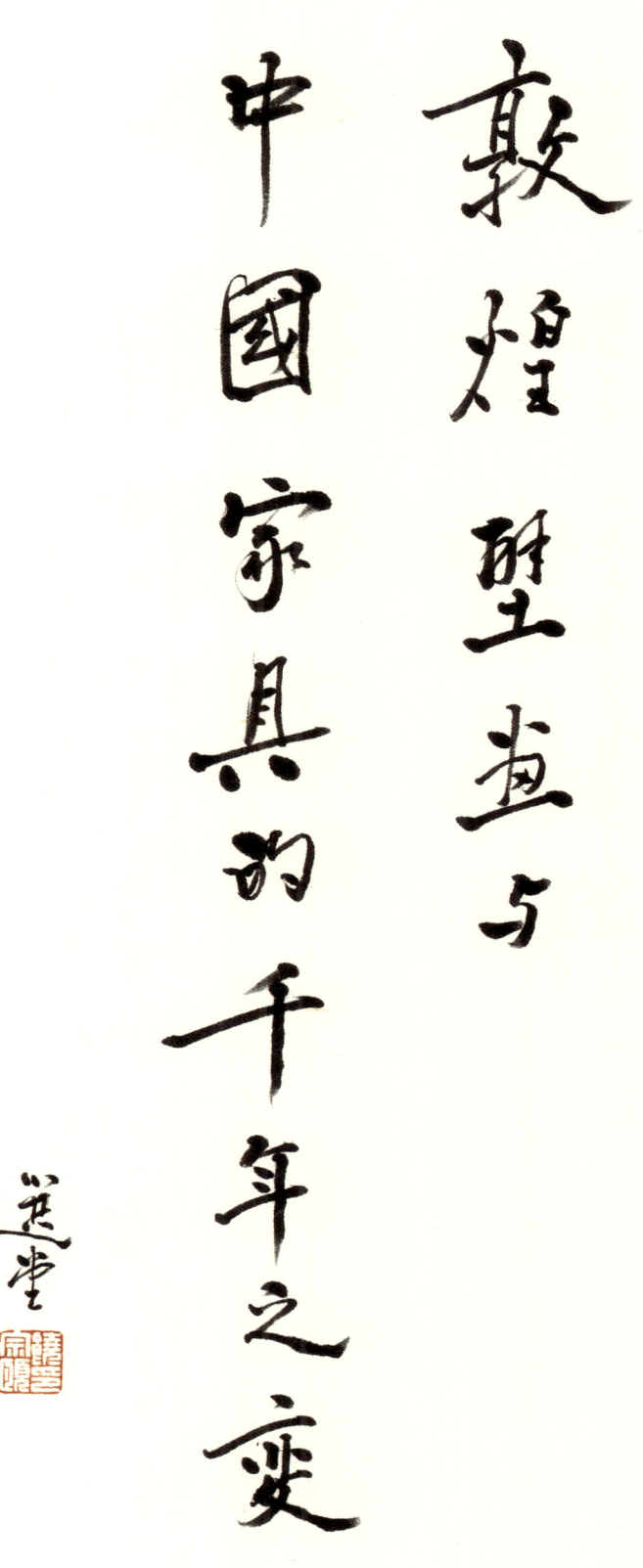

饶宗颐先生为邵晓峰专著《敦煌壁画与中国家具的千年之变》
题写书名，2013 年

敦煌壁画與中國家具的千年之變

金山心澄題

中国佛教协会副会长心澄大和尚为邵晓峰
《敦煌壁画与中国家具的千年之变》题写书名

目 录

序 / 001

前　言 / 003

第一章　中国传统绘画与家具图式 / 006

    1.1　绘画中的家具与家具上的绘画 / 007

    1.2　中国传统家具与绘画线条 / 010

    1.3　中国传统家具与绘画色彩 / 012

    1.4　中国传统家具与绘画章法 / 013

    1.5　中国传统家具与绘画意蕴 / 015

第二章　高型家具进入中国的背景 / 017

第三章　低坐家具图式的延续 / 025

第四章　本土家具图式的发展 / 031

第五章　高坐家具图式的融入 / 042

    5.1　胡床 / 042

    5.2　凳 / 045

    5.3　墩 / 049

    5.4　筌蹄 / 053

        5.4.1　敦煌壁画中的筌蹄图式 / 053

        5.4.2　其他艺术作品中的筌蹄形象 / 058

        5.4.3　筌蹄考辨 / 067

        5.4.4　筌蹄造型渊源与腰鼓 / 069

        5.4.5　束腰造型的其他艺术呈现 / 074

    5.5　莲座 / 077

    5.6　须弥座 / 080

    5.7　绳床 / 083

    5.8　椅 / 088

    5.9　高案、高桌 / 092

第六章　外来家具图式的汉化 / 097

    6.1　椅 / 098

6.2　座 / 102

6.3　案 / 109

第七章　特色家具图式 / 112

7.1　斜靠背床 / 112

7.2　长榻 / 112

7.3　单扶手椅 / 114

7.4　须弥座式扶手椅 / 114

7.5　"吧台"凳 / 116

7.6　扬场高凳 / 117

7.7　六足莲花长凳 / 118

7.8　八字腿高案 / 119

7.9　八足桌 / 120

7.10　"镇妖镜"架 / 120

7.11　鼓架、钟架 / 121

7.12　灯架 / 122

7.13　天平架 / 126

第八章　文 化 表 征 / 128

8.1　家具文化的有机交汇 / 128

8.2　家具演变的生动见证 / 130

8.3　中古家具的宏观展现 / 135

8.4　佛教元素的全面贯穿 / 137

附录：敦煌文书所载家具资料的文本解析 / 140

9.1　敦煌文书中的"家具""家具什物" / 141

9.2　敦煌文书中的木工称谓——"木匠""博士""先生" / 144

9.3　卧具 / 149

　9.3.1　床 / 149

　9.3.2　榻 / 152

9.4　坐具 / 153

　9.4.1　龙须席 / 154

　9.4.2　绳床、木床 / 155

　9.4.3　胡床 / 155

　9.4.4　木机 / 155

　9.4.5　高座 / 156

　9.4.6　圣僧座 / 157

　9.4.7　莲花座 / 157

　9.4.8　方座 / 158

9.5　承具 / 158

　9.5.1　几 / 158

　9.5.2　案 / 159

  9.5.3　卓（桌）/ 160
 9.6　屏具 / 161
 9.7　皮具 / 162
  9.7.1　函 / 162
  9.7.2　柜 / 164
  9.7.3　箱 / 167
  9.7.4　秤橱 / 169
  9.7.5　盒 / 169
  9.7.6　笿 / 170
  9.7.7　栲老（栳）子 / 170
 9.8　架具 / 171
  9.8.1　价（架）/ 171
  9.8.2　经架 / 171
  9.8.3　灯架 / 171
  9.8.4　莲花架 / 172
  9.8.5　手巾架 / 173
  9.8.6　案架 / 173

附图 / 175

 附图Ⅰ　陈设 / 176
 附图Ⅱ　卧具 / 214
 附图Ⅲ　坐具 / 244
 附图Ⅳ　承具 / 349
 附图Ⅴ　屏具 / 381
 附图Ⅵ　皮具 / 389
 附图Ⅶ　架具 / 398

参考文献 / 438

正文插图名录 / 442

后　记 / 452

Contents

Preface / 001

Foreword / 003

Chapter One Traditional Chinese painting and furniture schema / 006

    1.1 Furniture in paintings and furniture paintings / 007

    1.2 Traditional Chinese furniture and painting lines / 010

    1.3 Traditional Chinese furniture and colors of painting /012

    1.4 Traditional Chinese furniture and compositional techniques /013

    1.5 Traditional Chinese furniture and implication of painting / 015

Chapter Two Background of high-type furniture entering China / 017

Chapter Three Continuation of the low sitting furniture schema / 025

Chapter Four Development of domestic furniture schema / 031

Chapter Five Integration of high sitting furniture schema / 042

    5.1 Campstools / 042

    5.2 Stools / 045

    5.3 Bases / 049

    5.4 Hourglass-shaped stools / 053

        5.4.1 Hourglass-shaped stool schema in Dunhuang frescoes / 053

        5.4.2 Hourglass-shaped stool image in Other works of art / 058

        5.4.3 The study and comparison of Hourglass-shaped stool / 067

        5.4.4 The origin of Hourglass-shaped stool modeling and Waist drum / 069

        5.4.5 Other art presentation of Hourglass-shaped stool / 074

    5.5 Lotus thrones / 077

    5.6 Xumizuo / 080

    5.7 Rope seats / 083

    5.8 Chairs / 088

    5.9 High cases, high tables / 092

Chapter Six Localization of foreign furniture schema / 097

    6.1 Chairs / 098

  6.2 Seats / 102

  6.3 Cases / 109

Chapter Seven Creation of characteristic furniture schema / 112

  7.1 Inclined backrest beds / 112

  7.2 Long couches / 112

  7.3 Single armchairs / 114

  7.4 Xumi seat armchairs / 114

  7.5 "Bar" stools / 116

  7.6 Winnowing high stools / 117

  7.7 Six-legged lotus benches / 118

  7.8 Outward-legged high cases / 119

  7.9 Eight-legged tables / 120

  7.10 "The demon mirror" frames / 120

  7.11 Drum stands, Bell stands / 121

  7.12 Light stands / 122

  7.13 Balance stands / 126

Chapter Eight Cultural representation / 128

  8.1 Convergence of different furniture cultures / 128

  8.2 Witness of furniture evolvement / 130

  8.3 Macro display of ancient Chinese furniture / 135

  8.4 Full reflection of Buddhist elements / 137

Appendix Text analysis of furniture records in Dunhuang documents / 140

  9.1 Furniture and furniture sundries in Dunhuang documents / 141

  9.2 Different titles of woodworkers in Dunhuang documents —— carpenter, Dr., Mr. / 144

  9.3 Bedding devices / 149

   9.3.1 Beds / 149

   9.3.2 Couches / 152

  9.4 Seating devices / 153

   9.4.1 Longxu Mats / 154

   9.4.2 Rope seats, Wood seats / 155

   9.4.3 Campstools / 155

   9.4.4 Wood stools / 155

   9.4.5 High pedestals / 156

   9.4.6 Senior monk pedestals / 157

   9.4.7 Lotus pedestals / 157

   9.4.8 Square pedestals / 158

  9.5 Bearing devices / 158

    9.5.1 Side tables / 158
    9.5.2 Desk / 159
    9.5.3 Tables / 160
  9.6 Screen devices / 161
  9.7 Storage Devices / 162
    9.7.1 Cases / 162
    9.7.2 Cupboards / 164
    9.7.3 Chests / 167
    9.7.4 Scale cabinet / 169
    9.7.5 Boxes / 169
    9.7.6 Lian / 170
    9.7.7 Kaolaozi / 170
  9.8 Standing devices / 171
    9.8.1 Stands / 171
    9.8.2 Buddhist sutras stands / 171
    9.8.3 Lamp stands / 171
    9.8.4 Lotus stands / 172
    9.8.5 Towel stands / 173
    9.8.6 Desk stands / 173

Appendix Schema / 175

  Appendix Ⅰ Furnishings / 176
  Appendix Ⅱ Bedding devices / 214
  Appendix Ⅲ Seating devices / 244
  Appendix Ⅳ Bearing devices / 349
  Appendix Ⅴ Screen devices / 381
  Appendix Ⅵ Storage Devices / 389
  Appendix Ⅶ Standing devices / 398

References / 438

List of illustrations / 442

Postscript / 452

序

吴智慧

敦煌壁画是享誉世界的文化艺术宝库,敦煌学因此成为国际显学。近年来我国的敦煌学研究也产生了诸多重要成果,业绩喜人。敦煌壁画中的家具形象丰富多彩,值得我们结合相关的文献、图像、实物作多学科的交叉研究。

邵晓峰在我的弟子中是较具学术敏锐性的。2012年,他有幸得到"江苏省首批高校优秀中青年教师和校长境外研修计划"资助,即积极联系前往香港大学饶宗颐学术馆进行为期一年的访问学者工作。功夫不负有心人,他如愿以偿。饶宗颐先生是我国敦煌学研究的巨擘,硕果累累。饶宗颐学术馆设有香港敦煌吐鲁番研究中心,这是上世纪80年代末饶宗颐先生在香港创立的研究机构,后来成为国际敦煌学研究的重要机构。邵晓峰在该馆的合作研究项目是"敦煌壁画与中国家具的千年之变",因富于新意,得到了饶宗颐先生的鼓励,并为之题词。这些对于邵晓峰来说,是难得的机缘,所以他倍加珍惜,在行动上也就更为努力了。

实际上,邵晓峰对这一学术领域的关注与研究是由来已久的。2002年9月他考上了我的博士生,2003年我在与他讨论博士学位论文的研究选题时,结合他的专业特长和兴趣爱好,给他拟定了"从绘画中研究家具,从家具中研究绘画"的思路和方向,最后将其博士学位论文题目确定为《中国传统家具与绘画的关系研究》。其后他在收集资料和撰写学位论文的时候,就开始意识到了敦煌壁画对于研究中国古代家具的重要性。于是在其学位论文第三章《中国传统绘画中的家具个案研究》中,以《敦煌壁画在中国传统家具嬗变研究中的独特价值》为题展开了初步研究。中古是中国人起居方式发生重大转折的关键时期,但是这一时期家具实物保存至今的寥寥无几,因此绘画作品中的家具图像具有重要的研究价值。基于独到新颖的视角与翔实有力的论证,邵晓峰的这篇博士学位论文后来获评为2006年度江苏省优秀博士学位论文。

2010年,邵晓峰结合自己博士学位论文的部分研究内容,出版了其代表作《中国宋代家具》,填补了这一领域的学术空白。在此之后,他的研究兴趣越来越浓，觉得有必要将研究视角再向上追溯，于是自然从宋代走向了隋唐五代，而这一时期的家具图式是以敦煌壁画为重要代表的。由此可以想见敦煌壁画中的家具图式对于中国家具史研究的学术意义。

邵晓峰在研究敦煌壁画与中国家具图式的千年之变关系的进程中，发挥了他在绘画专业方面的所长，有机地将涉及南北朝隋唐五代家具的文献、图像、实物进行互证互释，提高了观点的可信性。通过全面阐释高型家具进入中国的背景，低坐风尚的延续，本土家具的发展，高坐家具的融入，外来家具的汉化，特色家具的创制，较为系统地呈现了敦煌壁画在中国家具嬗变中的巨大价值。其间不乏深入的探索与攻坚，譬如对筌蹄、莲座、须弥座的研究，就令人耳目一新，且论证较为充分。这部著作的第七章《特色家具图式》撰写得也颇具趣味，其中关于斜靠背床、单扶手椅、须弥座式扶手椅、"吧台"凳、扬场高凳、六足莲花长凳、八字腿高案、八足桌、"镇妖镜"架、鼓架、钟架、灯架、天平架等家具的研究成果，均是言前人之未言，做到了古今交融，中外贯通，并使学术性与可读性融为一体。

值得一提的是，邵晓峰还收集了大量的敦煌文书所载家具资料，进行了精心的分类与解析，并与现存的家具史资料及敦煌图像进行比对，不但弥补了敦煌学在这一领域的空缺，而且为后人进一步探索和研究奠立了较为坚实的基础。难能可贵的是，他全面整理了与敦煌家具图式相关的八百多幅图像，堪称敦煌家具图像资料大全，为进一步研究敦煌家具奠定了学术基础。

希望邵晓峰以这一研究为肇因，进而将中国家具史研究层层打通，不断结出学术佳果！

是为序！

前 言

中国历史进程中的物质文明形态是支撑中华文明的有形脊梁，它架构中华民族的精神场域，规范国人的日常行为，引导文化发展的可能走向。与人们生活紧密相关的家具及其形制，已内化为中华文化的重要元素，渗透到国人血液之中。

为倡导中国与有关国家既有的多边机制及区域合作，"一带一路"（"丝绸之路经济带"和"21世纪海上丝绸之路"）倡议应运而生。本书是"丝绸之路"古代设计研究的细化，为呈现敦煌在东西方文化交流中的积极作用提供具体化成果。

家具作为造物设计的重要内容，展现了人们的生活方式，折射了内在精神。中国人起居方式之所以实现了由低坐向高坐演进的千年之变，主要在于"丝绸之路"文化的影响，敦煌[1]家具图式是其中的重要见证。

敦煌莫高窟是全世界迄今为止连续建造时间最长、规模最大的佛教石窟群，其壁画是著名的世界文化遗产，敦煌学是早已成为国际显学的重要学术领域。就敦煌壁画中的家具图像而言，已经形成了较为鲜明与系统的图式，能够进行共性总结与个案研究。

图像学在当代中国学术界已成为显学，这在艺术研究之中显得更为突出，然而与之形成鲜明对比的是，对于中国传统图像的图像学研究仍较为薄弱，尚需更多的学人进行深入的探索与挖掘。本书所探讨的图式与图像关系密切，所谓图像，即人为之形象或影像，而非自然视像，图像具有一定的文化内涵与广泛的视觉形式。图式，即图像呈现方式，具有程式化、结构化特征，一旦形成，还具有稳定性、概念性特征。因此，本书研究的家具图式是具有一定的程式化、结构化与稳定性、概念性特征的家具图像的呈现方式。通过研究敦煌家具图式，可以揭示敦煌壁画如何生动地见证了中国中古时期家具图式的嬗变与发展。另外，敦煌莫高窟、榆林窟等石窟中的部分佛教雕塑中也展现了一些家具形象，它们对于佐证敦煌壁画中家具图式的演进也具有重要作用。

敦煌壁画是中国艺术史上的重要一页，其历史从前秦开始，至元代到达尾声，前后持续了一千多年，几乎展现了我国佛教艺术兴起、繁荣和衰弱的整个过程。她虽然历经人为和自然的劫难，但是至今保留的壁画面积仍多达 45000 ㎡。其杰出的艺术成就主要表现在北魏到五代时期，这一期间的壁画在描绘佛本生、经变故事的同时也通过大量画面反映了当时政治、经济乃至人们日常生活的方方面面，其中包括了形形色色的家具图像，并构成了一系列的家具图式。

作为中华民族艺术瑰宝，敦煌壁画虽经过了时间长河的冲刷，今天看来，有的色块剥落，有的颜色变得暗淡，有的颜色因氧化而变黑，但那瑰丽奇异的面貌仍有着动人心魄的魅力。佛教艺术自西域传入，在表现手法与色彩上给中国绘画带来新的启示，特别是反映在壁画上。譬如，敦煌壁画北魏洞窟就不同程度反映了当时社会生活的诸多面貌，绘画风格承袭汉、魏传统，并有着印度和中亚、西亚的艺术风采。正因为有着外来文化的影响，早期的敦煌壁画艺术富有浓厚的异族情调与装饰意味。由于当时敦煌地理位置的重要性，来往于丝绸之路的商贾们把这里当成朝拜圣地而不惜捐献大量财力修建洞窟，如此一来，召来了许多优秀的画工。正因为有了四方大量的捐助，这些高手们不但可以运用优良的颜料作画，使得笔底的壁画绚丽夺目，而且精心构思，大胆想象，潜心创作，显示了敦煌佛教美术的巨大魅力。发展到了唐代，敦煌壁画逐渐摆脱了外来画风的影响，形成了一种具有本民族风格的新的壁画艺术。这一时期的作品以描绘西方极乐世界的"净土变"为最多，画面以石青、石绿、中黄等为主色，以线勾描，有些还使用金、银，显得精致厚重，烘托出金碧绮丽、气象万千的宗教氛围。画工们还借助于对社会生活、风土习俗的细致观察，将画中的世界表现得惟妙惟肖，有些颇具世俗性与人情味。又由于敦煌洞窟中多题有当时落成的纪年，这样一来，敦煌壁画成为可信的历史研究资料，弥足珍贵。

研究敦煌壁画中的家具，与图像中的家具文化息息相关，这体现在诸多方面，譬如，中国传统家具与绘画的关系就十分值得分析，笔者近年来一直对此进行专门阐释，希望引起学术界与收藏界的重视。画中家具的研究也很重要，例如，当我们解读宋画，就会发现其中描绘了许多精彩的家具图像，值得深入研究，这些在拙作《中国宋代家具》[2]中得到了部分反映，在学术界引起了一定的反响。因此，当我们以这种视角去审视丰富多彩的敦煌壁画时，这种家具与绘画形式关系的互动是相当明确的，也是十分吸引人的。

利用敦煌图像来研究中国古代家具图式，不但可拓宽敦煌学研究的领域，还可为中国家具史的研究增添实质性成果。千年之前的国人如何起居？讲坛上说者、听者如何就座？餐厅中食客怎样就餐？床、榻、案、几、椅、柜有哪些功能？这些皆可在敦煌图像中找到生动而形象的答案。

敦煌图像中所反映的家具图式近年来得到学术界关注，产生了一些研究成果，但目前专著仅见一部，相关论文仅见数篇。杨森《敦煌壁画家具图像研究》（民族出版社 2010 年版）是关于敦煌壁画家具图像并梳理相关文献的成果，它将敦煌壁画家具划分为南北朝、中唐、五代宋三大时期，并分为床榻类、坐具类、几案类、杂项类进行叙说，列示了家具分类表，与敦煌以外地区同类家具的形态进行了比较。论文中较具代表性的研究是暨远志发表在《考古与文物》2004 年第 2、3、4 期上的 3 篇论文，分别以《绳床及相关问题考》《金狮床考》《胡床杂考》为题，将敦煌壁画中出现的绳床、金狮床、胡床进行了个案研究，厘清文献，辨识了敦煌壁画中这三种家具图像。胡德生《从敦煌壁画看传统家具（上、下）》（《商品与质量》2011 年第 51 期、2012 年第 3 期）则从整体上对敦煌壁画家具进行概说，突出了这一领域的家具史与文化史意义。还有一些论文在主要论述其他问题的过程中涉及了敦煌壁画家具，对本课题的研究具有一定的参考价值。

然而，以上成果虽然在表述中使用"图像"一词，但是在具体研究中几乎没有涉及现代图像学理论，至于从理论意义上阐释敦煌家具与国人起居方式的千年之变的关系，以及敦煌壁画是如何见证中国家具的演变模式的，至今所见仍然较少。

近十几年来，经过相关专家的大力翻译、介绍、梳理与研究，以潘诺夫斯基（E. Panofky）、贡布里希（E. H. Gombrich）为代表的西方图像学的理论与方法被纷纷引进中国。然而遗憾的是，中国学者们多热衷于图像学理论的探讨与方法的介绍，而至于如何利用这一整套的理论与方法来解决中国艺术图像的问题，却似乎仍不知所措，至今仍少有学者真正从图像学的角度梳理中国古代图像文化，至于敦煌图像中的家具图式则关注者更少。看来，要做到图像学理论与实践在中国的真正融合，除了下大气力学习现代图像学理论并学以致用之外，还要具有更为广阔的研究视角，更要精通中国艺术的相关理论与实践。

敦煌壁画中的家具研究这一课题在学术界取得的成果有限，其主要原因在于精通中国传统绘画与家具两大领域的专家较少，因此导致在中国家具史的研究中，宋代以上的部分至今仍是空缺，宋代家具研究则以笔者专著《中国宋代家具》为代表。因此，想要研究好南北朝到五代的家具史，敦煌图像是十分重要的资料，需要加以系统深入的研究。利用图像学新方法来探究敦煌壁画，可以揭示中国家具千年之变的内因。而通过敦煌家具图式的风格之变、造型之变、装饰之变的呈现，敦煌家具图式的千年之变也可以得到较为清晰而稳定的展现。

本研究借鉴了考古学、文献学、图像学、敦煌学、美术学的既有成果，多维考证，交互阐释。为了建立通过敦煌壁画研究古代家具的理论基础，本文首先对中国传统绘画与家具的关系进行了概述，分析了绘画中的家具与家具上的绘画，并对中国传统家具与绘画线条、色彩、章法、意蕴的关系进行阐释。接下来以六章的篇幅对高型家具进入中国的背景，敦煌壁画中低坐家具图式的延续、本土家具图式的发展、高坐家具图式的融入、外来家具图式的汉化、特色家具图式的创制，进行了较为系统的研究。其间既有整体性描述，也有纵深式个案探索，并着力对具有代表性的敦煌家具图式作深入的图像描述、分析与诠释工作。在此基础上，总结出敦煌家具图式的文化表征，即家具文化的有机交汇，家具演变的生动见证，中古家具的宏观展现，佛教元素的全面贯穿。

另外，笔者收集到敦煌文书记载的 3 万余字家具资料，结合家具史文献及图式进行分类甄别，展开整体性文本解析。

全书图像共计 864 幅（337 幅正文插图，527 幅附图），堪称敦煌家具图像集成，对于深入研究敦煌家具与相关文化意义重大。

十余年来，笔者探索建立起敦煌家具文本与图式的研究基础，使这项"丝绸之路"古代设计的深化研究，为呈现敦煌在东西方文化交流中的积极作用提供具体化、客观化成果。

注释

[1] 本书研究的敦煌是"大敦煌"概念，除了敦煌莫高窟、西千佛洞，还包括甘肃瓜州县（原安西县）的榆林窟与位于莫高窟正南约 100 公里处的五个庙石窟，以及距莫高窟约 400 公里处的文殊山石窟等。

[2] 邵晓峰:《中国宋代家具》，南京：东南大学出版社，2010 年版。

第一章
中国传统绘画与家具图式

通过敦煌壁画来研究中国古代家具图式，需要一定的理论基础与图像解剖能力。作为具有概念性、抽象性与稳定性特征的家具图像，家具图式在敦煌壁画之中得到了全面而丰富的描绘与展现。当然，若要深入把握敦煌家具图式的特征及外延，系统了解中国传统绘画与家具的关系显得尤为重要。

在研究中国传统绘画与家具图式的关系之前需界定家具与绘画的基本概念。

今天看来，家具一词在中国古代文献上的最早使用见于《晋书·王述传》[1]，当时主要是就家中的各类器具而言的。随着时代的发展，家具后来逐渐转变为主要指家庭生活中的各种木制用具。今天，它的概念已不再仅仅局限于家庭生活和木材，随着人们社会活动范围的扩大和对多种家具用材的开发，在许多公共空间和广场等室内外场所陈设家具已司空见惯，而钢、铁、塑料和人造板材等更已成为现当代家具生产中的重要材料。今天总的来看，家具的概念大致可以表述为人们在日常生活中用来坐、卧、倚靠、支承身体、陈放、贮存物品和分隔室内外空间的使用品和陈设品。在日常生活的衣食住行中，它主要属于住的范畴，它和服饰、饮食、交通一样，体现了人们的民族传统和风俗习惯，具有鲜明的时代特征，故而它在人类生活中的重要性是不言而喻的。

绘画则是美术中的一个重要种类，是一种用线条、色彩、块面等造型手段塑造具有一定内涵和意味的平面视觉形象的美术。在美术诸种类中，它既处于基础地位，又被应用得最为广泛。它可由绘画主体根据自身的体验，描绘出关于社会和自然的一切可视形象以及从现实生活中生发出来的幻想形象。它还是美术中最自由的一个种类，且题材众多，从宏观世界到微观世界，从重大事件到日常琐事，从大山大水到一草一木，都可加以表现。故而西晋著名文学家陆机说："存形莫善于画。"[2] 另外，不同题材的绘画对于构图、意境、情节和画面完整独立性等要素均有一定要求。中国传统绘画是世界绘画艺术之林中的重要一员，也可谓东方绘画的代表。一般而言，人们通常将具有中华民族传统造型审美意识和表现形式的绘画称为中国传统绘画。在其数千年的发展中形成了许多不同特色的种类，根据承载材料的关系，先后形成了岩画、彩陶画、壁画、漆画、帛画、绢画、纸画等许多画种，譬如，本研究项目所要重点探讨的敦煌壁画就是其中一颗璀璨的明珠。

以敦煌壁画为例，这一宝库虽然是宣扬外来宗教的产物，但是到了隋唐时期，她的艺术形式却已中国化。比如对线条的运用，对色彩的平涂和渲染，以及对构图和整体艺术效果的处理与当时的中国绘画的主流形式一脉相承，因此画工们在表现人物及其场景时十分看重各种艺术手法的运用。今天看来，壁画中出现的家具形象并不是简单的说理图和家具效果图，而是使其融洽地与人物及其环境成为一体。因此就家具形象的表现而言，是具有高度概括性与艺术性的。其中运用线条来处理家具整体和细节为今天的家具艺术工作者的研究带来了方便，可以较为细致地分析家具形象的造型、结构和装饰。在今天涉及唐代家具史的书中，作者们几乎无一例外地引用敦煌壁画中的家具图像加以阐释即是明证。

总之，在中国的传统艺术中，家具与绘画的关系十分紧密。千百年来，中国传统绘画形成了一整套系统的法则，这些和家具的内在本体形式之间均存在联系。概括而言，可以体现如下关系。

1.1 绘画中的家具与家具上的绘画

中国传统家具创造了灿烂文化，它与中国传统绘画一样都是历史悠久而具有深厚文化积淀的艺术。然而，从古到今中国家具的设计与制作均不是孤立的，而是受到了诸多兄弟艺术的影响，其中，它与中国传统绘画的关系可谓非常密切，并且你中有我，我中有你：在中国历代绘画上绘有大量家具，在中国历代家具上也饰有大量绘画。缺少了图示，家具设计就无法进行；而忽略了家具，绘画创作就不能全面地反映生活。以屏风为例，它既是绘画的一种陈设形式，也是家具的一个流行品种。直到今天，绘画与家具这两大艺术的互存与互动依然存在，并影响着我们今天的生活，这些对于研究古代家具史和家具文化带来了巨大方便。其实，我们今天能看到的中国古代家具只是千姿百态的中国古代家具的冰山一角，明代以前的家具实物甚少，这主要由于中国家具本身的特性使然，如多由木材制成，常使用，易损耗，难留存。正因为后人在研究中国古代家具时少有明代以前家具实物的验证，这样就不得不依赖于其他资料的帮助，比如各种绘画资料的帮助。所幸的是，历史虽无情，但也给后人留下不少绘画上的家具图像资料，这些资料依赖古代画家们的卓越技巧得以保存，显示了中国传统家具在造型、装饰、结构、透视等方面的许多重要信息。正是基于这些，中国古代家具史和家具文化才有可能被专家和学者们深入研究下去而不断给予今人新的启示。

在艺术之林中，中国传统家具和绘画可谓二峰并峙，各有千秋。不过，在古代中国，二者的地位则不能同日而语，文人画家和家具工匠的身份更有天壤之别。这样一来，在家具的设计和制作上借鉴中国传统绘画在内容和形式上的特点以及直接用绘画来装饰家具是非常自然的事情。因此，从古到今的许多家具出于不同的需要而装饰着种类、题材和工艺各异的绘画，如各种漆画、瓷画、绢画和纸画等。家具上的绘画除了存在和每个时代主流绘画相同的地方，也有其自身的特征，这些值得我们去关注，笔者发表的一系列论文中也有相关具体阐述。长期以来，人们关于家具史和家具文化的探究对于家具在人类生活中重要性的发挥以及促进人们对家具文化的认识起到了至关重要的作用。作为艺术领域中一个新生部分的中国传统家具与绘画的关系研究也渐渐显示出其重要性与必要性。实际上，无论是古代还是现代，这二者之间千丝万缕的联系理应成为家具研究者瞩目的一个新方向。基于中国艺术研究者对于中国传统艺术，尤其是对于传统绘画的总结与研究已达到前所未有的程度与水平，这给我们进一步研究二者间的关系带来了得天独厚的条件。在中国家具研究的一代学者中，王世襄先生（1914—2009）的一系列著述树立了一座丰碑。他之所以能在明式家具研究上取得辉煌成就，写出《明式家具珍赏》（图1-1-1）、《明式家具研究》（图1-1-2），笔者认为，这离不开他对于中国古代绘画的精深研究与长期实践。譬如，他30岁时在燕京大学获得硕士学位的论文即是《中国画论研究》[3]（图1-1-3），而在其留下的大量葫芦器上的火绘山水与花鸟则是老先生的亲力亲为。另外，王世襄先生还认为，宋代家具具有重要成就，宋代绘画是研究宋代家具的丰厚资源。

就宋代家具与绘画的关系而言，特别能够呈现出家具图式的文化表征。一方面，宋代家具体现了国人

图1-1-3 王世襄：《中国画论研究》封面，南宁：广西师范大学出版社，2010年版

图1-1-1 王世襄编著：《明式家具珍赏》封面，北京：文物出版社，2003年版

图1-1-2 王世襄编著：《明式家具研究》封面，北京：生活·读书·新知三联书店，2008年版

起居方式的千年之变，是当时社会习俗的重要载体，反映了宋代生活与设计的密切关系。宋代家具还是明式家具之源，对现当代家具设计艺术具有深刻启示。对宋代家具的系统研究是对中国设计思想史的培固和丰满，具有重要的艺术精神价值和深远的文化历史意义。另一方面，众所周知，宋代绘画是中国绘画史上的高峰，包含北宋（960—1127）与南宋（1127—1279）时期的绘画，亦简称宋画。具体而言，在宋代绘画史上，随着文人与贵族、民间画家的互动，山水画、花鸟画、人物画均获得了杰出成就，影响深远。就起居方式的描绘来说，宋代人物画、风俗画与界画发挥了积极作用，有些画中绘有较多的器具与陈设，对它们进行系统探究对于深入研究宋代绘画具有重要价值。

当今社会进入了读图时代，一系列新技术的出现使家具借鉴绘画因素进行研究的许多新探索成为可能，通过绘画的视角来研究家具，通过家具的视角来研究绘画，形成一个广阔的天地，其中有许多前人未曾发掘过的宝藏。因此，宋代家具既是学术难点、弱点，也是学术增长点、创新点。随着笔者对图像与家具文化研究的不断深入，发现从汉代到清代，在中国传统家具与绘画的关系这一条线的研究中，宋代具有十分重要的价值：一是宋代文化最为灿烂，其文人家具、民间家具、宗教家具、皇室家具各具特色；二是宋代家具揭示了国人起居方式从低坐到高坐的重大转折；三是文人家具简洁大方、自然朴素，具有深厚的文化内涵，彰显了极高的美学境界；四是西方现代主义设计与宋代审美颇有暗合之处。宋代家具遗存到今天的实物资料虽稀少，但宋人留下了大量的绘有家具的精美图像，因此通过研究宋画，宋代家具可以成为一个具有学术价值的探索领域。

古代艺术的研究提倡文献、实物和图像的结合研究，在这方面如今已有不少学者在尝试运用，这些也可以运用在宋代家具研究中。

笔者带领团队对宋代家具的物、图、文献资料进行全方位收集，然后进行对比互证，以图证史、以物证史、以史论图、以史论物、图物互证，力求促进三者间的有机结合，使研究更具说服力。此项研究还运用多种图形软件对画中反映的宋代家具进行了分析比对。图形绘制是困扰宋代家具研究的瓶颈，本团队花费大量精力重绘了数量众多的宋代家具图式，还对其中许多模糊者、只看出局部者、被人物遮挡过多者，根据家具的造型与结构原理进行了审慎的线图析出与还原工作，这些为进一步研究奠定了较好的基础。

正是在此基础上，笔者以6年时间完成了拙著《中国宋代家具》的撰写，2010年由东南大学出版社出版发行（图1-1-4），2013年又由东南大学出版社出版发行校订版。此书分析了宋代家具的发展源泉与社会背景，根据承具、坐具、卧具、架具、皮具、屏风六大分类在整体上进行具体剖析，对一系列个案进行了分析与探讨，为宋代家具研究提供了更为具体的信息，一些设问与论证也将研究推进到新的层面。就宋代绘画中反映的家具图式来说，它们的品种齐备，适用于增高的室内空间。宋代以后，国人的起居方式尚未发生本质性变化。当代绘画在表现今人生活时，所借助的家具与陈设仍然多是宋代以来生活的延续与发展，可见宋代家具研究意义之重大，而以宋代绘画来研究宋代家具图式文化中的雅居之美则是一种具有探索性与启发性的学术历程。

今天看来，《中国宋代家具》的出版，深化了宋代家具图式研究，经整理得到1600多幅图像，其中大部分是经过线图析出与还原的线描解析图（图1-1-5），这些为后人深入研究提供了重要基础。由此启下承上，既推动明清家具的研究，又有利于上溯到唐代家具的研究，包括本书进行的敦煌家具图式研究。

图 1-1-4　邵晓峰：《中国宋代家具》，东南大学出版社，2010 年版

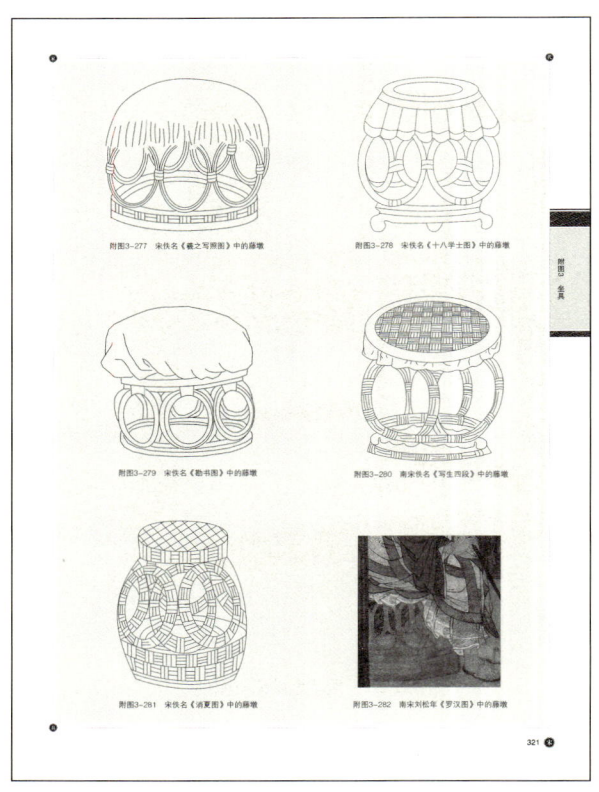

图 1-1-5　《中国宋代家具》中的家具线描解析图

1.2　中国传统家具与绘画线条

中国绘画的造型主要是以线这种朴素、简单而神奇的语言为核心的。这一点不同于西方绘画，西方人直到近现代才较为充分地意识到线的高妙而认为它也是很好的造型语言，所以在绘画上中国人有比西方人更为悠久和成熟的用线历史。中国绘画潜移默化地影响了中国传统家具在用线方面的发展。到后来，当文人画、水墨画几乎成了中国绘画的代名词的时候，其造型语言则是通过笔墨这种中国绘画特有的抽象形式展开的，有笔有墨成了评判中国传统水墨画的一个重要法则。而实际上笔可形成各种各样的线，线的缩短、凝聚也可形成点，二者通常又以是否具有书法韵味来加以判断。墨是由笔的变化所产生的面形成的，笔的不同形态，含水含墨的多少，不同叠加和渗化的方法可使墨的形态千变万化，或干裂秋风，或润含春雨，以至无穷无尽。这样我们可以看出玄妙的笔墨当中其实可以分为点、线、面三种最为基本的造型语言，当然，在中国绘画里点、线、面往往有机地交融在一起而成为整体，其中，线成为灵魂。这种浑然一气的绘画整体观同样也被体现在了家具上。中国传统绘画是线的艺术，仅白描就有 18 种描法之多，更不用说笔墨观念中形形色色的线的形态了。中国传统绘画中的线对传统家具中的线的影响是根深蒂固的，因而，中国传统家具也是线的艺术。这点不同于西方，向来西方的雕塑影响绘画，家具又受雕塑和绘画的影响。中国的雕塑正相反，1000 多年来受到绘画的巨大影响，家具也受绘画和雕塑的影响。西方传统家具上常常使用深雕、透雕和圆雕等手法，强调体块三维空间的真实感，即使在其平面绘饰上也由于过于注重对客观实体的描写而讲究透视、光影和色彩的相似，因此家具上面和体的特征更多。中国传统家具中虽然也有采用雕刻装饰的例子，如清代的硬木家具，但由于只注重

图 1-2-1　晚唐莫高窟第 144 窟东壁壁画《索家供养像》中的榻

一个正面，且纹样也多由线构成，这样即使是透雕或是多层雕、高浮雕也是以线的垂直凸凹进行变化的，装饰意味颇浓，而不着力追求所谓真实的体积感。从这方面讲，是中国绘画的造型语言影响了中国雕塑，而中国传统家具也汲取了中国雕塑的营养，由此也可看出中国传统艺术的大熔炉中各种艺术之间的互融性。

实际上，中国传统家具上无论是单线浅雕、块面浅雕、浅浮雕还是各种镶嵌、彩绘，不但适合于中国平面化的线性装饰，而且与其主体内容相映生辉，就连家具的整体造型也往往是以线的特点来呈现的。家具中对简绰线条美的追求早在晚唐已见端倪（图 1-2-1，图中的两件壸门托泥式榻已经在追求线条的简练、造型的内敛、形态的端庄），后以明式家具（图 1-2-2）为高峰。明式家具的造型语言更是充满线的变化，线是其主角，甚至从一定意义上也可以说经典的明式家具其实是线的展示舞台。从边抹、枨子和腿足等部位的各式刚柔相济的线脚的有机组合到装饰纹样中各种直线、曲线的巧妙使用，使中国传统

图 1-2-2　明代紫檀南官帽椅

绘画中线的艺术魅力通过家具这一载体生动地反映了出来。明式家具中富含的线有刚有柔，有阴有阳，有

实有虚，有血有肉。优质的硬木使得经典明式家具的主要结构简明扼要、紧凑和谐，主要部件瘦劲利落、挺拔有力，如此令整体线感呼之欲出。明式家具的线脚乍看起来较为简单，不外乎平面、凸面、凹面，线不外乎阴线和阳线，但是悉心观察可发现其中是变化多端的，通过观赏其中的线脚走势，我们可以品味到自然舒畅，富于流动感的美妙乐章。如线脚中使用的线香线、捏角注线等，单纯、清晰、饱满，给家具增添了爽利的线性感，而即使是一些浮雕、透雕也是由各式线的变化构成的。另外，马蹄形的各种脚式，椅子的背板、搭脑、扶手和联帮棍所形成的线条美也自然流畅，与家具造型和谐统一，使家具形体的线性特征发展到高峰。

1.3　中国传统家具与绘画色彩

在色彩上中国绘画主要有三大形式，即重彩、浅绛和水墨。中国传统绘画有着悠久的使用重彩的历史，这在战国时期的绘画上已见端倪。到了唐代，大青绿山水一度成为山水画的代表，这方面富丽辉煌的敦煌壁画（如见图1-3-1）和"二李"的山水画可为表率。中国绘画发展到后来，由于工具材料、自然环境和道释思想等因素的影响，在审美主流上逐渐摒弃了重彩画的"随类赋彩"而追求"水墨为上"，如此水墨画大兴，一度成为中国画的代名词。在这二者之间还有一个中间环节，即浅绛，据说为元代黄公望所创，是在水墨的基础上主要添加赭石等色，以淡设色为主，如此兼备上述二者的特点而另有发展，也自成一大体系。

中国传统家具上既有对以上三种形式绘画的直接绘制，又在整体色彩形式上具备了三种风格与它们产生对应，即重漆、素漆、揩漆（或上蜡）。

中国早期的家具多为重漆家具，木家具表面被髹饰了浓重华丽的色彩加以装饰和保护。例如先秦至汉代的家具就以使用红、黑二色为主，兼饰白、灰、黄、褐、蓝等色，华丽深沉，体现了一种皇家和贵族特有的气息，反观当时的绘画色彩也有相近特征。向来较纯粹的艺术均是在实用艺术的基础上发展而来，在当时，家具要比绘画成熟，因此绘画用色自然受到家具

图1-3-1　五代莫高窟第61窟壁画《大清凉之寺》

的影响，也反映了中国人特有的色彩观。到了六朝时期，当绘画逐渐成熟并走向自觉而被统治阶级视为一门高尚技艺之后，便对家具产生了巨大影响。之后，这种重漆家具如同重彩绘画一样在以后的每一个时代均得到了不同发展，色彩更为丰富和华美，使用工艺更为复杂，一般均为统治者和贵族所重。

随着中国传统哲学思想的发展，家具上的用色也发生了变化。例如宋代宫廷的家具多以黑漆髹饰，以求朴素的效果。明清家具中也多上素漆的家具，一般一色，在色彩上单纯而统一，此种形式类于中国绘画中的浅绛画法。从社会上层来看，这是中国文人思想发展的产物；而从社会下层来看，在民间家具上使用这种素漆家具反而是很自然的事情。民间工艺向来以实用为本，髹饰不多的素漆家具满足了实用和美观的双重要求，故在中国古代其数量应是最多的。而中国传统绘画中的浅绛画法也是如此，由于它的方便易行，不走重彩和水墨的极端而易于取得雅俗共赏的效果，所以若从统计数量来看也应是最多的。总的来说，在硬木家具大规模出现之前，漆木家具一直是主流，甚至在硬木家具兴盛时期，漆木家具仍有着旺盛的生命力而和硬木家具分庭抗礼，在礼制庄重的地方（如明清宫廷正殿）亦必须用漆木家具。而在民间，漆木家具的使用也是很广泛的，所以明代中期之前，漆木家具一直是家具中的主角。

明代隆庆年间，"海禁"大开，外来硬木被大量用于制作家具。由于这些木材有着优美的天然纹理与良好的硬度和性能，故用它们来做家具更能体现材料的自然本质属性，这样中国水墨画中崇尚摒弃五彩、归于单纯的色彩思想在家具上得到成功使用，并一举创立了中国传统家具的最高峰——"明式家具"的审美品格，而这时候水墨画已盛行几百年了，实际上正是这几百年来的审美积淀为"明式家具"在审美上的升华奠定了基础。

水墨画依赖于中国特有的毛笔、墨和宣纸，水是其中流动的媒介。由于这些工具、材料的天然属性而使水墨画能呈现出"墨分五色""简寂空灵""玄妙精深"的美学效果，它受惠于老庄"五色乱目""朴素而天下莫能与之争美"的哲学思想，并一度将中国人的绘学思想提升到最为超逸的境地。最典型的"明式家具"也"不贵五彩""法贵自然"，设计者在设计制作前均要充分考虑如何将手中优质木材的天然性能和纹理发挥到最佳地步，让木头中蕴含的自然美充分释放。木材纹理之中的美如同一些用于家具填嵌的"文石"的纹理美一样，有着出神入化的美学效果，故被称为"文木"。它们被琢磨出来后是那样的自然天真、朴素无华，叫人难以忍心在它们的表面髹饰任何材料，而多以揩漆或上蜡的方式让木纹之美纤毫毕现。一般来说，南方用揩漆，北方用上蜡或烫蜡，目的主要不在髹饰，而是为了保护这些优质的木材并使之更好地呈现纹理。《韩非子·解老》说："和氏之璧，不饰以五彩；隋侯之珠，不饰以银黄。其质至美，物不足以饰之。夫物之待饰而后行者，其质不美也。"所以这种纹理美是符合上述审美思想的，也是孔子"质有余者，不受饰也"思想的实际运用。它的美诚如水墨画，清新自然、原汁原味、玄妙高洁、超凡脱俗，是设计艺术与中国传统哲学思想精髓结合的典范之一。

1.4 中国传统家具与绘画章法

中国传统绘画章法大致可分为繁、简和适中三种，而中国传统家具的总体风貌上也有着此三种类型与之对应。绘画中的繁可为千岩万壑、重岭叠峰，以至密不透风；简可为疏朗空灵、寂寥幽远，以至疏可跑马；适中者则最为多见，不求大实大虚的艺术效果，而是实实虚虚、虚虚实实，细致考虑画面通体的经营位置，不以奇特动人，而以画面的平实感人。这三方面历代画家留存的作品中均有不少鲜明的例子。如元代王蒙即以"繁"取胜，而与其同时代的倪瓒则以"简"见长。另外还有一些画家一身兼擅繁、简两种章法，如明代沈周、清代龚贤均擅此道。

中国传统家具上的繁指穷极工巧地对家具加以装饰，可使一种工艺在家具的装饰上达到极致，也可多种工艺并用而使得家具被装饰得如同清代瓷器中的某些"瓷母"一样，其诸多细巧精良的工艺手段让人瞠目结舌。六朝鲍照评价颜延之的诗有"雕缋满眼"之美，这种美实为家具装饰之繁的典型代表，而清代乾隆时期的一些宫廷家具堪称这方面的表率。这时候，家具的实用功能已成为次要，装饰欣赏和显示主人的身份地位反而成为主要目的。

简表现在中国传统家具上则是少有纹饰和线脚，也不加髹饰。其实，纯属这类的家具并不多，最典型的当属四面平、不起线的画桌或凳子。能够欣赏这种"大雅之极"的毕竟是少数人。光素而以简取胜的这一类家具之美体现在家具的整体造型、结构以及各种面的展现和面与面的交接上，这其中表现的纯粹简率和冷峻刚硬可谓暗合了中国古代少数杰出文人的世界观和审美心理。这种家具中的简其实早在敦煌壁画家具图像（图1-4-1）中就已崭露头角，但由于审美观念与制作材料的关系直到宋明时代才被逐渐发展到极致，也可谓元代倪瓒那种"一湖两岸"式山水画（图1-4-2）所蕴涵的高逸美学境界的另一种拓展。这种简类家具虽然在常人看来只是无纹饰的家具，但是从一定意义而言，这种"无纹饰"也是一种纹饰，老子早就说"有生于无"，由此可明之。光素简洁的家具，或取方材以求刚硬，或取圆材以求柔和。一些古人深知如果家具上的纹饰无助于家具境界的提升倒

图1-4-1 初唐莫高窟第334窟西壁龛内北壁壁画《舍利弗宴坐》中的禅椅

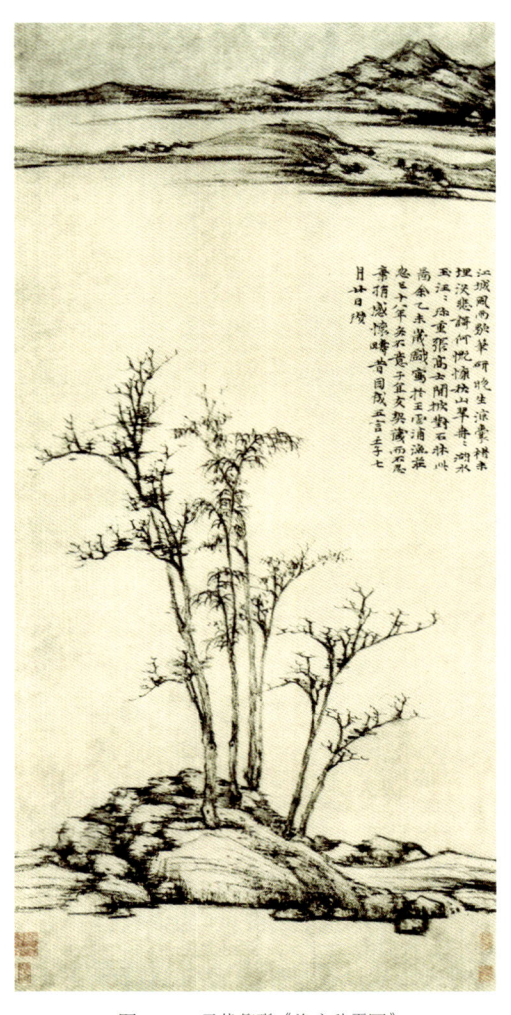

图1-4-2 元代倪瓒《渔庄秋霁图》

不如全部省掉，这样一来，家具的使用者和欣赏者会把注意力集中于家具内在本质的一面而使光素的形体焕发生机。

繁简适中一类是中国传统家具的主流，在集传统家具之大成的"明式家具"中被发挥到最高的美学境界。经典的"明式家具"的显眼部位通常会被点缀恰到好处的纹饰，一件家具就如同一幅绘画有了"画眼"一样而有了凝神之彩，体现了静中之动。就变化最多的椅子而言，这种适中的点缀常体现在椅子背板的中上端（图1-2-2），以便于观者的视线能迅速找到焦点。而在桌案上，这种焦点或视觉中心则能让人迅速地在牙板四周的线脚或纹饰上找到。至于其他的家具，也每每有装饰重点，目的在于使家具在视觉审美上有灵魂皈依之所而不至给人产生单调压抑之感。

当然，中国传统家具上的这三种总体风貌特征表现在各个时代是不尽相同的，具体就明清家具而言，虽然从总体来看，明代家具偏于简，清代家具偏于繁，但是这两代的家具依然具有各自的繁、简与适中。譬如，论家具的繁，明代家具多富丽，清代家具多奢华；论家具的简，明代家具多拙朴，清代家具多清隽；论家具的适中，明代家具多雅洁，清代家具多秀妍。

1.5 中国传统家具与绘画意蕴

中国传统艺术的显著特征是互融互鉴。就追求的意蕴而言，家具和绘画也是如此。黄苗子先生在王世襄《明式家具珍赏》序言中曾阐述过家具和绘画的关系，他说有一次他和张仃先生到一家古董店，看到一把榉木扶手椅（图1-5-1），造型考究，每一根直线和曲线，每一个由线构成的面，配合呼应形成的空间分割，是如此恰到好处，使人产生一种稳重中有变化，

图1-5-1 明代榉木扶手椅，清华大学艺术博物馆藏

严谨中带灵活的美感。他感慨地说："中国艺术是善于把畸和正、简和繁、动和静、险和夷这些矛盾统一起来的。而从水墨画到家具都巧妙地发挥简和静之美，艺术家们追求的是用极其简练的艺术语言恰到好处地表达事物的外在与内涵。宋玉形容美女：'增之一分则太长，减之一分则太短；施粉则太白，施朱则太赤。'在明式家具或水墨画中，都给予我们这种感觉。这是中国明代家具给予我第一次美的诱惑。我当时心头突突，很想买回去据为己有，但终于由张仃替学院买了下来。此物现已被王世襄收入这本图录中。"

的确，正是用简练的艺术语言来精当地表达事物的外在与内涵，才使得家具和绘画这两大艺术呈现出无穷魅力。我们在看待当代的家具和绘画时也许更会感慨，虽然这二者均已多元化，但论意蕴的永恒性，在当代的家具和绘画的互动中，可以追求之处尚有许多，就表现当代家具与绘画的时代精神而言，可谓任重道远。

以上探讨了中国传统家具和绘画在形式上的一些联系，至于二者间水乳交融的关系则远不止这些，我们还要具体深入研究中国传统绘画中的家具以及中国传统家具上的绘画，这样对于这两大艺术的认识才是较为完整的。

总的来说，中国传统家具艺术和绘画艺术是相辅相成的，以上的分析归纳表明中国当代家具的发展依然要以中国文化为根基，只有广泛吸取兄弟艺术的精华，运用先进的技术手段，才有可能重现昔日之辉煌，图像中的家具文化研究也将进一步带动中国传统家具研究与收藏的兴盛。与此同时，新技术的不断出现也为我们在探讨利用技术手段促进家具对于绘画因素的借鉴和转变家具设计与研究的思路上带来无限之可能。

注释

[1]《晋书·王述传》记载："初，述家贫，求试宛陵令，颇受赠遗，而修家具。（后）为州司所检，有一千三百条。"由此可见，这里的"家具"和后来的家具概念不同，否则不会多达"一千三百条"。

[2] 唐代张彦远《历代名画记·叙画之源流》记载陆机语："丹青之兴，比《雅》《颂》之述作，美大业之馨香。宣物莫大于言，存形莫善于画。"

[3] 王世襄：《中国画论研究》，南宁：广西师范大学出版社，2010年版。此著乃基于王世襄先生于1939年到1941年在北京燕京大学研究院攻读硕士的学位论文。通过答辩之后，王世襄先生仅完成先秦至宋末的内容。此后至1943年春，方写完元至清部分，共约70万言。2010年，经广西师范大学出版社以手抄本影印成书首次出版发行。

第二章
高型家具进入中国的背景

对中国人来说，椅子等高型家具是外来物，和有的国家相比，中国最早的椅子图像出现较晚。

比如，在距今4500多年前的埃及第四王朝时期（公元前2575—前2551）的赫特菲尔利斯陵墓中出土的扶手椅（图2-1）被称为目前发现的最早木椅。其扶手下饰有三个铃形的纸莎草纹样，纸莎草象征着尼罗河三角洲长满芦苇的沼泽。椅座和靠背都是用纸莎草茎编制的，木质部分全都贴金箔。其造型大方，结构和谐，装饰得当，既实现了垂足而坐的功能，又体现了主人的地位与权势。与之类似的还有其他的古埃及扶手椅（图2-2），有的扶手椅的左右扶手之前饰有狮头，其他部件的装饰也较为复杂，可以称为宝座。

古埃及的高坐起居自成体系，家具造型与结构独特，其特色不但在于实现了垂足而坐，而且突出了仿生形，即对于动物形态的模仿。譬如，从图2-1到图2-4，虽然其品种有扶手椅、交足凳、床，但是它们的足均与动物相关，其中，图2-1、图2-2、图2-4中的四足均是再现了狮子、豹子、羚羊一类的动物站立时的四足的形状，朝着同一方向，挺拔有力。中国宋代家具上也出现了马蹄足等仿生形足，但在设计时根据家具的具体造型而朝着不同方向，显示了与古埃

图2-1　古埃及第四王朝赫特菲尔利斯陵墓中出土的扶手椅

及人不同的思维特征。图 2-3 中的交足凳的交足与托泥的造型是模仿野鸭一类的鸟禽喙衔横木的形象,生动幽默,别具匠心。

早期的美索不达米亚(两河流域)文明曾创造了辉煌的文化艺术,并发展了成熟的高坐家具体系,高足凳等家具形象出现在当时的艺术作品上。譬如,图 2-5、图 2-6 中所展现的是制作于公元前 3000 年的美索不达米亚高足坐具形象,它们均无靠背与扶手,均是高足凳。图 2-7 表现的则是著名的《汉谟拉比法典》石雕,给汉谟拉比授予令牌的太阳神所坐的坐具虽然没有靠背与扶手,但是装饰精美,下设足承,是当时权贵所用宝座的反映。美索不达米亚《竖琴演奏者坐像》(图 2-8)中的交足凳是竖琴演奏者的坐具,结构交代清晰,在其托泥横木之间还有连接的绳子,这比古埃及的交足凳多了一种结构上的考虑。美索不达米亚的交足凳使用十分广泛,甚至出现了交足凳与交足桌并用的情况,可见当时的人们对于这种轻便、易携家具的喜好。

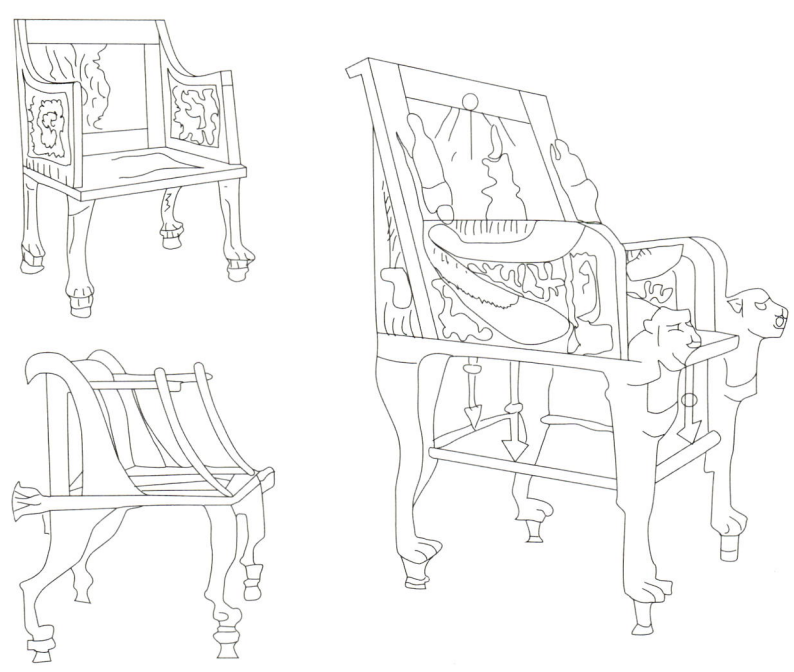

图 2-2　古埃及的扶手椅线描解析图

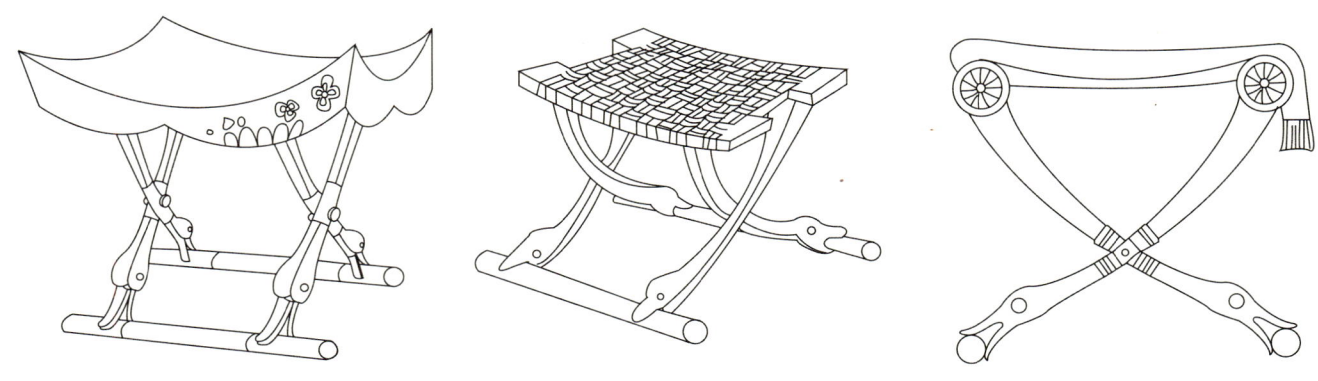

图 2-3　古埃及的交足凳线描解析图

图 2-4　古埃及的床线描解析图

图 2-6　美索不达米亚《伊希达女神》，雪花石膏，公元前 3000 年，叙利亚大马士革国立博物馆藏

图 2-5　美索不达米亚镶嵌画《乌尔标准，和平情景》，公元前 3000 年，出土于乌尔王陵，伦敦大英博物馆藏

第二章　高型家具进入中国的背景

图 2-7　美索不达米亚《汉谟拉比法典》，
公元前 1792—前 1750 年，玄武岩雕刻

图 2-9　石雕《弹三角竖琴的人》，公元前 2800—前 2300 年，
希腊国家考古博物馆藏

图 2-8　美索不达米亚《竖琴演奏者坐像》，高 12 厘米，宽 7.5 厘米，陶土，
公元前 2000 年，巴黎罗浮宫藏

与前述美索不达米亚《竖琴演奏者坐像》相对应的是公元前 2800—前 2300 年制作于希腊雅典的石雕《弹三角竖琴的人》（图 2-9），现藏于希腊国家考古博物馆。虽然这件四千多年前的石雕比《竖琴演奏者坐像》显得更为朴拙粗简，但是其展现的靠背椅结构是较为清晰的，其两侧采用弧形交叉连接形式，使得足间形成的三角弧形与竖琴的三角弧形颇为协调，构成了一种具有特色结构的家具。

在后来的古希腊、古罗马时期，西方延续发展了高坐家具体系，椅子等成熟的高坐家具形象大量出现在当时的艺术品上。例如，制作于雅典的《克山狄波斯的墓碑》（图 2-10）展现了死者在儿女陪伴之下，舒适地垂足坐在一件靠背椅上的情景。公元前 500 年之际，由于官方颁布了严禁葬礼铺张奢侈的命令，因此在雅典看不到装饰精致的墓碑。其后虽仍有制作墓碑，但比以往明显简朴了许多。《克山狄波斯的墓碑》

图 2-10 《克山狄波斯的墓碑》，大理石浮雕，约公元前 430 年

图 2-11 墓碑浮雕大理石，约公元前 4 世纪制作于雅典，希腊国家考古博物馆藏

是公元前 430 年前后惯例再开时的作品，死者姓名以希腊文写于墓碑上方。墓碑上的这件靠背椅造型优雅，四足为上粗下细的弧线形，和谐流畅，靠背也呈弧线形，这些对于曲线的娴熟运用，显示了当时审美的成熟与家具制作水平的高超。与之相近的还有像图 2-11 一类的墓碑浮雕，其中椅子的靠背弧度与人的脊椎贴合，结构刻画得较为清晰，显示了这种曲足靠背椅图式的传承。

古希腊其他的交足凳、靠背椅、扶手椅、床凳形象可参见图 2-12 到图 2-17。其中，既显示了与古埃及扶手椅的联系（图 2-12），对仿生形的偏好（图 2-13、图 2-15、图 2-16），又显示了与古希腊、古罗马时期代表性建筑的关系（图 2-14、图 2-16、图 2-17）。

图 2-12 古希腊的交足凳、靠背椅线描解析图

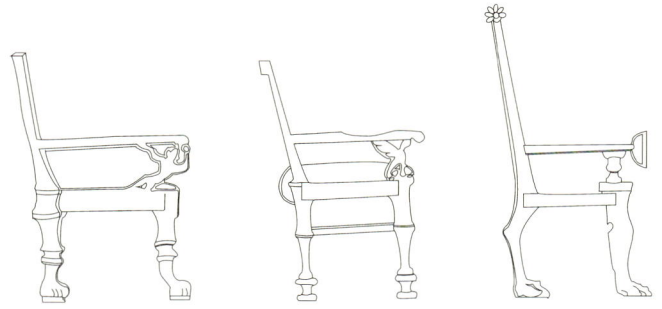

图 2-13 古希腊的扶手椅线描解析图

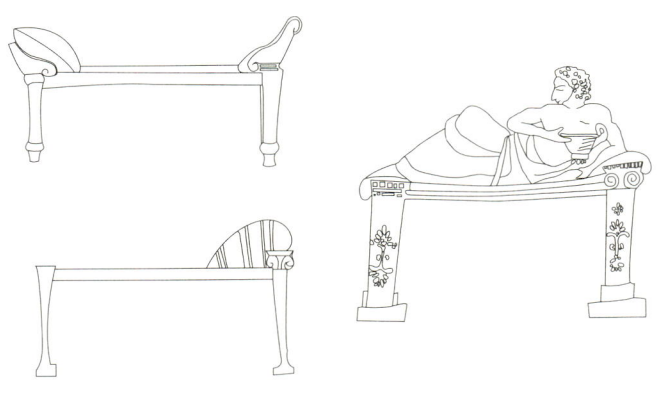

图 2-14　古希腊的床线描解析图

图 2-17　古罗马的桌、几线描解析图

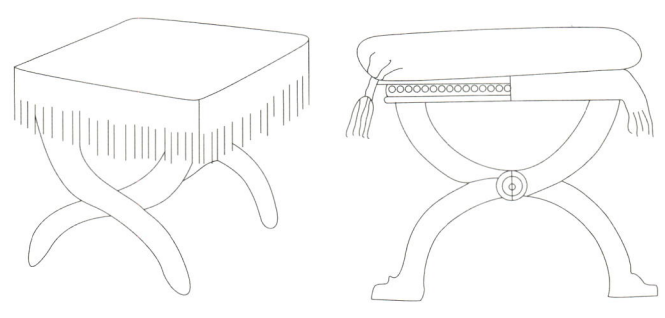

图 2-15　古罗马的交足凳线描解析图

图 2-16　古罗马的扶手椅、宝座线描解析图

当我们将视线投向古代的远东地区，其高坐起居形象可见于巴泽雷克古墓随葬品。该墓地是南西伯利亚位于俄罗斯戈尔诺阿尔泰省巴泽雷克盆地的早期铁器时代的墓地，墓葬持续年代约为公元前8世纪至前3世纪，其中的五座大墓出土了大量的毛织品与丝织品，还出土了一枚中国战国四山纹铜镜，见证了古代中外文化商贸交流中的重要成果。巴泽雷克古墓出土的壁毯《女王接受骑士致敬》是迄今为止所知的世界上最早的拉绒多彩毛毯，今天看来，上面展现的是一种近于四方连续的毛毯图案（图2-18），刻画的是手执生命之树的女王正在接受一位骑士的致敬（图2-19），形象近于剪影，十分稚拙。其中的女王垂足坐在靠背椅上，这件椅子的腿部与靠背下垂部采用了扁圆形与圆锥形相结合的形式，与生命之树的造型方式具有一定的相关度。

公元1世纪到5世纪，是南亚次大陆西北部地区（今巴基斯坦北部及阿富汗东北边境一带）犍陀罗艺术繁盛的时期。因这里处于印度与中亚、西亚的交通枢纽，又被希腊、大夏等政权长期统治，受希腊文化的影响较大。其佛教艺术兼有印度和希腊风格，故被称为"希腊式佛教艺术"。犍陀罗艺术形成后，对周边地区的佛教艺术发展影响甚广。犍陀罗佛教造像艺术的兴盛对当时的高坐起居方式也有所表现。例如，

图 2-18 巴泽雷克古墓壁毯《女王接受骑士致敬》，出土于俄罗斯戈尔诺阿尔泰省巴泽雷克盆地，约制作于公元前 5 世纪，俄罗斯艾米塔什博物馆藏

图 2-20 犍陀罗浮雕《托胎图》中的藤墩、宝座，出土于巴基斯坦斯瓦特翠堵婆遗址，巴基斯坦白沙瓦博物馆藏

图 2-19 巴泽雷克古墓壁毯《女三接受骑士致敬》中的靠背椅

巴基斯坦斯瓦特翠堵婆遗址出土的佛教浮雕《托胎图》[1]（图 2-20）中展现了宝座、华盖、足承、藤墩的形象。图中净饭王交脚端坐在装饰华丽的宝座上，左侧的南山阿私陀仙人与右侧的那罗达多均垂足坐在半球形藤墩上，其结构较为清晰，使用了将藤条进行半圆形弯曲并叠加的形式，与半球形的整体造型十分统一，这种形式甚至在今天的藤墩制作中依然被使用。

公元 1 世纪以来，随着中外经济、文化交流的不断发展，中国地区的高型家具形象也不断进入人们的视野。譬如，约制作于公元 2—3 世纪的《陶制人物像》（图 2-21）出土于新疆和阗县，虽然高度只有 12 厘米，但是生动地反映了一位垂足坐在扶手椅上的男子形象。穆舜英主编的《西域艺术》[2]一书将其称为《陶制帝王像》，这可能归因于所塑造的形象体态优雅、闲适，头戴高冠，右手放于右侧扶手上，垂足坐于较为考究的扶手椅[3]上。该椅子的靠背高达人的后脑，具有清晰的横枨与短柱的结构与装饰，这种靠背的简洁结构并

图 2-21《陶制人物像》，公元 2—3 世纪，
高 12 厘米，出土于新疆和阗县，现藏于韩国首尔

不近于欧洲的传统式样，而是加进了中国化的变革，这对于中国家具史研究的意义重大。有些学者将一些中国早期佛教造像中的佛座称为"椅子"或"准椅子"[4]，而实际上，佛座后面的那些内容均是工匠塑造的佛的头光与背光而已，造像中的长方形佛座应该叫做金刚座。《陶制人物像》的椅子靠背明显不同于中国早期佛教造像的佛座后的装饰内容，体现的是较为真实的家具横枨与竖枨结构，西域高坐起居传统对于中国新疆和阗地区的长期影响是造就这件扶手椅形象的源头所在。

然而，鉴于其上身赤裸，胸肌、腹肌较为明显，赤脚，仅在腰部以下穿着裙子一类的服饰，褶皱明显，体现了浓厚的异族情调，因此，它是否表现的是一位帝王，还值得研究。但是特别值得注意的是，由于该陶塑诞生于公元 2—3 世纪，时值我国的东汉末年，所以堪称目前所见"中国境内最早的扶手椅形象"！

注释

[1] 引自［英］约翰·马歇儿（J.Marshell）著，王冀青译：《犍陀罗佛教艺术》，兰州：甘肃教育出版社，1989 年版，图 54。

[2] 穆舜英主编：《西域艺术》，台北："中央图书馆"，1994 年版，第 362 图，第 142 页。

[3] 穆舜英主编：《西域艺术》中称其为宝座，第 202 页。

[4] 譬如，胡德生：《中国古代家具》（上海：上海文化出版社，1992 年版）把敦煌西魏第 285 窟西壁龛内所塑倚坐佛的宝座称为椅子；刘森林：《中国家具》（上海：上海古籍出版社，1998 年版）一书中也附有西魏洞窟西龛塑主尊倚坐佛的长方形宝座线描图，佛足下有长方形脚踏，称此宝座为"敦煌 285 窟西魏壁画上所绘坐椅"；台湾翁同文：《中国坐椅起源与丝路交通》（台北：《历史博物馆馆刊》1983 年第 1 期，第 7-13 页）一文中附有莫高窟北魏第 254 窟西龛塑交脚坐佛坐长方墩宝座黑白图片，作者称"敦煌第 254 窟北魏有靠背坐像"的宝座为"准椅子"。

第三章
低坐家具图式的延续

当我们系统研究敦煌壁画中的家具图式，将发现从南北朝到五代的千余年间，国人起居方式的演变总体上可归纳为五种方式的交织，即：1. 低坐风尚的延续；2. 本土家具图式的发展；3. 高坐家具图式的进入；4. 外来家具图式的汉化；5. 特色家具图式的创制。这些均可见于敦煌壁画，中国中古时期家具的演变模式由此得到较为生动的呈现，值得深入阐释。

从南北朝到隋唐，尽管这一时期佛教风尚传播的力度很大，伴随着宗教而来的高型家具改变了一部分中原汉人的生活方式，但是从商周延续下来的席地而坐的生活方式仍具有强大的生命力，这可见于敦煌壁画，其中出现了大量传统家具图式的延续，而其中最具代表性的是席的沿用。席虽铺于地面，但是堪称最为古老的家具，也是中国上古时期最为重要的家具之一，当时房屋的营造即以席的大小作为模数来进行设计，[1]甚至人的等级也以所使用席的材料、大小以及层数来衡量与体现。

客观而言，相对于席地而坐，垂足而坐本是世界各大文明体系中的人们在生活中常会发生的行为，也是十分自然、无须训练的姿势。而足不下垂、股不离地的跪坐则是中国古代君子特有的坐姿，坐时臀部放于脚踝之上，上身挺直，双手规矩地放于膝上，目不斜视，使坐者显得气质端庄，因此也叫"正坐"。在上朝、待客等重要活动中都要求人们跪坐，而盘坐、箕踞（伸开腿坐）、靠坐只限于私下场合。

以跪坐为核心，中国还形成了十分成熟的低坐家具体系。笔者认为，其原因主要有以下四个方面：

其一，源于自氏族部落以来中国人对于礼节的认识，其核心是放低自己、去除敌意而表示友好。在父系氏族时代，部落之间常常发生冲突与兼并，甚至人吃人的事件也时有发生。当不同部落的人站立着对话、谈判时，是需要时时防范的，因为站立的姿势具有攻击性；但是假如双方均垂足坐下来，各自的警惕性就会降低一些；而假如双方均相互跪坐着进行交流，这种姿势显得最为友好，最具有诚意，也最让人放心，谈判自然也容易获得成功。久而久之，跪坐这种表示友好、谦恭的低坐起居方式逐渐成为中国人起居礼节的核心环节。

其二，为了在坐姿上区别于动物。这种观念认为，垂足而坐不雅观，因为猴子一类的动物也能做出，高贵的君子是不能效仿动物姿势的。于是君子要选择一种动物不会的姿势，这得经过长期刻苦训练才能坐起来，也使自己受到生理与心理的约束。人要约束自己才能显得高贵，纯粹自然的就野蛮了，因此孔子说："质胜文则野，文胜质则史。文质彬彬，然后君子。"[2]这是中国文化中和谐观的一种重要思想。

其三，低坐姿势利于保暖。上古时期的中国北方地区较为寒冷，中国人身着深衣长袍，席地而坐可以收敛四肢，利于保暖。

其四，低坐家具省料省工，便于制作。

在以上四因中，一、二是观念上的，三、四是功能上的，观念上的原因居主导地位。

中国商代的礼法制度规定了跪坐是上层人士在公开场合中的标准坐姿，并演变成了一种供奉祖先、祭祀天神和接待宾客的礼仪。周代继承了这种礼仪，并使之融入了"礼教"的系统而延续了几千年。到了汉代，这一时期的美术对这种起居方式进行了大量反映，并广泛记载于汉代的画像石、画像砖、壁画（图3-1）和雕塑（图3-2）中。

虽然保持跪坐这种姿势需要经过长期训练，较折磨人，是对人的身体与意志的双重考验，但是体现了谦卑、恭谨、友好与虔诚，为当时人所称道，而且上行下效，形成规范，成为中国人生活起居的一部分，成为一种文化传统。不但影响了华夏民族，而且对周边国家（如日本、朝鲜）均深具影响，日本的低坐传

图3-2 西汉长信宫灯（因曾置于西汉刘胜祖母窦太后的长信宫，故名），河北满城出土，河北省博物馆藏

图3-1 《河南密县打虎亭东汉壁画》中的长连席

统一直沿用至今，又对今天中国的一些人群的起居观念产生影响。

敦煌壁画也是低坐风尚延续的重要见证。例如，在初唐第329窟（图3-3）、初唐第220窟（图3-4）、盛唐第320窟《观无量寿经变》（图3-5）的壁画中就有设计风格迥异的席、毯。图3-3中的供养人双手持莲花，双膝并拢跪坐于方席，臀部置于脚后跟上，这是中国低坐时代标准的坐姿。图3-4、图3-5画舞者舞于毯、席[3]上：前图之毯为椭圆形，中间为联珠纹，这是当时波斯萨珊王朝金银器上盛行的图案，体现了唐代毛织工艺对于外来纹样的有机吸收；后图之席为矩形，图案变化以矩形为框架，是一种传统席编织工艺的延续。

另外，在初唐莫高窟第431窟北壁壁画《坐席观

图3-3 初唐莫高窟第329窟壁画供养人像线描解析图

图3-5 盛唐莫高窟第320窟壁画《观无量寿经变》中的方毯线描解析图

图3-4 初唐莫高窟第220窟北壁壁画《乐舞图》中的圆毯

山》(图 3-6)、盛唐莫高窟第 66 窟北壁壁画《"十六观"前八观》(图 3-7)、盛唐莫高窟第 68 窟北壁壁画《长河落日》(图 3-8)、盛唐莫高窟第 217 窟北壁壁画《远山落日》(图 3-9)中展现的均是与观想相关的画面。所谓"十六观",即念佛者由忆念弥陀之身与净土得以往生西方,共有十六种观行:一、日想观,又作日观、日想;二、水想观,又作水观、水想;三、地想观,又作地观、琉璃地观、地想;四、宝树观,又作树观、树想;五、宝池观,又作八功德水想、池观;六、宝楼观,作此观想即刻成就以上五种观法,故又

图 3-6　初唐莫高窟第 431 窟北壁壁画《坐席观山》中的席

图 3-7　盛唐莫高窟第 66 窟北壁壁画《"十六观"前八观》中的席

图 3-8　盛唐莫高窟第 68 窟北壁壁画《长河落日》中的席

图 3-9　盛唐莫高窟第 217 窟北壁壁画《远山落日》中的席

作总观；七、华座观，又作华座想；八、像观，又作像想观、佛菩萨像观、像想；九、真身观，又作佛观、佛身观、遍观一切色身想；十、观音观，又作观世音观、观观世音菩萨真实色身想；十一、势至观，又作大势至观、观大势至色身想；十二、普观，又作自往生观、普往生观、普观想；十三、杂想观，又作杂观、杂明佛菩萨观、杂观想；十四、上辈观，又作上品生观、上辈生想；十五、中辈观，又作中品生观、中辈生想；十六、下辈观，又作下品生观、下辈生想。以上这些唐代敦煌壁画中虽然描绘的是观日、观山、观水、观地、观宝树、观宝池、观宝楼、观华座、观像等"十六观"的重要内容，但是在画面中均绘有一位女子双手合十，以跪坐于席上这种中国古代流行的低坐起居方式进行观想，来体现佛教大义在中土的现实教化。

在中唐榆林窟第 25 窟北壁壁画（图 3-10）中，一位僧人跏趺坐于席上，席前陈设矮几，几上放有两个藤编方盒。席的大量使用以及与其他家具的配合使用，说明中国上古流行的低坐生活方式即使在唐代仍然具有生命力，而且并未因为外来生活起居方式的巨大影响而被国人放弃。

榻也是中国低坐起居时代的代表性家具，从汉代以后，榻的高度经历了一个逐渐由低向高的发展过程，但是简便实用的矮榻在敦煌壁画中出现的频率也是较高的。例如，初唐莫高窟第 323 窟南壁壁画《隋文帝问昙延法师天旱原因》（图 3-11）、中唐榆林窟第 25 窟北壁壁画《听经得往生》（图 3-12）中均绘有矮榻，隋文帝所坐矮榻的足间有壸门结构，较为精致，显示了其高贵的身份。念经僧人所坐矮榻虽然缺损了一小部分，但是造型简洁，根据常规推测，它应该有四足。

图 3-10　中唐榆林窟第 25 窟北壁壁画中的席、矮几

图 3-11　初唐莫高窟第 323 窟南壁壁画
《隋文帝问昙延法师天旱原因》中的榻

图 3-12　中唐榆林窟第 25 窟北壁壁画《听经得往生》中的矮榻

注释

[1]　日本甚至将这种从中国学到的建筑与室内设计模式沿用至今。

[2]　语出《论语·雍也》。其中，质：质朴，即人的自然属性特征；文：文饰，即人的社会属性特征；史：虚浮不实；彬彬：适中和谐的状态。其意是说，质朴的自然属性特征胜过了经过文饰的社会属性特征，人就会粗野。相反，经过文饰的社会属性特征胜过了质朴的自然属性特征，人就会虚浮。只有二者比例恰当、适中和谐，人才可以成为君子。由此体现了孔子推崇的君子的理想人格，反映了其一以贯之的中庸思想。

[3]　这种席又被称为舞筵。

第四章
本土家具图式的发展

隋唐时期，虽然外来的起居方式通过西域不断进入中原，在长安与洛阳等大城市影响广泛，成为当时的时尚，但是中原的本土家具也在进行一定程度的发展。由于敦煌地区处于连接西域与中原的要道，敦煌壁画对于本土家具图式的发展皆有反映。

例如，家具上的壸门托泥是中国本土家具发展的重要见证之一。壸门造型最早源自商代青铜器，而壸门托泥式榻的形象在汉代画像石、画像砖中颇为常见。

初唐莫高窟第203窟壁画（图4-1、图4-2）、盛唐莫高窟第14窟南壁壁画《闻法欢喜》（图4-3）等许多敦煌壁画上的床榻均有壸门托泥这一箱型结构。所谓的壸门，即足间围成"亚"型，以左右对称的曲边装饰，增加了家具的柔性美；所谓托泥，即足下垫有托板，形成箱形结构，增加了家具的牢固性与稳正感。壸门加托泥形式的不断成熟，体现了中土家具造型与结构的发展，其优点是家具显示了曲与直的线性对比，视觉效果丰富，具有稳定性；其缺点是制作时费料费工，重量增加，搬动困难，故而壸门托泥榻不易被"下榻"[1]。

就壸门而言，一些专家认为它源于印度，它在中国的发展主要归于佛教的影响。考古史与艺术史告诉我们，其实不然，因为商周的青铜器上已出现了壸门造型，[2]在汉代画像中更可看出不少床榻中已经具有变化丰富的壸门造型。[3]诚然，中国早期的床榻多数形体低矮，造型简洁，有柱足或"局脚"（矩形脚），壸门加托泥的家具形式在汉末以后才大量出现。今天看来，在印度古代建筑和家具中很少见到这种形式，所以这应是中国传统家具在自身基础上的一种发展，而这种发展恰巧配合了佛教的传播和家具的升高。壸门流行之后，增加了家具的装饰性，这时壸门的形式也多种多样，单是敦煌壁画中反映的就有很多种，其中单元排列的密度不尽相同，壸门弧形的曲度也呈现出丰富变化，有的足下有托泥，有的足下无托泥。可见当时的能工巧匠能在统一制式下寻求各种不同的处理方式，这也是中国历代杰出工匠的共同特点所在，

图 4-1　初唐莫高窟第 203 窟西壁塔龛外南侧上部壁画《维摩示疾》中的榻

图 4-2　初唐莫高窟第 203 窟西壁龛外北侧上部壁画《文殊来问》中的榻

图 4-3　盛唐莫高窟第 14 窟南壁壁画《闻法欢喜》中的榻

比如商代巧匠对青铜器饕餮纹中各部分及整体效果的处理即是如此。

具体以莫高窟第 203 窟所绘壁画《维摩诘经变》为例，这是初唐时期的壁画作品。由于在作画时使用了含有铅质的颜料，所以经过长时间的氧化作用，画面中出现大面积的黑色斑块，但其画面结构与形体之间的相互关系并未受到破坏，并不影响我们对画面进行深度剖析。图中所绘内容为"文殊问疾"，将维摩诘以及前来问病的文殊分别画在西壁龛外的南北两侧，构成了《维摩示疾》与《文殊来问》两幅图像，这是延续了隋代的画法图式。

在图像中，维摩诘左腿盘坐在榻上，右腿的膝盖曲起，手持扇形麈尾，形态轻松，神情恬适。维摩诘所坐之榻为单人独坐榻，造型稳正，根据与人物的比例关系分析，其高度约在 20 厘米。从结构上来看，前后各有 3 个壸门（按照榻面的长宽比例，估计榻的左右各有两个壸门），榻的下方设有赭色托泥，属于典型的壸门托泥式箱型结构。这种造型与结构继承了汉代以来榻的特征，是传统低坐家具的延续。值得关注的是，榻上设有华美的帐，高度接近人的身高，帐顶呈矩形，四周以及中间具有花瓣形的装饰，四周悬挂十几条短飘带。帐的左、右、后三面均有长布幔垂下，遮住坐榻，仅帐的前面垂下短布幔，形成三面围合的结构形式，使得坐榻者十分突出。这种榻上设帐且三面围合的形式是对汉榻的发展，从一定意义而言，也可谓明代架子床的一种源头。

与《维摩示疾》对应的《文殊来问》中也画有一件榻。文殊菩萨身披飘帛，头戴宝冠，具有数圈头光，头顶上设有一件华盖。在文殊菩萨的前上方绘有一位飞天，体态轻盈，似乎在对文殊菩萨致意。

文殊菩萨右手抬起，左手放于左腿之上。双膝并拢，跪坐于榻上，这种姿势是商周以来贵族、士大夫在正式场合的规范坐姿。这种谦恭的姿势与维摩诘轻松的姿势形成了鲜明对比，反映了二人内心世界的差异。

文殊所坐之榻与维摩诘所坐之榻高度相仿，结构接近，也是壸门托泥式榻，只是其前后均有两个壸门，而左右则有三个壸门。除此之外，榻前有一几，四足，高度约为榻的一半，宽度与榻的一个壸门相近。几上陈设了两件东西，可视为这件坐榻的附件。

在盛唐莫高窟第 217 窟南壁壁画《国王求法》（图 4-4）、盛唐莫高窟第 320 窟北壁壁画《未生怨之欲害其母》（图 4-5）、中唐莫高窟第 112 窟南壁壁画《被人轻贱》（图 4-6）中，均出现了壸门托泥榻上再设帷幕案的新型陈设方式，特别是盛唐莫高窟第 217 窟南壁壁画《国王求法》、中唐莫高窟第 112 窟南壁壁画《被人轻贱》中的榻的高度均较高，而盛唐莫高窟第 320 窟北壁壁画《未生怨之欲害其母》则是将榻设在砖砌的台基上，因此三者都是将起居维度向高度上发展了。

与前述敦煌壁画中的一系列榻的图像相比，山东嘉祥隋代徐敏行夫妇墓室壁画能为我们找到相关的图像对应点。1976 年 2 月，山东博物馆发掘了位于山东省嘉祥县杨楼村西南英山脚下的隋代徐敏行夫妻合葬墓。该墓室的壁画弥足珍贵，具有重要的艺术和考

图 4-4　盛唐莫高窟第 217 窟南壁壁画《国王求法》中的榻上设案

图 4-5　盛唐莫高窟第 320 窟北壁壁画《未生怨之欲害其母》中的榻上设案

图 4-6　中唐莫高窟第 112 窟南壁壁画《被人轻贱》中的榻上设案

古价值。隋代墓壁画全国目前发现仅三处，除了这座墓室的壁画，其他两处是宁夏固原史勿昭墓壁画、陕西三原李和墓壁画。从墓志可知墓主人徐敏行生于梁武帝大同九年（543），死于隋炀帝开皇四年（584）。

任职于梁、北齐、北周和隋四朝，隋文帝时，徐敏行任晋王杨广的驾部侍郎，故称徐侍郎。墓室的东、南、西、北壁以及穹顶、门洞均绘有精美的壁画。墓室的东壁绘《徐侍郎夫人出游图》；南壁墓门两侧各绘持剑武士；西壁绘《备骑出行图》；北壁绘《徐侍郎夫妇宴享行乐图》（图 4-7）；后壁绘《饮宴图》，画徐侍郎夫妇对坐于帐内饮宴，乐舞表演于帐前；穹顶绘《天象图》；门洞横楣上画一奔马，门洞内左右墙面各画小吏和仆人，门洞外东西墙上各画一守门人。就家具研究而言，值得注意的是北壁《徐侍郎夫妇宴享行乐图》描绘的内容十分丰富，夫妇二人坐在一件髹赭漆、带托泥的壸门榻上观看演出，榻面具有纹饰，榻的高度较高，折合今天的尺寸约为50厘米，这要明显高于汉代的榻。徐侍郎手持凭几，其夫人背靠隐囊。榻后立有屏风，屏风上画山水，以墨为主，设色近于浅绛。榻旁有侍女伺候，榻前有一人正在娴熟地表演踢毽子。凭几、隐囊是低坐起居时代席、榻上的必备家具，用以缓解长久跪坐的疲劳。《徐侍郎夫妇宴享行乐图》中这种榻、凭几、隐囊、屏风的有机结

图 4-7　山东嘉祥隋代徐敏行夫妇墓室壁画《徐侍郎夫妇宴享行乐图》中的榻、凭几、隐囊、屏风，1976 年出土，山东博物馆藏

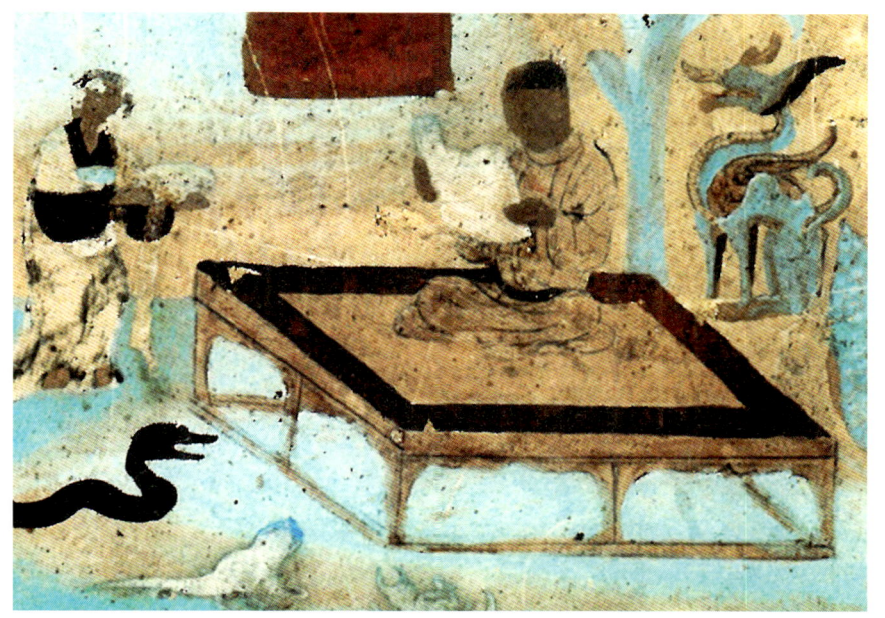

图 4-8　晚唐莫高窟第 14 窟南壁壁画中的榻

合，揭示了隋唐时期起居生活的演进特色，即是在较高的榻上依然延续着低坐起居的活动方式。

由敦煌壁画所见本土家具的发展，还反映了榻面造型的变化。譬如，晚唐莫高窟第 14 窟南壁壁画中的壶门托泥榻（图 4-8）在视觉上是一件方榻，一人盘腿坐于方形榻面的中间。与长方形榻不同，方榻不但具有了不同于长方形榻的陈设价值，而且提供了新型功能，人们可以更为随意地随榻边而坐。例如，在传为唐代著名画家周昉所绘的《调婴图》[4]（图 4-9）中，两位仕女各选了方榻的一边垂足斜坐，显示了这件方榻功能的多样性与灵活性。

中国古代的几有多种类型，作为承具的几在低坐时代是放置物品的家具，而作为凭倚家具的凭几则主要是用于倚靠，例如初唐莫高窟第 334 窟壁画《维摩诘》（图 4-10）中的维摩诘即是凭依着三足凭几坐在高座上的。值得关注的是，其高座前还陈设了一件栅足几，其高度与高座相近。此几可视为维摩诘高座的配套家具。

盛唐莫高窟第 103 窟东壁窟门南侧壁画《维摩诘经变》中的栅足几（图 4-11）是一种高几，按照与人的尺度关系折算，高度大约在今天的 110 厘米，其高度大大超过早期的几。由于它被陈放于维摩诘所坐高榻之前，因此，它在功能上属于陈放供养物品的供几。几的升高，反映了中国早期家具在高坐时代来临之时所具有的活力。

就唐代栅足几的实物而言，1994 年 4 月岳阳市文物考古研究所于湖南岳阳桃花山唐墓[5]发掘出土的唐代栅足翘头几（图 4-12）虽是缩小版的明器，仅仅长 13 厘米，宽 10 厘米，高 5 厘米，但是制作完整，造型较为厚实，形态保持完好。几面两端上翘，宽扁足上刻直棂条纹，这是对于栅足的模拟，足下具有托泥，因此可谓当时实物几的重要见证。

图 4-9　唐代周昉（传）《调婴图》局部，绢本设色，"台北故宫博物院"藏

图 4-10　初唐莫高窟第 334 窟壁画《维摩诘》中的栅足几、凭几、高座

图 4-11　盛唐莫高窟第 103 窟东壁窟门南侧壁画《维摩诘经变》中的栅足几

汉代盛行的屏风在唐代也有所发展。屏风在商代就已经出现，它堪称使用时间最长且最具有汉民族文化属性的家具品种。隋唐以前的屏风较矮，以床榻上的围屏为主，而隋唐及以后的屏风逐渐增高，以插屏和折叠屏为主。隋唐以前的屏风装饰以吉祥图案和几何纹样为主，而隋唐以后的屏风则常以山水、人物和

花鸟来表现。这时的屏风除了遮挡视线、分割空间和阻碍气流的实用功能之外，其装饰的主导意义越发凸显出来。值得注意的是，一些小型多折屏风还被安放在高座上，莫高窟一系列描绘维摩诘经变的壁画，如盛唐第103窟东壁窟门南侧壁画、中唐第159窟东壁南侧壁画、晚唐第156窟东壁北侧壁画、五代第61窟东壁窟门北侧壁画、五代第98窟东壁壁画，均有这样的高座。有的屏风也被安放在矮榻的背后，形成组合家具。

在盛唐莫高窟第217窟壁画《得医图》（图4-13）和盛唐莫高窟第172窟壁画（图4-14）中有对屏风丰富的表现。

《得医图》中的屏风属于插屏一类，所谓插屏，指的是屏风由屏座和屏板两部分组成，屏座上挖出凹槽，屏板正好插入凹槽里，插屏这种形式在宋代以后蔚然成风。其屏板以山水画作为装饰，前后均以云头牙子直立抵夹屏风而成座架，这在当时是一种非常具有形式感的装饰形式。虽然后来屏风站牙下通常会设平放于地的横墩与地面分隔，但不难看出这种形式已开后世屏风站牙装饰之先河。另外，四个云头牙子中间各有一圆珠作为装饰，使简洁的装饰有了丰富之美，可看出传统抱鼓式站牙的源头。另外，该屏风的

图4-12　唐代栅足翘头几，长13厘米，宽13厘米，高5厘米，1994年4月出土于湖南岳阳桃花山

图4-13　盛唐莫高窟第217窟壁画《得医图》中的屏风线描解析图

图4-14　盛唐莫高窟第172窟壁画中的3件屏风线描解析图

边角做成了 45°格角对接，颇有结构上的成熟意义（第 172 窟壁画中的一个屏风也有这种做法）。虽然在西汉马王堆的彩屏上也有此种边角的处理，但后来极少见到。这种处理手法表现的应是格角榫，这种榫接方式打破了水平或垂直榫接的早期格局，对后来各种格角榫、棕角榫的出现产生了重大影响。

盛唐莫高窟第 172 窟壁画中的一件画屏（图 4-14 之左）较为复杂，屏扇三抹，上抹分为三图，中为山水画，两旁为花鸟画，这样的安排，后世少见。下抹有两个以大小圆形环组合成的团花纹样作为装饰，中抹面积最小，中间虚空。这样，三段虚实相间，具象与抽象相配，取得了以少胜多的艺术效果。其他两幅屏风则以几何结构取胜，不作雕饰与绘饰，简洁素雅。

在敦煌壁画图像中，就视觉效果看来，其中还有不少屏风是以织物制作的，质地柔软，成为便于携带与布置的灵活性家具。

譬如，盛唐莫高窟第 148 窟南壁壁画《男女相对互礼》（图 4-15）中的屏风为多扇，每扇均画有花卉。它们围绕帐篷而设，可能是由柔软的纺织品悬挂而成，这是游牧民族在吸收了汉民族文化后根据自身流动性大的特点而进行的有机改革，也是当时婚嫁民俗中显示庄重氛围的重要道具。

再如，晚唐莫高窟第 85 窟壁画《帷屋闲话》（图 4-16）中的屏风为帷帐式，具有横楣，饰以白色植物纹与黑色圆点纹，横楣下有白边蓝底的三角形披牙。屏面以白色植物纹、黑色圆点纹织物垂条依次分割，形成华丽丰富的视觉画面。图中一男一女在这样的帷屋里的榻上促膝闲话，堪

图 4-15　盛唐莫高窟第 148 窟南壁壁画《男女相对互礼》中的屏风

图 4-16　晚唐莫高窟第 85 窟壁画《帷屋闲话》中的帷帐式屏风

图 4-17　五代莫高窟第 61 窟壁画《女剃度》中的屏风

图 4-18　中唐莫高窟第 361 窟壁画《金刚经经变之譬喻画》中的围屏

称私密与闲适。

另外，在五代莫高窟第 61 窟壁画《女剃度》（图 4-17）中，用于遮挡剃度女众的屏风为围屏，立有四柱，形成三折式围屏。其柱身饰以螺旋纹，柱头为尖顶、束腰，屏面上绘蓝色横向条纹。这种围屏服务于公众，可视为当时的公共家具。

敦煌壁画中还出现了一种专门为竿技这种杂技服务的围屏，高度约到成人的胸口或腹部，由长木板搭建为三角形，有的饰有水平色带。其图像可见于中唐莫高窟第 361 窟壁画《金刚经经变之譬喻画》（图 4-18）、晚唐莫高窟第 85 窟窟顶东坡壁画《勾栏百戏》（图 4-19）、晚唐莫高窟第 138 窟南壁壁画（图 4-20）、五代莫高窟第 61 窟壁画《杂技》（图 4-21）等壁画中。值得注意的是，虽然这些壁画中围屏的造型与装饰较为相似，反映的均是童子杂技，但是表演内容并不雷同。譬如，中唐莫高窟第 361 窟壁画《金刚经经变之譬喻画》围屏中表演的是"顶竿"，一位童子头顶竿子，另一位童子头顶竿子的另一端倒立于上；晚唐莫高窟第 85 窟窟顶东坡壁画《勾栏百戏》围屏中表演的也是"顶竿"，一位童子头顶竿子，另一位童子右脚踩着竿子的另一端直立于上；晚唐莫高窟第 138 窟南壁壁画围屏中表演的则是一位童子右脚踩着另一位童子的头顶直立于上；五代莫高窟第 61 窟壁画《杂技》刻画的是在围屏内架立一竿，竿头置圆盘。两个身穿圆领短衫、短裤的童子叠立在圆轮上表演杂技，一童右脚踩在圆盘上，另一童左脚踩在这位童子的头顶上，保持平衡。帷帐前铺有地毯，一只乐队正在演出，一人领衔，六人演奏，乐器有横笛、拍板、笙、箫、竖笛等。乐师们头戴展角幞头，身穿圆领长袍，腰间系带，有坐有立，姿态各异。我国的小儿竿技表演具有悠久历史，这幅五代敦煌壁画虽然反映的是《楞伽经变》中的内容，但是生动再现了唐代盛行的这种童子杂技的情景。

在唐代，竿技表演水平极高，有"爬竿""顶竿""缘竿""戴竿""寻橦""都卢"，以及"车上竿

图 4-19　晚唐莫高窟第 85 窟窟顶东坡壁画《勾栏百戏》中的围屏

图 4-21　五代莫高窟第 61 窟壁画《杂技》中的围屏

图 4-20　晚唐莫高窟第 138 窟南壁壁画中的围屏

戏""掌中竿戏"等，深受百姓及贵族欢迎。例如，唐代诗人张祜诗《大酺乐二首》曰："车驾东来值太平，大酺三日洛阳城。小儿一伎竿头绝，天下传呼万岁声。紫陌酺归日欲斜，红尘开路辇王家。双鬟前说楼前鼓，两伎争轮好结花。"唐代帝王为表欢庆，特赐大酺，允许民间举行大聚饮三天。后用以表示大规模庆贺。太平年间，每到"大酺三日"，各地名优群聚洛阳献技，久而久之，慕名而来者越来越多。"小儿一伎竿头绝"表现的正是敦煌壁画中描绘的童子竿技。

至于唐代童子表演杂技时为何以围屏遮挡，且造型均为三角形，并形成固定图式，颇值得研究。高竿之技之所以引来人们围观，关键在于一个"险"字，也许是为了体现表演的神秘性，营造神奇惊险的氛围，才不愿意让观众看到竿子底部或下面童子的站立方式。也有可能是当时童子竿技的特有视觉标识，以示区别于其他杂耍娱乐活动。

注释

[1] 东汉时，陈蕃为乐安太守。郡人周璆为高洁之士，前后郡守招命均不肯至，唯独陈蕃能将周璆招来。而且陈蕃为周璆置一专榻，周璆一来，他就把榻放下来，让周璆使用，离开则悬挂于墙上。后来陈蕃任豫章太守，对于当地的高洁之士徐穉同样礼遇，也为徐穉下榻，去则悬之。见《后汉书·陈蕃传》及《后汉书·徐穉传》。后来，人们就把陈蕃的这一做法称为"下榻"，并运用于外交往来的书面语言中，将留客住宿称为"下榻"。陈蕃为周璆、徐穉所备之榻能下、能挂，当较为轻便。而壶门托泥榻由于结构较为复杂，造型为箱形，较为笨重。

[2] 如辽宁义县花儿楼窖出土的商代附铃俎。

[3] 如汉代安丘画像石和辽阳三道壕壁画上的家具图像。

[4] 《调婴图》旧题签为《唐周昉调婴图》，为《石渠宝笈三编》《故宫已佚书画目》著录，但是很可能为宋人摹本。

[5] 该唐墓的出土报告详见岳阳市文物考古研究所：《湖南岳阳桃花山唐墓》，《文物》2006年第11期。

第五章
高坐家具图式的融入

在敦煌壁画中，高坐家具图式的融入是以胡床、凳、筌蹄、莲座、须弥座、绳床、椅、桌等高型坐具为代表的，其中名气最大的是胡床（也叫折叠凳、交足凳、马扎等）。这些为研究外来高坐家具的融入以及中国高型家具早期形态的发展提供了重要的图式资料。

5.1 胡床

如第二章所述，在古埃及、古希腊与古罗马，折叠凳的设计已十分成熟。古埃及第 18 王朝图坦卡蒙（统治时期为公元前 1336 年—前 1327 年）陵墓出土的折叠坐具（图 5-1-1），造型成熟、结构完善、装饰精美、色彩丰富，还具有靠背，根据后来的家具名词规范，可称之为交椅。而中国的交椅则是从胡床发展演变而来的。

雅典大理石浮雕《猫狗斗戏》（图 5-1-2）制作

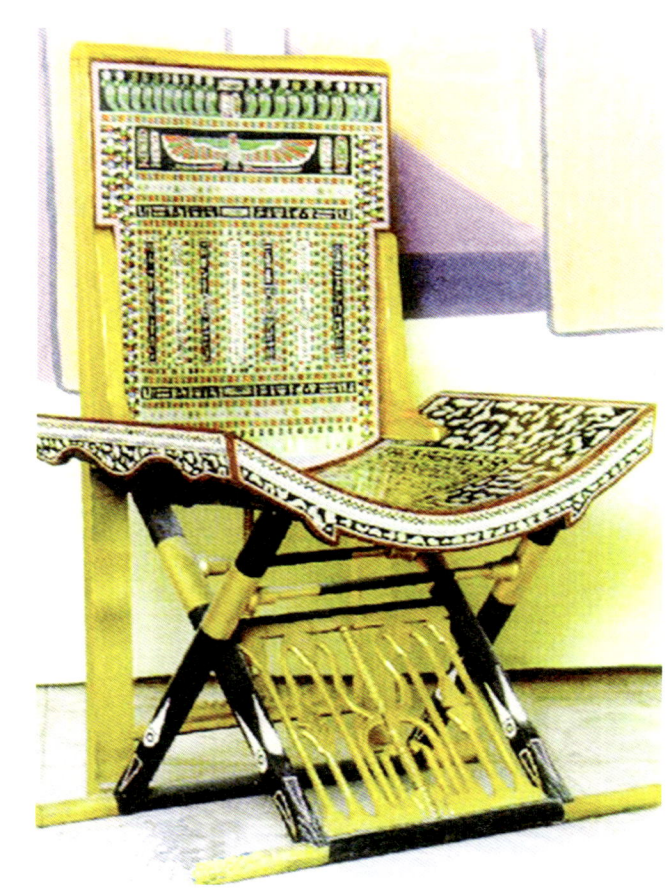

图 5-1-1　图坦卡蒙陵墓折叠式交椅，古埃及第 18 王朝图坦卡蒙统治时期（公元前 1336—前 1327 年）

图 5-1-2　大理石浮雕《猫狗斗戏》，约公元前 510 年制作于雅典，希腊国家考古博物馆藏

于约公元前 510 年，其中戏剧性地刻画了两位分别坐在高凳、折叠凳上的男子，其所牵的一猫一狗相斗而引起围观，刻画真实，情景生动。其中的一件折叠凳的交足末端模拟兽足，线条较为劲健，见证了 2500 年前雅典地区高坐起居的成熟与高坐家具的发达。图 5-1-3 中的雅典青铜折叠凳则是用于陪葬的明器，高度仅在 5 厘米左右，但是它小中见大，不但将凳子的折叠结构清晰地反映了出来，而且将足端的马蹄形完整地表达出来，展现了当时雅典地区折叠家具在仿生学运用上的成熟。

就古代中国而言，折叠凳在魏晋南北朝时期被称为胡床，因带"胡"[1]字，表明是从北方、西方传来的。胡床又称交床、绳床，在整体上由八根木棍组成，坐面为绳联结，可以折叠，张开可坐，合起可提。还能在"马背"上"扎捆"，且操作简便，携带方便，适合马上民族使用，因此又叫"马扎"。从这种特点不难看出，胡床为经常迁徙的游牧民族常用，所以这种家具是从游牧民族传到中原来的。从《后汉书》记载的汉灵帝"好胡床"[2]到《三国志》记载的曹操与马超作战时"犹坐胡床不起"，可知这种坐具在东汉后期已出现。随着胡风东渐，在中原逐渐得到运用。

这种使用高型家具的生活起居风气的传播开始时

图 5-1-3　青铜折叠凳，约公元前 480 年制作于雅典，雅典卫城博物馆藏

是自上而下的，并在胡汉杂居的西北地区率先为部分汉人（尤其是佛教徒）采用。而到了隋、唐，胡风更甚，这仍和上层人物有关。例如北周周武帝的妻子就是鲜卑人。唐太宗的母亲姓窦，唐太宗的皇后姓长孙，而当时长孙和窦都是鲜卑人的姓，长孙皇后的哥哥长孙无忌还是唐朝名相。唐朝宰相中有 23 人是胡人，其中主要是鲜卑人。这样"坐胡床""穿胡服""习胡乐"之风气日渐流传开来，各种各样高型家具也相继出现。例如这一时期的敦煌壁画就以较多的家具图像验证了这一革新。虽然壁画中也有很多席、榻形象的描绘，

但是以胡床为代表的一些高型家具已以不可阻挡的势头占据了一定的比重，展示了汉民族在接受外来思想与文化上的开放精神。

胡床到了隋炀帝统治时期被改称为交床，这是因为杨广忌讳人们议论他的胡人血统[3]而颁布诏书将诸多带胡的名称改名[4]的结果。交床名称源自其结构特征，即两足相交，便于折叠。今天能看到的中国最早的胡床形象可见于敦煌壁画。

在北魏莫高窟第 257 窟西壁北段壁画《须摩提女缘品》（图 5-1-4）中出现了中国目前所见最早的胡床形象，也是现存唯一的双人交足凳形象。敦煌北魏莫高窟第 257 窟壁画以描绘九色鹿故事和沙弥守戒自杀故事而著称，而其西壁北段的《须摩提女缘品》壁画主要表现须摩提女远嫁异国而持斋守戒的故事。其中有一幅画面描绘须摩提女登楼执香炉请佛，楼下有婆罗门威胁满财长者。在汉式阙下有两人并排垂足坐于一件特殊的长条坐具上。这就是双人胡床，其结构十分简洁，两组交足，共用一个厚实坐面，体现了实用原则，可见早期家具的发展是以功能为前提而发展起来的。

相近时期的胡床形象可见于河南新乡博物馆所藏、刻记时间为东魏武定三年（545）的石刻画像（图 5-1-5）。它以阴线刻的方法雕刻了佛传故事《阿夷观相》：一位相师坐于胡床，右小腿放在左膝上，双手抱婴儿（释迦牟尼），为其相面。相师的前面还陈设了一件直栅足的案，案上摆放了三件盒子。其中胡床的交叉折叠结构被展示得十分清晰，胡床足底的横木与直栅足案足底作为托泥的横木形态十分相似。

图 5-1-4　北魏莫高窟第 257 窟西壁壁画《须摩提女缘品》中的胡床

图 5-1-5　东魏武定三年（545）佛传故事石刻画像，河南新乡博物馆藏

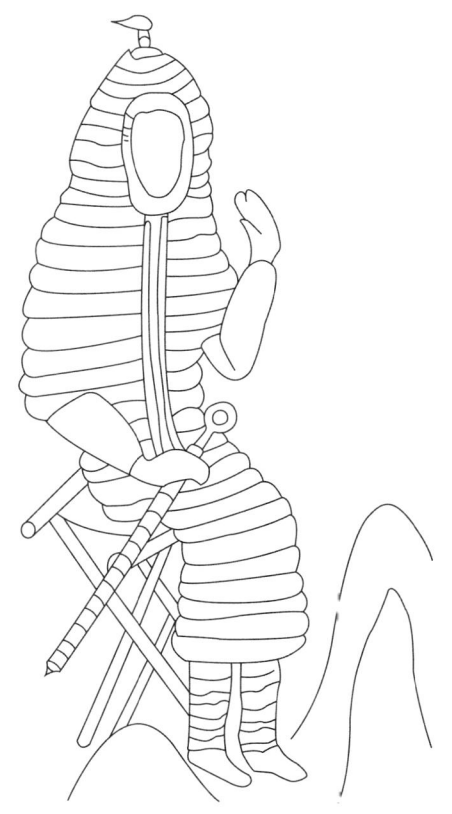

图 5-1-6　隋代莫高窟第 420 窟壁画中的胡床线描解析图

隋代莫高窟第 420 窟窟顶东壁画（图 5-1-6）《商人遇盗》中画有一位身着铠甲的武士执鞭坐于胡床之上。此件家具十分简洁，斜向交叉的足和坐面被画得很清晰，体现了具有代表性的胡床造型与结构。

在敦煌文书之中也有对于胡床的记载。譬如，唐朝中后期曹氏归义军时期的敦煌文书 P.4061V《壬午年内库官某状》第 1-4 行记载："支达恒大部跪拜来大绵被子三领，胡□壹张。"对于"胡□壹张"，唐耕耦、陆宏基《敦煌社会经济文献真迹释录（第三辑）》释读为"胡（床）壹张"。

后来的胡床在其原始特性上一直未曾改变，而且一度做得十分轻巧，例如宋人陶谷在其《清异录》中便称胡床"转缩须臾，重不数斤"。它对后来出现的增加了扶手、靠背和搭脑的交椅与太师椅具有重要影响。

5.2　凳

凳是一种无靠背的有足坐具，其历史由来已久。就中国的历史文献记载而言，凳是汉代以后出现的一种新事物，因为在汉代并无凳的说法，如东汉许慎的《说文解字》中就无"凳"字。凳最早出现时也并非指的是我们今天垂足而坐的凳子，它曾专指蹬具，相当于床前脚踏。譬如，南宋吴曾《能改斋漫录·事始二》记载："床凳之凳，晋已有此器。"这种坐具发展到宋代才被使用得较为普遍，以形状分，此时的凳有长凳、方凳、圆凳和月牙凳等。

新颖的高足凳在敦煌壁画中出现较多，较早的如北魏莫高窟第 257 窟南壁壁画《沙弥守戒自杀故事》，其中的两件凳子（图 5-2-1、图 5-2-2）坐高均较高，可垂足而坐。二凳均有四足，足的造型十分独特，每足均由上下两端逐渐向中间变细，像是由两个相对的锐角三角形连接而成，后世罕见。

第 257 窟南壁壁画《沙弥守戒自杀故事》还描绘了另一件高凳（图 5-2-3），造型为长方体，犹如一件方台，无任何装饰。值得注意的是，其坐凳甚高，

图 5-2-1 北魏莫高窟第 257 窟南壁壁画《沙弥守戒自杀故事》中的凳

图 5-2-2 北魏莫高窟第 257 窟南壁壁画《沙弥守戒自杀故事》中的凳

图 5-2-3 北魏莫高窟第 257 窟南壁壁画《沙弥守戒自杀故事》中的凳

坐在上面披飘帛的僧人需脚尖点地才能垂足而坐。

在敦煌莫高窟造像中，出现了不少具有雕塑形态的凳，如北凉莫高窟第 266 窟佛龛雕塑（图 5-2-4）、北凉莫高窟第 268 窟西壁佛龛雕塑（图 5-2-5）中的凳，后者为弥勒菩萨交脚垂足坐于凳上。

北周莫高窟第 290 窟人字坡东坡《阿夷观相》中还出现了由五瓣莲花足、细立柱、宛如莲蓬的半球形坐面构成的凳[5]。中唐莫高窟第 360 窟东壁壁画《露天酒肆》中的长凳（图 5-2-6）如同厚重宽大的榻，这显然保留了早期榻可以当作卧具的特征。但是它在结构上为框架式，十分简洁，坐面下设置四个粗大的立足，足间有枨相连，这些又显示了高型坐具的新发展。这一类宽大型的长凳还可见于晚唐莫高窟第 72 窟南壁壁画《男度》中的长凳、五代莫高窟第 108 窟东壁壁画《宅子酒肆》中的长凳等。五代榆林窟第 32 窟西壁壁画《梵网经变中十二愿之一》中的长凳（图 5-2-7）造型简洁粗朴，凳面可坐两人，凳侧分置两足，足间设枨。这种造型与结构，奠定了后世条凳的基础。

图 5-2-4 北凉莫高窟第 266 窟佛龛雕塑中的凳

然而，汉代图像告诉我们当时也有坐"凳"的案例。譬如，在徐州汉画像石（图 5-2-8）和河南汉画像石《聂政自屠》（图 5-2-9）中都刻画了有人坐于几上而在实际行为中将几[6]变成具有凳的功能的图

图 5-2-5 北凉莫高窟第 268 窟西壁佛龛雕塑中的凳

图 5-2-7 五代榆林窟第 32 窟西壁壁画《梵网经变中十二愿之一》中的凳

图 5-2-6 中唐莫高窟第 360 东壁壁画《露天酒肆》中的长凳

图 5-2-8 汉代徐州画像石中的几线描解析图

像，不过这些只是偶然个别行为，另作他论。因为在汉代正式的场合，人们的起居还是以低坐方式为主。

客观而言，垂足而坐本是世界各大文明体系中的人们在生活中常会发生的行为，也是十分自然、几乎无须训练就能完成的姿势。中国上古时期的礼法制度则规定了跪坐是君子在公开场合中的标准坐姿，虽然这种姿势的保持需要长期训练，体现了恭谨与友好，上行下效，成为一种文化传统，是国人生活起居的一部分。还对古代的日本、朝鲜等周边国家深具影响，并一直保留至今。今天中国的一些年轻人在接受日本、

图 5-2-9　河南画像石《聂政自屠》中的几

韩国风尚的同时，又回过头来体验起祖先曾经的起居方式，这是发人深省的。

5.3　墩

墩是一种伴随着高坐起居方式发展而流行起来的坐具，因使用轻便，因此在西域这一古代中外交流通道上常可见到它的形象。譬如，制作于公元 1 世纪、出土于阿富汗贝格拉姆的象牙饰板中就刻画了数件藤墩的形象（图 5-3-1、图 5-3-2、图 5-3-3），体现了较为复杂的编织技术与造型手段，有的分层，有的列洞，有的构成鱼网纹，均较为厚重。图 5-3-1 中的藤墩分为两层，上层有数个开光，下层为底座，具有交错的编织花纹。图 5-3-2 中的藤墩为单层，也具有几个开光。图 5-3-3 中的藤墩上下两层均有数个开光。它们的共同特征是造型扁阔、工艺质朴，在风格上与周围事物较为协调。贝格拉姆位于阿富汗东北部帕尔万盆地，北为兴都库什山，西为八格曼山，东南为河谷，是古代丝绸之路一处重要的交通要冲。这一城市始建于公元 2 世纪，曾是贵霜王朝（Kushan Empire）的夏都，唐代玄奘在其《大唐西域记》中称此地为"迦毕试国"。公元 127 年—230 年为帝国巅峰时期，疆域从今日的塔吉克到里海、阿富汗及印度河流域。贵霜在迦腻色伽一世和其继任者的统治下达到鼎盛，人口达五百万，士兵达二十多万，被历史学家认为是当时与中国汉朝、罗马、安息并列的欧亚四大强国之一。20 世纪 30 年代起，考古专家对这里进行了发掘，发现了珍贵而丰厚的古代遗存。城内保存

图 5-3-1　象牙饰板中的藤墩 1，制作于公元 1 世纪，出土于阿富汗贝格拉姆，阿富汗国家博物馆藏

图 5-3-2　象牙饰板中的藤墩 2，制作于公元 1 世纪，出土于阿富汗贝格拉姆，阿富汗国家博物馆藏

图 5-3-3　象牙饰板中的藤墩 3，制作于公元 1 世纪，出土于阿富汗贝格拉姆，阿富汗国家博物馆藏

有较为完好的宫殿和佛寺基址，殊为难得的是，在宫殿内发现了被封闭的珍宝储藏室，室内木箱柜上嵌有精细的象牙饰板，它们主要制作于公元 1 世纪，表明当时的贝格拉姆是通往东西方和南亚的交通枢纽。

墩在中国唐代已有较多的发展，到了宋代，则有更大程度的革新。根据墩的造型可分为鼓墩、圆墩、方墩等，根据墩的材质可分为绣墩、藤墩、石墩、瓷墩等。

在敦煌造像中，北凉莫高窟第 275 窟北壁上层树形龛雕塑《菩萨半跏像》（图 5-3-4）中，思惟菩萨的墩较为厚实，中部偏下处略显束腰，且有藤条缠绕一圈的结构，与筌蹄稍有相似之处。据鸠摩罗什所译

图 5-3-4　北凉莫高窟第 275 窟北壁上层树形龛雕塑《菩萨半跏像》

图 5-3-5　中唐榆林窟第 25 窟壁画《弥勒经变之女剃度》中的墩

《弥勒下生成佛经》可知，弥勒常在龙华树下冥想，修思惟相以成佛道。

此像中弥勒仅盘右腿，左腿垂放，右手（已残）指颊，左手放于右腿之上。这种姿势叫半跏思惟坐，不见于印度而流行于中国魏晋南北朝时期，其意义在于显现弥勒沉思众生之苦。其坐具多为墩形或束腰的筌蹄形。

在敦煌壁画之中，墩这种坐具从盛唐到五代均得到了较多表现。譬如，盛唐莫高窟第 148 窟东壁壁画《树幡、斋僧、燃灯》与《九横死》、中唐榆林窟第 25 窟北壁壁画《弥勒经变》、中唐榆林窟第 25 窟壁画《弥勒经变之女剃度》、晚唐莫高窟第 196 窟壁画《嫁娶图》、晚唐莫高窟第 85 窟壁画《树下弹筝》、五代莫高窟第 61 窟壁画《女剃度》、五代莫高窟第 100 窟壁画《善友太子与利师跋国公主》等壁画中都出现了墩的形象。

中唐榆林窟第 25 窟北壁壁画弥勒经变（图 5-3-5）中表现的是女尼们帮助女众剃发的情景，有两位女众坐在墩上。墩的坐面为绿色，圆厚的表面为统一的绛色，匀称而光滑，表现的是一种具有绣套装饰包裹的绣墩。

中唐榆林窟第 25 窟壁画《弥勒经变之女剃度》（图 5-3-6）中的墩则是笔者目前所见敦煌壁画中装饰最为精美的绣墩。这件绣墩在造型上较为扁矮，在装饰上颇具特色，蓝底子上饰有二方连续的圆环纹、四瓣花纹，其间隔以平行的弦纹。

晚唐莫高窟第 85 窟壁画《树下弹筝》（图 5-3-7）中的树下弹筝者与听筝者均垂足坐在墩上，在视觉上，墩虽然仅以单纯的蓝色画成，但是其结构还是能被识别的，即以成组的竹片或藤条以斜向编扎的方式制作而成。此幅壁画源自《法华经变》的《善友品》，描写善友与弟弟入海求宝，但是善友被弟弟刺瞎双目后推入海中，之后为利师跋国所救。善友被救后在利师跋国看守果园，一日在树下弹筝，筝声十分动听，竟

图 5-3-6　中唐榆林窟第 25 窟壁画《弥勒经变之女剃度》中的墩

图 5-3-7　五代莫高窟第 85 窟壁画《树下弹筝》中的两件墩

图 5-3-8　五代莫高窟第 100 窟壁画《善友太子与利师跋国公主》中的两件墩

然打动了路过的利师跋国公主。她问明缘由，产生了爱慕之情，遂以身相许。后来，善友复明，偕公主回到祖国。《树下弹筝》这幅图像生动地描写了善友坐在树下弹筝，公主坐其对面静听，二人均坐在圆厚的墩上，这对于渲染现场融洽的气氛发挥了重要作用。

五代莫高窟第 100 窟壁画《善友太子与利师跋国公主》（图 5-3-8）中的两件墩的结构肌理较为清晰，以平行成组的竹片或藤条以水平和垂直进行交替的编扎方式制作而成。这种编扎方式还见于五代莫高窟第 61 窟壁画《女剃度》中的藤墩。

与前一节讨论的凳相比，墩的特点是明显的。墩的本意原是土堆，譬如，《北堂书钞》卷一五七引晋郭璞《尔雅》注："江东呼堆为墩。"唐李白《登金陵冶城西北谢安墩》诗曰："冶城访古迹，犹有谢安墩。"作为家具，墩与凳的区别正在于墩是堆状的，其造型大多圆实厚重，显得浑然饱满，如今天所说的"土墩"这个词用的就是其本意。矮树桩顶面取平之后也被称作树墩。而凳的造型多为框架式，由凳面和数足组成，其造型可方可圆，也可为长条形。墩的陈设无方向性要求，可随向而坐，随身而转，随处而移，随室而设，因此在后世得到了较大发展，成为坐具的重要品种，直到今天仍被运用于室内陈设之中。

在宋初的朝廷上，墩还是高级官员作为特殊待遇的坐具。例如《宋史·丁谓传》载："遂赐坐。左右欲设墩，（丁）谓顾曰：'有旨复平章事。'乃更以杌进，即入中书视事如故。"在辽代，墩在朝廷上也得到了重要的运用，例如，《辽史·国语解》："辽《排班图》，有高墩、矮墩、方墩之列。自大丞墩相至阿札割只（遥辇氏联盟时的官职名称，辽建国后并入枢密院），皆墩官也。"说明辽代的朝堂之上，墩分为高墩、矮墩、方墩，从大丞相到枢密院的高官均被皇上赐墩坐，故称"墩官"。

5.4 筌蹄

以筌蹄为代表的高型坐具在敦煌壁画中也得到了大量反映，这种束腰形态的坐具在当时流传很广，与那时流行的建筑、乐器、服饰等均有一定关联，因此十分值得研究。对于敦煌壁画中的这一类具有束腰造型的坐具，专家们多称为"筌蹄"，这是沿用南北朝以及隋唐时期文献中的说法。

5.4.1 敦煌壁画中的筌蹄图式

敦煌壁画中描绘了众多的筌蹄图式，其中具有代表性的来自《月光王本生全图》《说法图》《五百强盗成佛故事》《佛母摩耶夫人》《现婆罗门身》《四大天王》等壁画，下面对它们做简要描述与分析。

北凉莫高窟第275窟北壁壁画《月光王本生全图》（图5-4-1-1）中的筌蹄是敦煌壁画之中最早的筌蹄图像。它中间束腰，装饰粗简，只是在白色底子上绘有深色的竖状条纹，这也可能是为了表明它是由藤条编制而成，而后世的墩也的确多为藤制。

北魏莫高窟第263窟北壁壁画《说法图》中的两件筌蹄（图5-4-1-2）是笔者所见敦煌壁画之中最为修长的，形同细腰鼓。从其中隐约的竖条状色带可推测它们为藤条编制而成。如此细长的筌蹄需要坚韧的材料与精良的编织技术，由此可见当时这类坐具的工艺水平。

西魏莫高窟第285窟南壁壁画《五百强盗成佛故事》（图5-4-1-3）绘于西魏大统四年至五年（538—539），又名《得眼林》。给五百强盗医眼的佛祖正垂足坐在一件宽大的筌蹄上，筌蹄上铺有白色的坐垫。

隋代莫高窟第420窟窟顶西坡左侧壁画（图5-4-1-4）中筌蹄的束腰甚细，与坐面、底面的粗度相比显得十分夸张。其坐面、底面的周圈均饰以莲花瓣。

隋代莫高窟第280窟人字坡西坡壁画《佛母摩耶夫人》（图5-4-1-5）中的佛母摩耶夫人坐在一件筌蹄上，这件筌蹄的坐面、接地部位，甚至是足承均饰以莲花瓣，使得这件筌蹄近于束腰莲花座。隋代莫高窟第295窟人字坡西坡《佛母摩耶夫人》（图5-4-1-6）

图5-4-1-1　北凉莫高窟第275窟北壁壁画《月光王本生全图》中的筌蹄

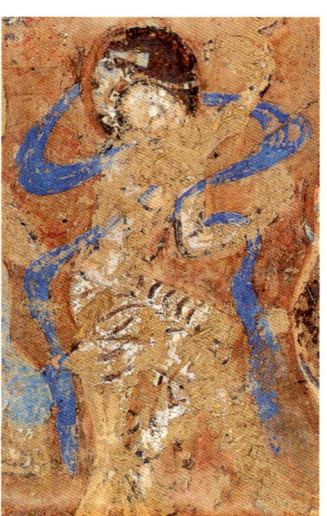

图5-4-1-2　北魏莫高窟第263窟北壁壁画《说法图》中的两件筌蹄

图 5-4-1-3 西魏莫高窟第 285 窟南壁壁画《五百强盗成佛故事》中佛祖所坐筌蹄

图 5-4-1-5 隋代莫高窟第 280 窟人字坡西坡壁画《佛母摩耶夫人》中的筌蹄

图 5-4-1-4 隋代莫高窟第 420 窟窟顶西坡左侧壁画中的筌蹄

图 5-4-1-6 隋代莫高窟第 295 窟人字坡西坡壁画《佛母摩耶夫人》中的筌蹄

中佛母摩耶夫人所坐筌蹄以及隋代莫高窟第 420 窟窟顶西坡左侧壁画（图 5-4-1-7）中释迦牟尼所坐筌蹄也均是如此造型。这四件隋代筌蹄图像都具有莲花元素的装饰，说明了筌蹄与束腰莲花座的密切关系。然

图 5-4-1-7 隋代莫高窟第 420 窟窟顶西坡左侧壁画中的筌蹄

图 5-4-1-8 隋代莫高窟第 303 窟人字坡西坡上排中间壁画《现婆罗门身》中的筌蹄

图 5-4-1-9 初唐莫高窟供养菩萨塑像中的束腰仰覆莲座

而，它们在造型本体上均接近垂直放置的腰鼓，这也是它们的共性所在。

隋代莫高窟第 303 窟人字坡西坡上排中间壁画《现婆罗门身》（图 5-4-1-8）中婆罗门所坐的筌蹄体型较大，坐面比承地面稍大，中间的束腰垂直部分较长，虽无莲花元素，但与束腰莲座在造型上更为接近。譬如，在初唐莫高窟供养菩萨塑像中（图 5-4-1-9），菩萨所坐的是莲座，而且属于流行的束腰仰覆莲座类型，简洁紧凑，视觉形式感十分突出。

值得注意的是，在初唐莫高窟第 331 窟壁画《从

图 5-4-1-10　初唐莫高窟第 331 窟壁画《从海涌出》中的筌蹄

图 5-4-1-11　初唐莫高窟第 331 窟东壁壁画《四大天王》中的 4 件筌蹄

图 5-4-1-12　晚唐莫高窟第 196 窟西壁壁画《外道皈依》中的筌蹄

海涌出》（图 5-4-1-10）中，菩萨所坐的墩被绘为绿色，其底部为白色覆莲，坐墩菩萨身后的菩萨脚踩白莲。在佛教家具形式中，在莲花之上再置放筌蹄，是一种新型创造。这一灵感也许是源自《妙法莲华经》，据其中的《提婆达多品》记载：当多宝佛与智积菩萨欲还本土时，"文殊菩萨，坐千叶宝莲，大如车轮，俱来菩萨亦坐莲花，从大海娑竭龙宫自然涌出，住虚空中。"莲花之上设筌蹄，进一步佐证了筌蹄与莲花以及束腰莲座的重要联系。

初唐莫高窟第 331 窟东壁壁画《四大天王》（图 5-4-1-11）中描绘了 4 件筌蹄，造型相似，均较为宽厚，而且坐面较小，接地面较大。与之形成鲜明对比的是，晚唐莫高窟第 196 窟西壁壁画《外道皈依》（图 5-4-1-12）中的筌蹄则显得十分苗条，其腰收得很细，整体上刻画得十分精致，上面绘有五彩条纹，且结构清晰，堪称敦煌壁画中的筌蹄精品。

晚唐莫高窟第 98 窟南壁壁画《虔阇尼婆梨王本生全图》（图 5-4-1-13）是依据《贤愚经·梵天请法六事品》绘制。阎浮提的大国王虔阇尼婆梨是释迦牟尼佛的前世之一，他为求正法，不惜在自己身上挖千洞以放油燃千灯。此图描绘他双腿分开，端坐在一件宽大的白色筌蹄上，让人在自己身上挖洞。这件白色筌蹄的束腰感明显，宽窄对比强烈，构成了设计形式上的鲜明效果。

五代莫高窟第 146 窟西壁壁画《劳度叉斗圣变》中的两件筌蹄（图 5-4-1-14、图 5-4-1-15）以及五代榆林窟第 76 窟东壁壁画《剃头》（图 5-4-1-16）中的两件筌蹄在造型上以及装饰手法上较为接近。即藤条的竖直部分均涂绘了黑、绿、白等色的色带，

图 5-4-1-13　晚唐莫高窟第 98 窟南壁壁画《虔阇尼婆梨王本生全图》中的筌蹄

图 5-4-1-14　五代莫高窟第 146 窟西壁壁画《劳度叉斗圣变》中的筌蹄（之一）

图 5-4-1-15　五代莫高窟第 146 窟西壁壁画《劳度叉斗圣变》中的筌蹄（之二）

图 5-4-1-16　五代榆林窟第 76 窟东壁壁画《剃头》中的两件筌蹄

图 5-4-2-1　北魏云冈石窟莲花洞南壁下部释迦牟尼佛龛内右侧浮雕中的筌蹄

坐面均比接地面略大。

5.4.2　其他艺术作品中的筌蹄形象

由以上敦煌壁画中的筌蹄图像来对比北魏至隋唐时期的其他各类艺术作品中的筌蹄形象，可以发现它们的造型与结构存在较多共性。

譬如，北魏云冈石窟莲花洞南壁下部释迦牟尼佛龛内右侧浮雕（图 5-4-2-1）刻画了帝王问候悉达多太子的佛传故事[7]。菩提树下的悉达多太子头戴宝冠，具有头光，坐在筌蹄上，这件坐具有明显的束腰造型。举右掌问候悉达多太子的帝王头戴通天冠，褒衣博带，有侍从为其撑华盖、举羽葆。这些可能是当时的工匠参照宫廷仪仗雕刻而成。

图 5-4-2-2 中的浮雕刻画的也是帝王问候悉达多太子的佛传故事[8]，与上图相对。菩提树下的悉达多太子头戴宝冠，具有头光，坐在筌蹄上，其细长的束腰造型较为清晰。其对面头戴高冠、褒衣博带的帝王正手捧一件圆盒向悉达多太子问候，张华盖、持羽扇、擎钺者为帝王的侍从。

云冈石窟北魏屋形龛第 9 窟前室东壁上层石雕的两位思惟菩萨[9]均半跏坐于筌蹄（图 5-4-2-3），头戴宝冠，头顶上有阎浮树曲枝遮阴。半跏思惟菩萨像源自犍陀罗艺术，云冈石窟的半跏思惟菩萨像则通常成对配合出现。譬如，图 5-4-2-3 表现的是一位思惟菩萨左小腿放下，右小腿结半跏坐，右手支颐；另一位思惟菩萨右小腿放下，左小腿结半跏坐，左手支颐。北魏云冈石窟第 10 窟前室中的两位思惟菩萨雕像[10]（图 5-4-2-4）亦是如此。

思惟菩萨的姿势往往是半跏坐，一手支颐，双目微合，作思惟状，此种造型样式最早可上溯到犍陀罗时期的佛教雕刻上，这是表现释迦牟尼成佛前身为悉达多太子时在苦思人生哲理的情形。思惟菩萨像早期主要出现在犍陀罗，在印度本土则难以见到，由此可看出犍陀罗地区和印度本土因人种和文化背景不同而在佛教艺术形式上呈现的异趣。在中国，半跏坐在筌蹄上的思惟菩萨造像样式流行于南北朝时期，朝鲜半岛和日本多有波及，后世渐少。

图 5-4-2-2　北魏云冈石窟莲花洞南壁中部下层浮雕中的筌蹄（右图为拓片）

图 5-4-2-3　云冈石窟北魏屋形龛第 9 窟前室东壁上层两位思惟菩萨雕像

图 5-4-2-4　北魏云冈石窟第 10 窟前室中的两位思惟菩萨雕像

北魏太和十三年（489）云冈石窟造像上层龛第 17 窟明窗东壁石雕思惟菩萨像[11]中也展现了一件体态较小的筌蹄（图 5-4-2-5），堪称北魏云冈石窟造像中筌蹄形象的迷你版。

北魏北石窟寺楼底村一窟思惟菩萨、供养人石雕[12]（图 5-4-2-6），位于该窟中心柱东面下层龛楣上，坐在筌蹄上的思惟菩萨低首沉思，含蓄典雅，供养人拱手而立，矜持虔诚。

制作于北魏皇兴五年（471）的北魏皇兴造像碑阴中的思惟菩萨像[13]（图 5-4-2-7）为浅浮雕，1949 年前出土于陕西省兴平县，藏于陕西省博物馆。其中的树下思惟菩萨像形同剪影，半跏坐于筌蹄。

北魏《观世音铜造像》背面中的思惟菩萨像[14]（图 5-4-2-8），制作于北魏太和十三年（489），署

图 5-4-2-5 北魏太和十三年云冈石窟造像上层龛
第 17 窟明窗东壁石雕思惟菩萨像

图 5-4-2-7 北魏皇兴造像碑阴中思惟菩萨所坐筌蹄

图 5-4-2-6 北魏北石窟寺楼底村一窟思惟菩萨、供养人石雕中的筌蹄

图 5-4-2-8 北魏太和十三年《观世音铜造像》背面浮雕中的思惟菩萨像，河北省博物馆藏

名为"阿行造",河北省博物馆藏。思惟菩萨坐于树下,有一棵树自右边的宝瓶生出,为菩萨遮阴,五片树叶规整地分布于造像边缘。思惟菩萨头戴宝冠,后有圆形头光,身披飘帛,左手托腮,左脚搁于右腿上,右手握着左脚踝,为半跏坐。上身裸露,下裙饰有平行而紧密的竖条纹,在装饰性上与思惟菩萨所坐的筌蹄十分协调。筌蹄的结构清晰,由较为密集的藤条竖直编扎而成,形态宽厚,中间的束腰部分束以两根藤条,以水平方式捆扎而成。

与前述思惟菩萨像相近的造像还见于北朝《观世音铜造像》背面中的思惟菩萨像(图5-4-2-9),署名为"赵某造",其造型范式与前者几乎一样,但细观之下还是具有铸造工艺上凹凸关系与线性的差异,很可能是参照类似粉本制作或翻铸而成。由此可见这一类造像造型的深入人心,亦可见思惟菩萨像与筌蹄形象的密切关联性。

云冈石窟北魏第12窟前室东壁上层思惟菩萨像[15](图5-4-2-10)中也刻画了一件筌蹄。这位菩萨头戴宝冠,项圈、蛇饰、璎珞、臂钏与腕镯等一应俱全,右腿放于左膝之上,半跏坐于筌蹄,左手抚腿,右手支颐,神态生动。

筌蹄这一坐具在佛教艺术中也被运用于外道的形象塑造中,譬如,在北魏云冈石窟第6窟佛本行故事浮雕(图5-4-2-11)中,为太子占相的阿私陀仙人坐于筌蹄之上;太子出四门,所遇的病人双手扶杖,也坐于筌蹄之上。

再如,北魏云冈石窟第9窟北壁明窗西侧的鹿头梵志[16]雕像、明窗东侧的执雀外道[17]雕像[18](图5-4-2-12)坐的均是筌蹄,由于他们所处的位置是第9窟北壁明窗东西两侧,因此十分显眼

图5-4-2-9 北朝《观世音铜造像》背面浮雕中的思惟菩萨像

图5-4-2-10 云冈石窟北魏第12窟前室东壁上层思惟菩萨雕像

图 5-4-2-11 云冈石窟第 6 窟石雕阿私陀占相中的筌蹄

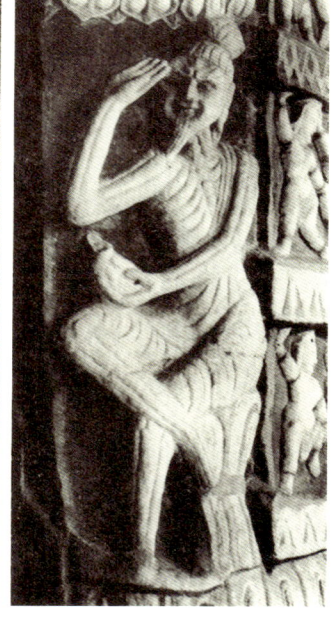

图 5-4-2-12 北魏云冈石窟第 9 窟北壁明窗西侧的鹿头梵志雕像、明窗东侧的执雀外道雕像

图 5-4-2-13 北魏云冈石窟第 9 窟北壁明窗全景

（图 5-4-2-13），可见当时的设计师与工匠是特意为之。北魏云冈石窟第 1 窟南壁西屋檐下的雕像[19]（图 5-4-2-14），表现的是佛教故事，一位外道模样的人物坐的是一件藤制的筌蹄，其捆扎的结构颇为清晰。外道与一位着通肩袈裟、坐于方形台座上的菩萨正在相对而谈。

在北魏云冈石窟第 9 窟前室窟门处，佛教天龙八部之一的护法金翅鸟[20]（又称"迦楼罗"），也安坐在筌蹄上（图 5-4-2-15），由此可见筌蹄这一坐具在佛教造像中运用的流行性。

北魏炳林寺第 169 窟左壁壁画《因缘故事》中的筌蹄（图 5-4-2-16）束腰处的收缩程度不大，造型显得厚大宽舒。

新疆克孜尔第 38 窟大约建造于公元 4 世纪中叶到 5 世纪末，其主室券顶右侧壁画《郁多本生图》中的筌蹄（图 5-4-2-17）造型厚重，束腰处较为圆厚。

另外，在北齐时期的佛教石刻中，筌蹄形象也屡见不鲜。譬如，北齐天保四年（553）比丘道常造《思惟太子像》中的筌蹄（图 5-4-2-18）、北齐皇建二年（561）造《白马跪别像》造像碑额中的筌蹄（图 5-4-2-19）、北齐河清二年（563）造《悉达多太子思惟像》造像碑中的筌蹄（图 5-4-2-20）均将这

图 5-4-2-14 北魏云冈石窟第 1 窟南壁西屋檐下的外道雕像

图 5-4-2-15　北魏云冈石窟第 9 窟前室窟门金翅鸟雕像

图 5-4-2-17　公元 4 世纪中叶到 5 世纪末所建新疆克孜尔第 38 窟主室券顶右侧壁画《郁多本生图》中的筌蹄

图 5-4-2-16　北魏炳林寺第 169 窟左壁壁画《因缘故事》中的筌蹄

图 5-4-2-18　北齐天保四年（553）比丘道常造《思惟太子像》中的筌蹄

第五章　高坐家具图式的融入

图 5-4-2-19　北齐皇建二年（561）造《白马跪别像》造像碑额中的筌蹄

种束腰型坐具的形态表现得别具特色，与人物浑然一体。《白马跪别像》造像碑额中还将筌蹄的网状编制结构刻画得较为具体。

今天看来，除了佛教领域，筌蹄还被运用于北朝时期的世俗生活之中。譬如，图 5-4-2-21 中的石刻画像《贸易商谈图》于 1991 年春出土于山东省青州市五里镇傅家村石室墓，墓室主人大约逝于北齐武平

图 5-4-2-20　北齐河清二年（563）造《悉达多太子思惟像》中的筌蹄

图 5-4-2-21　青州北齐武平四年（573）石刻画像《贸易商谈图》拓本中的筌蹄（右为线描解析图）

四年（573）。墓室主人的一生被用九幅石板画加以概括性表现，它们高135厘米左右，宽100厘米左右，排列在墓室的东、北、西三面（南面用未刻像的石板排列）而形成方形墓室。其中的一幅为《贸易商谈图》，左上已残，但主体画面保存完整，主要描绘了主人与商人正在商谈的画面：主人头戴折巾式头冠，身穿直领肥袖外袍，左手执杯半举，似在饮酒或饮茶，端坐于坐面与底面均有一圈环带的筌蹄上，右腿盘于左膝之上，注视着对面一位深眼窝、大鼻子、卷头发、弯着腰的欧洲商人。商人身旁站立着一位仆人，此人手托一盘，盘中有珊瑚状的盆景。主人的从容淡定与商人的卑躬屈膝被刻画得十分传神，诚然，其中的关键性道具正在于主人所坐的筌蹄。

隋代结束了中国南北朝的长期分裂局面，这一时代虽然短暂，但是继续推进了汉族与其他少数民族的交融，促进了中外文化的交流。例如，太原隋代虞弘墓[21]出土的一系列文物就能较为形象地见证这些历史进程，筌蹄形象也在其中得到了系列展现。

虞弘墓石椁彩绘汉白玉浮雕的第八块椁壁彩绘浮雕（图5-4-2-22）中清晰地表现了一件筌蹄的形象。此彩绘浮雕位于石椁西壁南部，纵96厘米，横52厘米。浮雕上部约占四分之三，下部约占四分之一，雕了一只飞鹿。上部浮雕表现的这位重要人物头戴宝冠，有头光，身穿窄袖长袍，手持敞口高足杯，坐在筌蹄上，正在接受两位年轻人的供养（一位献果，一位奏乐）。此件筌蹄束腰式的结构被刻画得十分清晰。重要人物坐在筌蹄上，左小腿放下，右小腿结半跏坐，这种坐姿在佛教中一般用于思惟菩萨像。但是据姜伯勤先生的考证，这里塑造的是祆教的祖尔万神。[22]可见，随着当时西北与西域地区各宗教之间的密切联系，宗教艺术作品之间也相互借鉴。

图5-4-2-23是虞弘墓石椁彩绘汉白玉浮雕《宴饮图》中的2件筌蹄形象，形如剪影，十分简括，束腰造型分外突出。虞弘墓石椁彩绘《听乐图》中也展现了一件筌蹄形象（图5-4-2-24），其中具有竖状

图5-4-2-22　太原隋代虞弘墓石椁彩绘汉白玉浮雕墓主人坐像中的筌蹄

图5-4-2-23　太原隋代虞弘墓石椁彩绘汉白玉浮雕《宴饮图》中的2件筌蹄

图5-4-2-24　太原隋代虞弘墓石椁彩绘《听乐图》中的筌蹄

条纹的装饰，红色条块交错分布。前述晚唐莫高窟第196窟西壁壁画《外道皈依》中的筌蹄（图5-4-1-12）的装饰形式与之如出一辙。

美国纳尔逊博物馆藏有一套隋或初唐的白瓷明器，其中的床榻、凭几、案、筌蹄、隐囊、熏炉、灯具、箱盒等器具一应俱全，反映了隋唐室内陈设用品的基本情况。其中的筌蹄（图5-4-2-25）造型较为厚实，中间部分以十一二根宽大的藤条编制而成，束腰在上部的三分之一处，底面比坐面略大，显得十分稳正。

河南安阳灵泉寺唐代中期双石塔西塔[23]的基座东壁左侧刻有《吹笛伎乐图》（图5-4-2-26），吹笛伎乐半跏坐在筌蹄上，筌蹄的下半部可见刻有多条竖线，显示可能为藤编之物，说明在唐代的伎乐活动中，也流行使用筌蹄这种坐具。

在今天所见的唐三彩俑中，也可以发现筌蹄的形象。

譬如，中国国家博物馆藏唐三彩女坐俑（图5-4-2-27），1953年出土于陕西省西安市东郊王家坟村11号墓，为明器。此女俑梳球形髻，身穿袒胸窄袖衫，朵花长裙，着披帛，双手置于胸腹上，垂足坐在束腰形坐具上，虽然坐具被长裙遮挡较多，但是依旧可以判断是筌蹄，坐面小，接地面大。

再如，陕西历史博物馆藏唐三彩女坐俑[24]（图5-4-2-28），高47.5厘米，1956年出土于陕西省西安市东郊王家坟村，为明器。此女俑梳高耸的刀髻，身穿袒胸窄袖襦，外罩绣花半臂，翠绿色的长裙高束胸际，裙褶遍饰柿蒂花，脚穿云头履。她左手拟持镜照面，右手伸指，举止优雅，衣着华丽，是典型的盛唐妇女形象。她垂足坐在筌蹄上，虽然筌蹄的一部分被裙子遮挡，但是其束腰的结构被呈现得十分清晰，能看出为藤条扎制而成，而且接地面大于坐面，

图5-4-2-25　隋代或唐初白瓷筌蹄模型，美国纳尔逊博物馆藏

图5-4-2-26　河南安阳灵泉寺唐中期双石塔西塔基座东壁左侧《吹笛伎乐图》线描解析图

图5-4-2-27　唐三彩女坐俑，1953年出土于陕西省西安市东郊王家坟村，中国国家博物馆藏

两面之间以竖条连接，中部有束腰。

就现存文献来看，筌蹄流行于南北朝时期主要是作为佛教用具出现的，垂足坐其上是讲经的一种仪轨，例如《南史·贼臣传·侯景》中就记载了梁武帝索筌蹄为侯景讲经的事件。敦煌、克孜尔和炳灵寺等石窟中也有不少筌蹄的形象。值得关注的是，到了唐代，筌蹄不但为佛教徒所用，而且为普通人所接受，譬如前述两件坐在筌蹄上的唐三彩侍女陶俑即是明证。因为随着佛教的世俗化，筌蹄到唐代已成为常见家具，坐这种坐具的唐俑的出现也就不乏其例了。

5.4.3 筌蹄考辨

我国古代文献中涉及筌蹄的，有多种说法，故而至今仍令人莫衷一是。笔者归纳起来主要有四类解释：

其一，指手段和工具。出自《庄子·外物》，即"筌者所以在鱼，得鱼而忘筌；蹄者所以在兔，得兔而忘蹄；言者所以在意，得意而忘言。"这里的"筌"指的是捕鱼用的竹笼，"蹄"指的是"兔网"。后以"筌蹄"来比喻达到目的之手段和工具，此词义常见于各类古代典籍中。譬如，唐代慧琳《一切经音义》卷八十五释《大唐三藏玄奘法师本传》第八卷"筌蹄"条记有："上翠缘反，取鱼竹器笼也，亦名鱼笱。下弟奚反。《庄子》云：蹄所以取得兔，既得兔而忘蹄。从足，帝声。"另外，慧琳《一切经音义》卷八十八、卷九十七"筌蹄"条以及辽代希麟《续一切经音义》卷四、卷十"筌蹄"条的释文均大致相同。

其二，指某种器具，但是诸家众说纷纭。《辞源》[25]对筌蹄的解释是："南朝贵族士大夫讲经说法时所执之具，大概为拂尘之类。"此说也许是源自《南史·贼臣传·侯景》，其载："上（梁武帝）索筌蹄，曰：'我为公讲。'命景离席，使其唱经。景问（索）超世：何经最小？超世曰：唯《观世音经》小。景即唱：尔时无尽意菩萨。"基于此文，有专家认为筌蹄是唱经时所执拂尘一类的器具。然而，若从《南史·贼臣传·侯景》所载"（侯景）自篡立后，时着白纱帽而尚披青袍，头插象牙梳，床上常设胡床及筌蹄"来看，既然筌蹄与胡床常设于床上，当与可垂足坐的胡床密切相关。再鉴于《梁书·侯景传》所载"（侯景）以辎车床载鼓吹，橐驼负牺牲，辇上置筌蹄，垂脚坐"；"自篡立后，时着白纱帽而尚披青袍，或以牙梳插髻，床上常设胡床及筌蹄，着靴垂脚坐"，从这两段内容中均出现的"垂脚坐"来看，可以确知筌蹄是一种可供人垂足坐的坐具。再从引文中出现的"着靴"来

图 5-4-2-28　唐三彩女坐俑，高 47.5 厘米，1956 年出土于陕西省西安市东郊王家坟村，陕西历史博物馆藏

看，在"床"上着靴是不便于传统跪坐的，因此此处的"床"应该是一种十分低矮的榻，在这种矮榻上再设坐具就是为了着靴垂足坐的方便。由以上可见，筌蹄在南北朝时期已进入中土的社会生活，那时主流的起居方式是席地而坐，而垂足坐筌蹄很可能是讲经时特有的姿势。

到了隋代，佛典中仍使用"筌蹄"这一名词。例如，内容最为繁博的佛传——隋代《佛本行集经》[26]中有两处提及"筌蹄"，均在其卷第十二《游戏观瞩品》中，其载："时有擎挟筌蹄小儿，随从大王，啾唧戏笑。""尔时，太子六日已过，至第七日，于先出在王宫门前，据筌蹄坐。是时城内一切诸女，皆以种种杂宝璎珞，各严其身，来集宫门，欲见太子，复欲受取种种诸宝无忧之器。"

佛教经文中还有"筌蹏"的称谓，譬如，唐代慧琳[27]《一切经音义》卷八十、卷八十三均设"筌蹏"条，并认为蹏"作蹄，俗通用字也"。

其三，筌蹄又有其他多种称谓，如筌提、迁提、荃提、先提，不但它们的发音颇为接近，而且它们均有"提"。

南朝时西印度三藏真谛[28]译《佛说立世阿毗昙论》卷第八《第十阎罗地狱品》云："王曰：汝昔在人中，不见若男若女疾病困苦极难，或滞床席，或据筌提，或眠地上。是身苦受最坚最强难堪难忍，侵损寿命众苦所逼。"

《佛本行集经》则共有三处提及"筌提"，卷八《经树下诞生品》云："复有五百诸天玉女，各各执持多罗树叶所作筌提在菩萨前引道而行。复有五百诸天玉女，各各手执诸天胡床在菩萨前引道而行。"卷第二十五《向菩提树品》第三十云："尔时彼河尼连禅主，有一龙女，名尼连茶耶（意思是不寡），从地踊出，手执庄严天妙筌提，奉献菩萨，菩萨受已，即坐其上。""尔时菩萨食糜已讫，从坐而起，安庠渐渐向菩提树，彼之筌提其龙王女，还自收摄，将归自宫，为供养故。"

如前所述，也许筌蹄是可以被"擎挟""执持""手执"，足见其轻便易携，故而也被称为"筌提"。在考古上，唐代李寿[29]墓石椁线刻画《侍女图》中的一位侍女也挟提着此物。

鉴于以上所述，筌蹄也许是以"筌"来象形，而"蹄"作为捕兔的网或夹子，和坐具似无关系，更可能是谐"提"之音、取"提"之意。也正因为此，筌蹄还作筌提、迁提、先提，其中均有"提"。再如，西印度三藏真谛译《宝行王正论·菩提资粮品第三》记载："荃提寝息具，应施寺亭馆。"[30]中唐高僧玄应所撰《众经音义》卷十六"荃提"条认为："或言迁提，谓可迁徙提挈也。或作荃提，言以荃草为之也。非此方物，出昆仑中也。"同卷"迁提"条记有："言可迁徙提挈也。或作荃提，言以荃草为之也。非此方物，出昆仑中。律文或作先提。"慧琳《一切经音义》卷五十六"荃提"条所释与玄应的说法大致相同。玄应《众经音义》所谓的"律文或作先提"，案例可见于《善见律毗婆沙》卷一，其曰："尔时婆罗门子年始十六，已学婆罗门法三围陀书。婆罗门子初从梵天下，犹好净洁，床、席、先提悉不与人杂。若欲往师所，以床、席、先提，以白（帛）洁裹，悬置屋间而去。"[31]可见这种"先提"很是轻便，可被悬置于屋内。

另外，筌蹄又作筌台，唐代段公路《北户录》[32]卷三记载了"五色藤筌蹄"，并说：

> 琼州（今海南省）出五色藤、合子书囊之类，花多织走兽飞禽，细于锦绮，亦藤工之妙手也。次卢亭（卢亭即卢循之苗裔也），细白藤为茶器；新州（今广东省新兴县），作五色藤筌台，皆一时之精绝。昔梁刘孝仪（刘潜，字孝仪）《谢太子饷五色藤筌蹄一枚》云：炎州（泛指南方）采藤，丽穷绮缛。得非筌台与筌蹄语讹欤？按侯景篡位，着白纱帽而尚青袍或牙梳插髻，床上常设胡床（《大业记》：帝九月自北塞还，东都赐文武官，各有差。改胡床为交床，改胡瓜为白露黄瓜，

改茄子为昆仑紫瓜也）及筌蹄。今海丰（在今广东省东南部）岁贡五色藤镜匣一、筌台一是也。

可见，在唐代，新州、海丰一代制作的坐具称作"筌台"，结合梁代刘孝仪文中对于"五色藤筌蹄"的称谓，那时的段公路也认为"筌台"与"筌蹄"存在语讹。在明代，著名哲学家、科学家方以智（1611—1671）在其《通雅》卷34《器用杂用诸器》中则认为筌台"乃借用筌蹄之称，其实则织绣为篮也。筌台又筌蹄之讹也"[33]。

清代文献学家严可均（1762—1843）所辑《全梁文》卷六十一对"炎州采藤，丽穷绮缛"作注，认为："按筌蹄、筌台、筌提，同物异名，六朝以后，无此器物矣，当考。"今天看来，筌蹄、筌提、迂提、荃提、先提、筌蹸的确是同物异名，但是隋唐时期筌蹄的形象至今仍能见到，譬如敦煌壁画中就存在较多的例子，而唐代陶俑中也有坐筌蹄的侍女。严可均说"六朝以后，无此器物矣"，这是因为他未曾得见敦煌壁画。

其四，是外来语的对应音，词无定字，因为这种坐具是从西域一带传入中国的。

实际上，正是由于古代文献中并无对于筌蹄形制的明确指称（如具体的造型、材料、工艺等），因此导致专家们对它的进一步解释只能是仁者见仁，智者见智。譬如，沈从文先生在其《中国古代服饰研究》一书中认为这种腰鼓式坐具：

  是战国以来妇女为熏香取暖专用坐具。大小不一，因为此外还用于熏衣被或巾帨。近年战国楚墓出的熏笼，还多如一般鸡笼，即《楚辞》所称笼篝。或如捕鱼罩笼，也即《庄子》中"得鱼忘筌"的"筌"。一般多用细竹篾编成，讲究些则朱黑髹漆上加金银绘饰。汉晋时通名熏笼，如曹操《上杂物疏》及《东宫旧事》即各有漆绘大小熏笼记载。南北朝时转为佛教中特别受抬举的维摩居士坐具。受佛教莲台影响，作仰莲覆莲形状，才进展而成腰鼓式。唐代妇女坐具，亦因此多作腰鼓式，名叫"筌台"或"筌蹄"。宫廷用于年老大臣，上覆绣帕一方，改名绣墩，妇女使用仍名熏笼。转成腰圆状，则叫"月牙几子"。另用曲几固定作靠背，即成"栲栳圈几子"。式样名称随时随地不断改变，直到明清用瓷或石头做的，还照例在上面搭一片绣帕纹饰，下部雕几个可以透气的古碌钱，总或多或少还保留一些熏笼绣墩痕迹。但明白它来源和进展的已不多。[34]

由于沈从文先生在分析中对于筌蹄的演变几乎是一带而过，未作深入探析，且出处不详，并不能给读者一个清晰的脉络。而且，从像鸡笼（圆筒形）一样的熏笼到腰鼓式的坐具（筌蹄），再到"月牙几子"（即月牙凳）、"栲栳圈几子"（即圈椅）以及后来的绣墩、鼓墩，由于这些家具的造型跨度过大，实际上彼此之间的直接联系并不多。

与其他家具相比，筌蹄的最大特征在于束腰的造型以及藤条的编织，我们在今天所见众多的筌蹄图像以及雕塑中均可以感受到这两点，而我国熏笼的造型并不是束腰的，只是在编织性上与筌蹄相关，不过熏笼多由竹篾编成，筌蹄则多由藤条编成，材料的不同导致编织的方式以及造型也不同。至于所谓的月牙凳、圈椅、绣墩、鼓墩则与筌蹄的这两个特征是没有关系的。看来，对于筌蹄的研究尚需转换视角。

5.4.4 筌蹄造型渊源与腰鼓

由以上众多的筌蹄形象可见，有些筌蹄的装饰与莲花、莲座相关，因为莲花是佛教艺术中最为重要的元素。但是仅就坐具本体而言，筌蹄多似垂直放置的束腰鼓，其造型渊源与腰鼓颇具关联。由于筌蹄是一种古代称谓，而且敦煌壁画中描绘的这么多束腰型坐具究竟是否就是筌蹄，目前尚无文献的确切记载来证实。然而，敦煌壁画中也描绘了大量的腰鼓，腰鼓是鼓的一种。鼓是木腔打击乐器，其文化内涵博大精深，在我国远古时期，它被尊为通天神器，多用于祭祀。在狩猎与征战活动中，鼓也被广泛应用。周代有八音，鼓是群音之首。腰鼓是由西域传入中原，相传源于羯族，故又称羯鼓，它历经两晋南北朝、隋、唐，不仅被吸收进唐乐，且位居唐乐"八音之领袖"。五代后晋刘昫、张昭远等撰写的《旧唐书》卷二九《音乐志》记载："腰鼓，大者瓦，小者木，皆广首而纤腹，本胡鼓也。"腰鼓是对细腰（广首纤腹）鼓的总称，包括杖鼓、拍鼓、蜂鼓、横鼓、长鼓、魏鼓等。日本正仓院南仓下部中棚存有"瓷鼓筒""漆鼓筒"各一件，也均为细腰鼓，原有蒙皮，因年深日久，今皮膜已不存。

腰鼓在唐朝盛极一时，这些在敦煌壁画中多有反映。譬如，如前所述，晚唐莫高窟第156窟南壁壁画《双舞伎》（图5-4-4-1）、晚唐莫高窟第108窟南壁壁画《胸鼓舞》（图5-4-4-2）等壁画中的腰鼓全为束腰，其大小与高度以及束腰的程度也接近于上述的束腰型坐具。甚至可以说，只要将腰鼓垂直放立于地

图5-4-4-2　晚唐莫高窟第108窟南壁壁画《胸鼓舞》中的腰鼓

面，只要其牢固性许可，就可成为一件坐具。再如，初唐莫高窟第321窟北壁壁画（图5-4-4-3）、盛唐莫高窟第172窟南壁壁画（图5-4-4-4）、盛唐莫高窟第225窟南壁龛顶壁画（图5-4-4-5）等许多壁画中在表现"不鼓自鸣"这一题材时所绘的腰鼓全是束腰的腰鼓。

实际上，这种腰鼓的造型由来已久。譬如，在阿富汗喀布尔以北的贝格拉姆古城遗址13号墓出土的一件牙雕[35]（图5-4-4-6）中，在人的右腿旁塑造了一件器具，其高度达到人的膝盖，修身束腰，看起来像是一件腰鼓，也有可能是一件筌蹄。贝格拉姆遗址是贵霜迦腻色伽[36]时期（公元1—2世纪）的夏都，唐代玄奘在《大唐西域记》中称此地为迦毕试。

公元3世纪，印度南部佛教圣地纳加尔朱纳康达浮雕《悉达多诞生》[37]中清晰地刻画了三件腰鼓（图5-4-4-7），鼓手们均用双腿夹着腰鼓以手拍打演出，动作形象而生动。

在中国云冈石窟北魏伎乐天第16窟南壁龛楣外高浮雕[38]（图5-4-4-8）、云冈石窟北魏第8窟高浮雕[39]（图5-4-4-9）、太原隋代虞弘墓石棺椁彩绘汉白玉浮雕（图5-4-4-10）、湖南省博物馆藏唐代伎乐群釉陶俑[40]（图5-4-4-11）、故宫博物院藏唐代乐

图5-4-4-1　晚唐莫高窟第156窟南壁壁画《双舞伎》中的腰鼓

图 5-4-4-3　初唐莫高窟第 321 窟北壁壁画《不鼓自鸣鼓乐队》中的两件腰鼓

图 5-4-4-4　盛唐莫高窟第 172 窟南壁壁画《不鼓自鸣乐器》中的腰鼓　　图 5-4-4-5　盛唐莫高窟第 225 窟南壁龛顶壁画《不鼓自鸣的腰鼓》中的腰鼓

图 5-4-4-6　牙雕中的束腰器具，贵霜迦腻色伽时期夏都迦毕试古城遗址 13 号墓出土

图 5-4-4-7　浮雕《悉达多诞生》（分三层，此为底层），石灰石，高 186 厘米，制作于公元 3 世纪，印度南部纳加尔朱纳康达出土，印度新德里国立博物馆藏

图 5-4-4-8　北魏云冈石窟伎乐天第 16 窟南壁龛楣外高浮雕中的腰鼓

图 5-4-4-9 北魏云冈石窟第 8 窟高浮雕中的腰鼓

图 5-4-4-10 太原隋虞弘墓石棺椁彩绘汉白玉浮雕中的腰鼓

图 5-4-4-11 唐代伎乐群俑中的手持腰鼓俑，釉陶，湖南省博物馆藏

舞陶质彩绘群俑中的手持腰鼓俑[41]（图 5-4-4-12）中均有束腰腰鼓形象的丰富反映，前三者的腰鼓是被站立的乐师挎在腰间，而后二者的腰鼓则是由跪坐的乐师搁在腿上。这些说明在从北魏到唐代的伎乐中，这种造型的腰鼓广为流行。

唐代腰鼓除了流行的木质材料以外，还有以陶瓷作为鼓材的，别具特色。例如，图 5-4-4-13 中的鲁山窑花瓷腰鼓现藏于北京故宫博物院，长 58.9 厘米，鼓面直径 22.2 厘米。腰鼓呈长圆筒形，广口，束腰，腰部纤细，鼓身饰有七道弦纹。通体在黑色釉底上呈

图 5-4-4-12　唐代乐舞群俑中的手持腰鼓俑，陶质彩绘，
　　　　　　北京故宫博物院藏

图 5-4-4-13　唐代鲁山窑花瓷腰鼓，北京故宫博物院藏

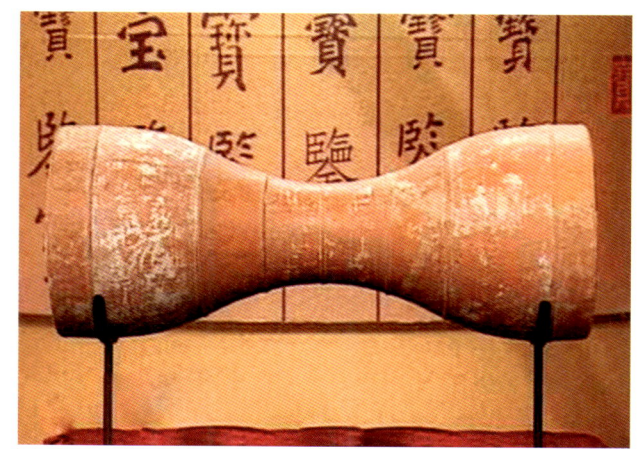

图 5-4-4-14　唐代陶腰鼓，中国私人藏

现出片片蓝白色斑块，这种花瓷手法使这件腰鼓显得端庄厚重、优美典雅。

在唐代，唐玄宗李隆基精通音乐，喜爱击鼓。有一次，他和精通音律的宰相宋璟谈论羯鼓时说："不是青州石末，即是鲁山花瓷……"此话被记录在唐代南卓[42]所撰写的《羯鼓录》中，这是中国古籍中唯一一部有关鼓的专论。从20世纪50年代起，北京故宫博物院与河南省博物馆的陶瓷专家正是根据南卓《羯鼓录》中的这一记载，曾三次赴河南鲁山段店调查窑址，发现了一些黑釉花瓷腰鼓残片，其特征与故宫博物院所藏的这件花瓷腰鼓的胎色、厚薄、釉质、釉色几乎一致，从而证实了它确系河南鲁山窑的唐代制品。唐代陶瓷腰鼓还见于私人收藏，如图5-4-4-14的唐代陶腰鼓，红褐色，通长61厘米，直径23厘米，造型比前述唐代鲁山窑花瓷腰鼓略显粗壮，陶鼓的通身也饰有七道旋纹，品貌完整。2004年11月4日，它曾上过央视国际频道的鉴宝栏目。北京故宫博物院副研究员、陶瓷鉴定专家杨静荣认为这件腰鼓是他所见到的孤品，据其胎土成分，有可能产自河南，其制作时代为唐代。

虽然在敦煌文书之中并没有筌蹄这一词汇的记载，但是其形象在敦煌壁画中得到大量反映。笔者认为，在今天的家具分类概念之中，筌蹄可以被归类为凳，是一种具有束腰造型的凳，简称腰鼓凳。笔者认为腰鼓的客观存在以及实际使用对于人们创造出这一类束腰型坐具带来了诸多启示。所以，将筌蹄这类的束腰型坐具理解为"腰鼓凳"是简洁明了的，且不易产生歧义。

5.4.5 束腰造型的其他艺术呈现

束腰造型在建筑与家具中得到了广泛运用，这在中外文化史上是由来已久的。譬如，制作于公元1世纪的贵霜王朝象牙饰板（图5-4-5-1、图5-4-5-2）中刻画的两件桌均具有束腰造型，而且在视觉上看来似乎均是藤制的。这些与前述贵霜王朝象牙饰板中的三件藤墩（图5-3-1、图5-3-2、图5-3-3）具有统一的风格特征与制作工艺。萨珊王朝（226—651）的波斯人对束腰造型也情有独钟，譬如在波斯银盘（图5-4-5-3）内的长凳设计上，其左右腿部均采取了束腰形，也有可能是将一块厚木板直接安放于两个束腰凳上而成。

对于中国家具来说，束腰造型也是十分重要的，为此王世襄先生在其《明式家具珍赏》的前言和图版解说中均认为宋、明以来的家具实际上分为有束腰和无束腰两大类，即存在着源于壸门床、须弥座的有束腰家具和源于建筑构架的无束腰家具两大类型，找出了家具结构与造型关系的规律。就审美而言，采用束腰可使家具构成上中下三段具有韵律性的形式变化。

在束腰这一形式上，佛教艺术极尽表现之能事，甚至为了表现体量巨大的山体也借用这一形式，如中唐莫高窟第159窟南壁壁画《须弥山之一》（图5-4-5-4）中的须弥山就采用了典型的束腰造型。在印度古代传说中，须弥山是世界中心，须弥有"妙高""妙光""善积"等意，因此须弥山有时又被译为"妙高山"等。对于此种神圣之山的描绘往往采取了束腰形式，由此可见当时的人们及画工对于这一形式的偏好。而公元前3世纪时印度孔雀王朝君主阿育王建造的阿育王纪念柱上所雕刻的丰乳肥臀的细腰女子，也是借助于人体来展现束腰造型之美。再如，中唐莫高窟第361窟壁画《千手千眼文殊》（图5-4-5-5）中的束腰莲座创造性地模拟须弥山，构思奇妙，形象

图5-4-5-1　公元1世纪制作的象牙饰板，出土于阿富汗贝格拉姆，阿富汗国家博物馆藏

图 5-4-5-2　公元 1 世纪制作的象牙饰板，出土于阿富汗贝格拉姆，阿富汗国家博物馆藏

图 5-4-5-3　波斯银盘内的束腰形腿高凳

图 5-4-5-4　中唐莫高窟第 159 窟南壁壁画《须弥山之一》中的须弥山

奇异，富于想象力。两位龙王为人面蛇身，头戴五蛇冠，合掌，以身体缠绕于束腰莲座的腰部。

在敦煌壁画中，不但体量巨大的须弥山运用束腰造型，而且体态小巧的掌中佛座也使用了这一造型特征。晚唐第 14 窟北壁壁画《千钵文殊变》中的手中佛座（图 5-4-5-6）就使用了束腰造型，有趣的是，佛座上再设莲座，一尊佛端坐于上。

在今天的家具设计中，筌蹄的束腰造型甚至仍得到了一些设计师的青睐，譬如，现代腰鼓凳（图 5-4-5-7）的造型即是源自古代筌蹄，在材料上使用了当代新型塑料。从今天的审美看来，它在视觉整体上更为统一，体现了优雅的曲线美，还有各种色彩的选择，简洁之中透露着丰富，堪称古为今用的设计佳例。

图 5-4-5-5　中唐莫高窟第 361 窟壁画《千手千眼文殊》中的束腰莲座

图 5-4-5-6　晚唐莫高窟第 14 窟北壁壁画《千钵文殊变》中的掌中佛座

图 5-4-5-7　现代塑料腰鼓凳

5.5 莲座

印度是佛教的发源地，在那里莲花与佛教有着千丝万缕的联系，佛教中的莲花具有神圣的象征性。在佛教艺术中，无论画佛、塑佛，佛座多为莲花造型。为何佛要坐在荷花上？主要是因为佛法庄严神妙，莲花软而净，大而香，所以佛教认为"莲花台，严净香妙可坐"。伴随着佛教的东传，莲座，即莲花座，在佛教家具中得到了广泛运用。在敦煌壁画中，莲座图像的出现频率是相当高的，如初唐莫高窟第329窟东壁门上壁画《释迦说法图》（图5-5-1）、初唐莫高窟第323窟南壁壁画《铜莲花座》、盛唐莫高窟第148窟东壁壁画《第二大愿》（图5-5-2）、盛唐莫高窟第31窟南壁壁画《给释迦佛洗脚》、盛唐莫高窟第148窟壁画《如意轮观音经变》、盛唐莫高窟第148窟东壁壁画《地想观》、盛唐莫高窟第148窟东壁壁画《华座观》、中唐莫高窟第220窟甬道南壁龛内壁画《榜题释迦说法图》、中唐莫高窟第237窟西壁佛龛顶壁画《虚空藏菩萨瑞像》、晚唐莫高窟第14窟南壁壁画《金刚母菩萨》（图5-5-3）、晚唐莫高窟第9窟南壁东部壁画《舍利弗》、五代榆林窟第20窟甬道顶壁画《菩萨》（图5-5-4）、五代榆林窟第16窟东壁北部壁画《舍利弗》、宋代莫高窟第76窟东壁门北侧壁画《猕猴献蜜》（图5-5-5）等。现藏于俄罗斯国立艾尔米塔什博物馆的晚唐纸本绘画《一佛一菩萨二协侍一供养人》（图5-5-6），尺幅虽小，仅纵27厘米，横

图5-5-1 初唐莫高窟第329窟东壁门上壁画《释迦说法图》中的莲座

图 5-5-2 盛唐莫高窟第 148 窟东壁壁画《第二大愿》中的莲座

图 5-5-4 五代榆林窟第 20 窟甬道顶壁画《菩萨》中的莲座

图 5-5-3 晚唐莫高窟第 14 窟南壁壁画《金刚母菩萨》中的莲座

图 5-5-5 宋代莫高窟第 76 窟东壁门北侧壁画《猕猴献蜜》中的莲座

图 5-5-6　晚唐《一佛一菩萨二协侍一供养人》，纸本设色，纵 27 厘米，横 15.4 厘米，俄罗斯国立艾尔米塔什博物馆藏

15.4 厘米，但其中清晰地描绘了三件莲座，可从纸本绘画角度佐证敦煌壁画中的莲座图式。《一佛一菩萨二协侍一供养人》中，画有释迦牟尼佛坐于束腰仰覆莲花座上，座前有炉架，炉架的底部造型也是束腰仰覆莲花式。炉架前有两位协侍僧人坐于方席上。令人称奇的是，佛的左侧竟然画有一位头梳双鬟高髻的唐朝盛装女子双手合十坐于莲座上，佛的右侧画有一位具有头光的菩萨双手合十坐于莲座上。

众所周知，在佛教寺院大殿、洞窟、壁画中，一般主要供奉三尊佛像，即三世佛，中间是释迦牟尼佛（主管中央娑婆世界），左边是药师琉璃光如来佛（主管东方琉璃光世界），右边是阿弥陀佛（掌管西方极乐世界）。也有在释迦牟尼佛的左侧立文殊菩萨，右侧立普贤菩萨；或在释迦牟尼佛的左侧立迦叶尊者，右侧立阿难尊者。

所谓供养人像，是出于宗教信仰而出资请人绘制壁画或开窟造像的人为表示虔诚、留记功德或名垂后世，在宗教美术的边角或附近表现自己和家族、亲眷和奴婢等人的肖像，这些肖像统称为供养人像。虽然西方艺术中也曾有绘制供养人像的传统，但这类形象以佛教艺术为最多。据《敦煌石窟供养人研究》课题组最新统计，莫高窟中存有供养人画像的洞窟 281 个，接近莫高窟洞窟总数的三分之二，供养人画像 9010 身，其中以唐代数量最多，达到 2115 身。由于供养人形象乃是根据现实人物所作，且多有文字题记，因此是研究文物年代、制作者及绘画、雕刻艺术的重要资料。敦煌九千余身供养人画像中，未见供养人与佛并列的实例。由此可见，晚唐绘画《一佛一菩萨二协侍一供养人》中的内容与画法实属罕见，画中女子应是供养人，虽然神态十分虔诚，但是将其画在佛的左侧，与佛、菩萨并列，则逾越了佛教宣教规则，推测应该是当时十分个人化、小范围的佛画供养行为。至于此画在《俄藏敦煌艺术品Ⅱ》一书中所定的名称《一佛二协侍二供养人》[43]，笔者认为有误，即使按照此书的定名逻辑，也应是《一佛一菩萨二协侍一供养人》。

在敦煌佛教雕塑中，莲座的形象也大量出现。譬如，初唐莫高窟供养菩萨塑像中的束腰仰覆莲座（敦煌陈列中心藏）、盛唐莫高窟第 171 窟阿弥陀佛泥塑造像中的莲座（图 5-5-7）、盛唐莫高窟第 171 窟佛像泥塑中的莲座等。在敦煌地区，雕塑形象与壁画图像交相辉映，呈现了当时的佛教艺术家们对于莲国世界的想象与创造。

诚然，我国佛教艺术品中的束腰莲座受到印度以及犍陀罗佛教造像模式的巨大影响。例如，犍陀罗佛教艺术发祥期诞生的雕刻作品《菩萨居兜率天宫》[44]（图 5-5-8）中，菩萨结跏趺坐在束腰莲座上，底座为覆莲形式，这件艺术作品制作于公元 1 世纪左右，奠定了后来佛教东渐过程中在中土诞生的各类佛教束腰莲座的造型基础。

在敦煌佛教艺术中，将这些众多的莲座形象归纳起来，可以发现其主导样式是束腰仰覆莲花式：即莲座的上部为仰莲，这是模仿莲花的正常形态；下部的底座则为覆莲，这是在模仿莲花的基础上的创造。一仰一覆，构成了视觉的对比，增加了艺术的变化。莲座中间往往收得最细，成为束腰，又增强了艺术的节奏美。这种手法的运用与流行深深地影响了佛教建筑与家具中的须弥座、佛座、筌蹄等。在佛教莲座艺术中，虽然表现的多是束腰仰覆莲花式，但是其造型手段、结构模式、组合方式、色彩搭配、装饰形式却是同中求异而变化多端。

当然，莲座图像之中也有不使用束腰仰覆莲花式的。譬如，宋代莫高窟第76窟东壁门北侧壁画《猕猴献蜜》中的莲座自坐面到足承均以莲花为元素进行设计，莲花的形态为自然式，并不讲究对称、均齐，显得灵活多变。释迦牟尼垂足安坐在这件莲座上，接受猕猴的供养，显得轻松惬意，富于人性化。再如，晚唐莫高窟第14窟南壁壁画《金刚母菩萨》中的莲座则为一朵放大的莲花，为了追求均齐的装饰变化，每隔一个花瓣，花瓣的色彩就变化为蓝色，具有固定的秩序美与色彩美。

图 5-5-7　盛唐莫高窟第171窟阿弥陀佛泥塑造像中的莲座

图 5-5-8　犍陀罗雕刻作品《菩萨居兜率天宫》中的莲座

5.6　须弥座

在佛教的重要座类家具之中，须弥座也被广泛运用在建筑与家具设计中，其重要的特征也在于束腰。如果说莲座多为圆形，那么须弥座则多为方形，一圆一方，显示了佛教家具艺术的丰富性所在。实际上，早在古希腊时期，建筑与家具中就出现了须弥座形式。譬如，制作于公元前525—前500年的铜须弥座

（图5-6-1）现藏于雅典卫城博物馆。该须弥座工艺精湛完美、造型简洁大方。束腰部分的高度与座底的高度相当。再如，制作于公元前380—前360年的古希腊陶瓶，出土于巴吉利卡达，上面清晰地描绘了具有须弥座形制的宽大坐具（图5-6-2）。

敦煌藏经洞出土的《粟特女神》帛画（图5-6-3）中表现了两位女神：左部的女神右手捧杯，左手捧盘，盘中有犬；右部的女神有四臂，前左手执蛇，右手执蝎，后左手执月，后右手执日，其身后有一犬。左部捧杯女神所坐的也是一件须弥座，垫底为莲瓣造型。

在印度，须弥座又名"金刚座""须弥坛"，主要是用以安置佛、菩萨像以及圣物的台座。须弥，即须弥山，以须弥山为座，足显佛的神圣。我国最早的须弥座见于云冈北魏石窟，其形式较为简洁，雕饰不多。从隋唐起，须弥座使用渐多，并成为宫殿、寺观等重要建筑专用的基座，造型也趋于复杂与华丽，束腰部分逐渐加高，并出现了莲瓣、卷草等装饰和角柱、力神、间柱等构件。北宋李诫《营造法式》中规定了须弥座的详细做法，将其上下逐层外凸部分称为迭涩，将其中间凹入部分称为束腰，其间隔以莲瓣。当时一些贵重家具的底座也常采用须弥座形式。

在初唐莫高窟第335窟壁画《文殊》（图5-6-4）中，文殊菩萨坐在一件宽大而庄重的须弥座上，其身后升起华盖，形象庄严肃穆。敦煌壁画中的须弥座还有其他功能，譬如，在初唐莫高窟第332窟北壁东侧壁画《借座灯王及七宝供养》（图5-6-5）、盛唐莫高窟第148窟北壁壁画《分舍利》（图5-6-6）等壁画中均画有须弥座，前者承放的是七宝，后者承放的则是释迦牟尼的舍利，由这些陈放品可见这一类须弥座的重要性。

在中唐榆林窟第25窟壁画《观无量寿经变》中还刻画了一件空置的须弥座（图5-6-7），造型朴素、色彩单纯，以莲瓣为底。一位女子坐于须弥座旁。有"金刚座"之称的须弥座在这里已非一般的坐具，而是具有了一定意义的精神象征与教化功能。

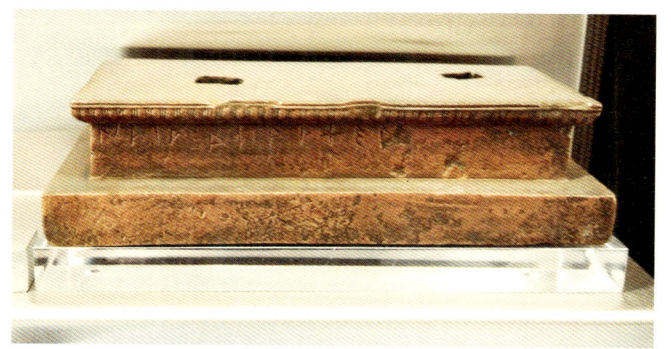

图5-6-1　铜须弥座，制作于公元前525—前500年，雅典卫城博物馆藏

图5-6-2　古希腊陶瓶中的须弥座，公元前380—前360年，原瓶高87.5厘米，出土于巴吉利卡达

图5-6-3　敦煌藏经洞出土《粟特女神》帛画

图 5-6-4 初唐莫高窟第 335 窟壁画《文殊》中的须弥座

图 5-6-6 盛唐莫高窟第 148 窟北壁壁画《分舍利》中的须弥座

图 5-6-7 中唐榆林窟第 25 窟壁画《观无量寿经变》中的须弥座

图 5-6-5 初唐莫高窟第 332 窟北壁东侧壁画《借座灯王及七宝供养》中的须弥座

须弥座也有与其他家具进行组合设计的。譬如，隋代莫高窟第 420 窟壁画《野牛听法》中的须弥座（图 5-6-8）十分特殊，分为六层，以色彩条块加以区分，中间一层的高束腰十分明显。此座的设计特色更在于其上有方帐式的华盖罩顶，具有数根帐柱支撑，下有莲瓣围列，左右有双狮守护。座前为十余头前来听法的野牛，座后有四位菩萨护持。这种家具形式在敦煌壁画中十分罕见，可视为须弥座与方帐的合体性创新型设计。与之类似的造型还见于该窟壁画《群鸟听法》中的须弥座（图 5-6-9），但座上未见用以支撑华盖的帐柱。

须弥座还可见于文殊山石窟壁画。文殊山位于甘肃省肃南裕固族自治县，始建于北凉时期（401—433），是一处规模较大的中国早期佛教石窟群遗存，位于凉州模式的石窟范围内，是研究十六国时期佛教

图 5-6-8　隋代莫高窟第 420 窟壁画《野牛听法》中的须弥座

图 5-6-10　西夏文殊山石窟万佛洞壁画《弥勒经变图》中的须弥座

山石窟部分的重要壁画收入此书。在西夏文殊山石窟万佛洞壁画《弥勒经变图》（图 5-6-10）中，一位身着铠甲，飘带飞扬，威风凛凛的天王端坐在须弥座上。须弥座的坐面下沿与底座下沿饰有连珠纹，四周云气缭绕，气象庄严。

5.7　绳床

敦煌莫高窟中具有最早纪年（538—539）的洞窟是西魏第 285 窟，其中的壁画中有一幅中国目前所见最早的"绳床"图像（图 5-7-1），该图像在中国家具史上十分重要，甚至被不少专家学者称为"中国古代家具史上迄今最早的椅子形象"[45]。和它一同并列于壁上的还有另外 11 位修行者的图像，不过他们均盘腿坐于蒲团上。图 5-7-1 中修行者的神态描写得颇为传神，他双目闭合，嘴角微微上翘，显得格外超脱，特别是只有这位修行者跪坐于坐具之上，使

图 5-6-9　隋代莫高窟第 420 窟壁画《群鸟听法》中的须弥座

艺术的珍贵资料。其壁画具有河西地区早期洞窟壁画的布局特点，有些是敦煌壁画艺术的延续和发展，有些壁画内容则可弥补莫高窟之不足。因此，段文杰、樊锦诗先生在主编《中国敦煌壁画全集（11 麦积山、炳灵寺）》（辽宁美术出版社，2006 年版）时将文殊

图 5-7-1　西魏莫高窟第 285 窟壁画中的绳床

得该图鹤立于其他修行者的图像。该坐具形制在当时是十分独特的，也被有的论者看作是禅椅，其特点体现在六方面：

① 坐高甚矮，按比例折算约为今天的 25 厘米；
② 修行者跪坐其上；
③ 足有上细下粗的收分；
④ 座屉由绳编而成，故曰绳床，且坐深大于坐宽；
⑤ 有靠背和出头搭脑；
⑥ 有薄板状低矮扶手。

这些因素交织起来形成一种混合风格：①、② 有汉榻特点；③ 受中国传统建筑大木作影响，收分这一手法也成为后来中国家具的特色之一；④ 绳床即得名于此，并显现了和当时外来椅不一样的坐深、坐宽比例；⑤ 预示了后来汉式椅的一个发展方向；⑥ 有外来椅的风尚。

这样看来，将之称为"中国古代家具史上迄今最早的椅子形象"就值得商榷。因为今天看来椅子应有两大要素，一是适合垂足坐的坐高，二是有靠背，缺一不可。考虑到该坐具没有足够的坐高，尤其是修行者坐的方式是跪坐，这是典型的榻上坐姿，并非后来禅椅上的跏趺坐或盘坐方式。因此，它仍是过渡阶段的产物，是一种同时具备榻和外来椅特征的坐具。它被称为禅椅的主要原因很可能是有的论者看到它的坐高低矮，所坐又是修行者。当然，人们对这一绳床的其他命名是否经得起推敲完全基于对榻、椅、禅椅的概念如何确定。

所谓绳床，即由绳子制作成的坐具，绳子的功能主要反映在座屉上。其较早的记载见于《四分律比丘戒卷上》[46]，指的是古印度地区佛教徒的坐具。《摩诃摩耶经》卷二记载了释迦牟尼涅槃前对阿难的嘱咐："'可安绳床而令北首，我今身体极大苦痛，入于中夜当取涅槃。'阿难受教，施绳床已，佛即就卧右肋着地。"[47]《众经撰杂譬喻》卷一载："便作方便入师绳床下，两手捉绳床脚，至时，与绳床具入龙宫。"[48]

宋代初年的敦煌文书 P.3878《己卯年（979）都头知军资库官张富高状并判凭》（十三）记载了绳床的制作材料，其中有"军资库司伏以今月六日造绳床索子麻贰斤，未蒙判凭，伏请处分"[49]，绳床得名于以绳子编织座屉，这件文书记载了工匠因制作绳床而向归义军节度使曹延禄申请用索子麻二斤，索子麻应该是用来编织座屉绳子的材料。

早在南北朝时期，我国已有高僧坐绳床的事例，且被记载下来。譬如，东晋怀帝永嘉年间来中原的天竺人佛图澄，当石勒率兵占领襄国后，城内水源匮乏，佛图澄称可作法获水，他作法时"坐绳床""咒愿数百言"[50]，果然三日水出。南朝宋文帝刘义隆时期到达建业的罽宾人求那跋摩死时跌坐绳床。[51] 唐义净《南海寄归内法传》载："西方僧众将食之时，必须人人净洗手足，各各别踞小床。高可七寸，方才一尺，藤绳织内，脚圆且轻。卑幼之流，小掾随事。"[52]

这种小床由藤绳制作，也可能就是绳床。《五灯会元》卷七载："有一般坐绳床和尚，称善知识，问着便摇身动手，点眼吐舌瞪视。"由这一讽刺当时有的僧人故弄玄虚的案例可知，绳床多与出家人联系在一起。

至于禅椅，后世的概念其实是约定俗成的，即僧人参禅打坐用的椅子。其一般特性主要在于座屉宽大，坐深较深，使人能盘腿而坐，由于它便于修行者坐禅，由此称为禅椅，但其造型与风格则趋于多样。

如若结合早于莫高窟第285窟成窟年代55年以上的北魏司马金龙（司马金龙卒于484年）漆屏风上的人物故事图中描绘的肩舆（图5-7-2、图5-7-3、图5-7-4）[53]，能对以上所谓的"中国古代家具史上迄今最早的椅子形象"问题形成更为客观的理解。

肩舆出自对汉成帝和班婕妤《班姬辞辇》（皇帝的乘舆称为辇）故事的描绘。作为抬具，它有固定于坐具底部的两根抬杠和为了安全而设于乘者足前的挡板。另外，它的舆身部分看起来存在和后世汉化椅相关的三大特点：①坐具靠背有明显向后弯曲的设计，这是为了便于人的背部倚靠；②靠背上部两端有出头直搭脑；③有S形扶手。这些特点在后世椅子的靠背、搭脑和扶手形制中均有许多实例相对应，但在中国古代低坐时期的榻类家具上却难以发现。例如，司马金龙漆屏风上描绘的另一人物故事中出现的围榻（图5-7-5）在造型的某些方面接近后世的椅子。[54] 该坐具只为单人独坐而设计，因此尺度较小，三面围子的高度与坐者肩部平齐，这样一来就为坐者往后、左、右方向的倚靠带来了方便。在实际功能上围屏原先具有的遮挡视线和挡风的作用已大幅度降低，而从一定程度上来讲具备了相当于椅子的靠背和扶手的功能。[55] 因此可以假设这种小围榻的进一步发展就逐

图5-7-2　北魏司马金龙漆屏风人物故事图中的肩舆

渐成为后来所谓的"禅椅"。但即便如此,这种小围榻的三面很垂直的围屏仍然不能算是严格意义上的靠背、搭脑和扶手,这一点和成帝的坐具有本质区别。因此,假如说从汉榻到前述小围榻在形制上已有了很大的渐变,那么,从汉榻到这件成帝坐具在形制上则有了明确的质变,即已从榻向椅发展了。

另一方面,据笔者仔细分析,成帝很有可能是垂足而坐的,如图 5-7-4 所示。因为若是跪坐或盘坐,根据图像比例和透视关系来看,成帝便浮在了空中。这幅图像若要满足成帝跪坐或是盘腿坐于舆中的条件,那么舆身底部则需要较厚的垫层,而绘制时间早于它近百年的东晋顾恺之《女史箴图·班姬辞辇》

图 5-7-3　上图肩舆的线描解析图

图 5-7-4　上图剖析,推测汉成帝垂足坐于抬椅上

图 5-7-5　北魏司马金龙漆屏风人物故事图中的围榻

（图 5-7-6）和绘制年代相近的河南邓县北朝画像砖人物图（图 5-7-7）中的舆身底部并不厚或无垫层，可见这样的满足条件较难实现。

当然也有人会说，那时绘制司马金龙屏风画的画工造型能力有限而很有可能使舆身的比例、透视与结构出现偏差才会给人以高坐的推测，如此，前面关于成帝高坐的论述较难成立。但是即便如此，根据人们对后世一些"禅椅"约定俗成的说法原则，那么称它为椅也不应有问题，这样一来，无论成帝垂足与否，笔者在后面下的结论，即它更能被称为"中国迄今发现的最早的椅子图像"是成立的。至于目前所见"中国境内最早的扶手椅形象"则见于本书在第二章对于制作于公元 2—3 世纪、出土于新疆和阗的《陶制帝王像》（图 2-17）的诠释。

另外，虽然司马金龙漆屏风上的《班姬辞辇》和顾恺之《女史箴图·班姬辞辇》描绘的为同一题材，但是根据图像可发现绘制者对辇这一抬具的理解发生了巨大变化，体现在两方面：

① 抬舆的人数。顾恺之《女史箴图·班姬辞辇》

图 5-7-7 河南邓县北朝画像砖中的架帐式肩舆线描解析图

图 5-7-6 顾恺之《女史箴图·班姬辞辇》线描解析图

中的辇为"八扛舆",因需8个人抬,故名。舆身较大,可供两人乘坐,这是当时的高等舆,只有皇帝王公才能乘坐,而司马金龙漆屏风上的《班姬辞辇》中的舆为4人抬。

②舆身的造型。"八扛舆"和司马金龙漆屏风上的《班姬辞辇》中描绘的肩舆相比在设计上有较大差异,由于前者没有后抬杠,在承力上很不均匀,后两人很吃力,前4人太轻松,而且画面上的8个人有些拥挤和忙乱。相比之下,后者有了明显的进步,只需4人就已从容平稳,这种形制为后世轿子的发展奠定了基础,如没有这样的改进,宋代出现的两人抬、乘者可垂足坐在里面的轻便的轿子也就无从谈起。邓县北朝画像砖的人物图中的舆的抬法和司马金龙漆屏风上《班姬辞辇》中的舆相似,但其舆身是明显的矮榻,而司马金龙漆屏风上《班姬辞辇》中的舆身已在汉榻造型的基础上革新了很多。

鉴于以上几方面论述,如果笔者推测不误的话,它更可以被称为"中国迄今发现的最早的扶手椅图像",而且要比前述西魏第285窟壁画中的"绳床"在椅子功能和形式的表现上成熟许多。当然,就其实际使用功能而言,称为抬椅或轿子更合适,其实人们在游览一些名山大川时为免爬山之苦而乘坐的简易轿子就是名副其实抬着的椅子。

实际上,在北魏时期出现这样的椅子的确有些特殊,不用说和前世的坐具相比,即使在司马金龙漆屏风上的故事画中描绘的家具中也是与众不同的,因为其他的家具均为低坐家具。而且在其后较长一段时期内也难以看到这种坐具形制的延续,就高型坐椅的内涵而言,绘制时间晚于它55年以上的敦煌西魏莫高窟第285窟壁画中的"绳床"图像也显得不及它成熟。其实,作为"五胡"之一的鲜卑人本身就受到西域各国生活方式的巨大影响,他们在接受汉文化之前对胡床、椅子这样的西方物件并不陌生,因此在生活中使用也就不足为奇了。司马金龙本是降附于北魏的西晋皇族,投靠北魏后在生活方式上受其影响也很自然,

这样一来,生活方式的变化折射到作为其陪葬的屏风画上也较能说得通。画工之所以绘出这样的椅子一方面和汉文化的说教有关,毕竟这幅漆画是对西汉往事的描写;另一方面和对实际生活的观察有关,也就是说有可能当时北魏的位高权重者会坐这样的肩舆。

就目前所见图像等资料的呈现而言,北魏司马金龙漆屏风人物故事图中的这种肩舆形制之所以后来再也不见踪迹,当和北魏鲜卑人的"汉化"有关。

值得注意的是,到了隋代,在敦煌莫高窟第419窟北壁壁画《婆罗门乞马》(图5-7-8)中描绘了一辆马车与一辆人力辇,它们均有车轮,车身均为四出头扶手椅式,在造型上与前述北魏司马金龙漆屏风人物故事图中的肩舆颇为相似,在线条上更为细劲。马车内坐了两位人物,由于他们的身体被遮挡,在图像上无法识别具体坐姿。然而,就前面我们所运用的分析原理看来,车中人可能均是垂足而坐的。从肩舆到轮式车,可见四出头扶手椅这种造型样式在交通工具的运用上得到了有机发展。

5.8 椅

在中国古代家具的发展进程之中,椅子的普及与流行是中国高坐家具成熟的标志,敦煌壁画中也描绘了不少椅子,主要分为靠背椅与扶手椅。

在约定俗成的概念中,一般认为,坐具里椅和凳的最大区别在于椅有靠背,除了供人垂足坐,还可供人倚靠,所以早期的椅子也称"倚子"。在中国,目前可见的关于"倚子"的最早文字记载见于唐德宗贞元十三年(798),时任河南府济源县令的张洗《济渎庙北海坛祭器碑》的碑阴除了记有"绳床十",还在注中记有"内四倚子"[56]的说法,其中的"倚子"就是今天我们所说的椅子,之所以用"倚"字就是强调其倚靠功能。而椅子一词的最早记载则见于日本天台宗高僧慈觉所著的《入唐求法巡礼行记》,其中记

图 5-7-8 隋代莫高窟第 419 窟北壁《婆罗门乞马》中的马车

有:"相公及监军并州郎中、郎官、判官等皆椅子上吃茶,见僧等来,皆起立,作手宣礼,唱:'且坐。'即俱坐椅子,啜茶。"此文所记为唐文宗开成三年(838)之事,可知唐代中期不但出现具有椅子功能的家具,而且已有椅子这一称谓。

尽管如此,从唐代到北宋,更多的人还是愿意将这种有靠背的坐具叫做"倚"或"倚子"。比如,北宋欧阳修《归田录》卷二就记有:"今之士族,当婚之夕,以两倚相背,置一马鞍,反令婿坐其上,饮以三爵。"甚至到了南宋时期,赵与时还记载北宋晚期的蔡京曾"遣人廉得有黄罗大帐,金龙朱红倚卓,金龙香炉。"[57]而这一时期椅则常被人们用来指代椅树或椅木,例如,北宋秦观诗《次韵邢敦夫秋怀》之九曰:"果欲鸣凤至,还当种椅梧。"这里的"椅"指的就是椅树。北宋曾巩诗《刘景升祠》曰:"乃独采樗栎,不知取椅檀。"这里的"椅檀"指的是椅木和檀木,泛指良材。

到了南宋,将有靠背的坐具称作椅子的说法逐渐增多。譬如,南宋陆游引徐敦立言:"往时士大夫家,妇女坐椅子、兀子,则人皆讥笑其无法度。"[58]南宋朱熹集注引北宋程颐曰:"且如置此两椅,一不正,便是无序,无序便乖,乖便不和。"宋王铚《默记》记有:"李后主入宋后,徐铉往见,引椅稍偏乃坐。"孟元老记载北宋都城汴梁婚礼时,"于中堂升宋榻,上置椅子,谓之高坐"[59]。但是也有宋人对这一说法持有异议,而且说得颇有道理。例如,北宋黄朝英(建州人,绍圣后举子)就说:"今人用倚卓字,多从木旁,殊无义理。字书:'从木从奇乃椅字,于宜切,诗曰其桐其椅是也。从木从卓乃棹字,直教切,所谓棹船为郎是也。'倚卓之字虽不经见,以鄙意测之,盖人所倚者为倚,卓之在前者为卓,此言近之矣。何以明之?《淇奥》曰:'猗重较兮。'新义谓:'猗,倚也。重较者,所以为慎固也。'由是知人所倚者为倚。《论语》曰:'如有所立卓尔说者,谓圣人之道，如有所立，卓然在前也。'由是知卓之在前者为卓。故杨文公《谈苑》有云：'咸平、景德中，主家造檀香倚卓一副。'未尝用椅棹字，始知前辈何尝谬用一字也。"[60] 尽管北宋黄朝英说得颇有道理，但是世俗的潮流往往是不可阻挡的，"椅"作为坐具的名词在南宋及以后广泛地普及开来，后人对于"倚"，则反而陌生了。也许正因为宋初以后越来越多的椅子以木材来制作，早期的"倚"才逐步从"木"而演化为我们今天所熟知的"椅"并约定俗成，下面我们对椅子的讨论也是基于今天的概念。

唐宋时期，在民间，靠背椅因制作相对简单而成为使用数量最多的椅子；而在敦煌壁画的佛教世界里，扶手椅的形象则多于靠背椅，其主因在于这些图像的内容均是表现佛教与修行的，所以其中的椅子多是后世所谓的禅椅，而禅椅均是扶手椅。

靠背椅图像可见于五代莫高窟第384窟甬道顶壁画《地藏十王》中的4件靠背椅以及该窟甬道顶壁画《六道轮回》中的两件靠背椅。

五代莫高窟第384窟甬道顶壁画《地藏十王》中的4件靠背椅（图5-8-1）为冥司使用（地藏十王全部坐在矮榻上）。由于只能看到椅子略有弯曲弧度的搭脑两端与后腿延伸的立柱，因此详细的造型与结构不得而知。五代莫高窟第384窟甬道顶壁画《六道轮回》中的两件靠背椅也是如此。

在敦煌雕塑中，佛座一类近于靠背椅的雕塑形象是较早与较多的。譬如，北凉莫高窟第272窟西壁泥塑坐佛像（图5-8-2）、北魏莫高窟第435窟中心柱东向龛泥塑坐佛像（图5-8-3）中的佛座均具有了足够的垂足而坐的坐高，佛身后的道道佛光似乎构成了靠背。这些对于当时的画工们描绘敦煌壁画中的靠背椅、扶手椅的图式均有参照意义。

敦煌壁画中的扶手椅图像则较多，具有代表性的可见于初唐莫高窟第334窟西壁龛内北壁壁画《舍利弗宴坐》、盛唐莫高窟第148窟南壁壁画、中唐莫高窟第186窟窟顶东坡北坡壁画《拆幢》、晚唐莫高窟第9窟北壁中间壁画《舍利弗宴坐》、晚唐莫高窟第138窟南壁壁画、五代莫高窟第61窟东壁壁画《舍利弗宴坐》、五代莫高窟第61窟西壁壁画《大佛光寺》、五代莫高窟第61窟西壁壁画《大清凉寺》、五代莫高窟第98窟甬道顶壁画《昙延法师圣容》等。

与前述敦煌西魏莫高窟第285窟壁画中的绳床相比，初唐莫高窟第334窟西壁龛内北壁壁画《舍利弗宴坐》中舍利弗所坐的椅子（图5-8-4）与众不同，具有一定程度的汉化，其坐高、坐姿、造型、结构以及象征手法上体现了如下特征：

① 在坐高上，这件禅椅甚低，其足按比例折算估计约为今天的10厘米，显示了对中国传统矮榻矮足的延续。

② 在坐姿上，舍利弗盘腿坐于禅椅上，是标准的结跏趺坐，而西魏第285窟壁画中的修行者在绳床上的坐姿是双膝并龙的跪坐。

③ 在造型上，这件禅椅是"四出头"，即前足

图5-8-1　五代莫高窟第384窟甬道顶壁画《地藏十王》中的4件靠背椅

图 5-8-2 北凉莫高窟第 272 窟西壁泥塑坐佛像

图 5-8-3 北魏莫高窟第 435 窟中心柱东向龛泥塑坐佛像

图 5-8-4 初唐莫高窟第 334 窟西壁龛内北壁壁画《舍利弗宴坐》中的禅椅（左）
与敦煌西魏莫高窟第 285 窟壁画中的绳床（右）对比图

与后足均向上出头，后足出头长度约为前足出头的两倍。西魏第 285 窟壁画中的绳床则仅是搭脑两端水平出头。这件禅椅的"四出头"与后世扶手椅流行的"四出头"（一般是搭脑两端水平出头，扶手末端水平出头）不同，而是近于中国传统建筑中的蜀柱[61]造型。蜀柱是汉地栏杆中常见的造型，实际上我们可以在更早的东魏兴和四年（542）的石刻形象上（图 5-8-5）看到蜀柱造型在框架式绳床中的运用。虽然这一石刻家具图像不甚清晰，但是其四出头（前足与后足均向上出头）造型以及方正平直的框架式结构还是被展现出来。就图式而言，舍利弗坐椅与之具有传承关系。

舍利弗坐椅还运用了中国传统建筑常见的侧脚、收分手法，为此件家具增加了形式的稳定感。侧脚表现在其四足向中心倾斜，形成等腰梯形，如此在视觉上更为稳正，在结构上更为牢固；收分表现在其四足均自下而上地由粗变细，形成视觉变化。西魏第 285 窟壁画中的绳床也使用了这一手法。

④ 在结构上，这件禅椅十分简洁，全以直线条构成，形成框架式结构。扶手距坐面很高，其高度约占椅子高度的一半以上。两根横枨构成靠背。

⑤ 在象征手法上，这件禅椅运用得很成功。它在视觉上如同一件方方正正、稳稳当当的筐子，这与《舍利弗宴坐》故事产生的背景具有关联性。《舍利弗宴坐》故事源自《维摩诘经》中的《弟子品第三》。舍利弗是释迦牟尼的十大弟子之一，以智慧第一著称。有一次他在林中宴坐（打坐习禅），维摩诘看到后批判了这种固守的打坐形式，主张修行要不拘形式，并从六个方面教导舍利弗何为真正的宴坐[62]。舍利弗听了之后，无话可说，认真反省，于是停止宴坐。因此，后来释迦牟尼听说维摩诘生病，就首先派舍利弗去维摩诘处探病。舍利弗由于这件事情如实禀告释迦牟尼，认为自己不够资格去向维摩诘问疾。

今天看来，这是借助于图像表达大乘禅观对于小乘禅观的批判，这种批判式的宣教对于中国禅宗思想的形成与发展形成了启蒙作用。壁画中描绘的舍利弗虽然坐在椅子上打坐，但是面庞微微仰起，睁开双眼，聆听维摩诘教诲，其略显疑惑之感，刻画生动。值得注意的是，有所领悟的舍利弗身体仍被黄色头巾、蓝色围巾与绿色袍子裹得严严实实，只露出脸部，再加上所坐的这件禅椅像筐子一样，也许正是为了象征舍利弗在释迦牟尼的十大弟子中虽以智慧第一著称，但由于机械地理解宴坐之道，思想已被"框住"。借助于特定的表情、服饰、家具，初唐的图像绘制者生动形象地展现出舍利弗的性格特征以及佛法境界。相比而言，后来的敦煌壁画在表现《舍利弗宴坐》这一题材时，就缺乏如此成功表现的图式。譬如，晚唐莫高窟第 9 窟北壁中部壁画《舍利弗宴坐》（图 6-1-5）、五代莫高窟第 61 窟东壁壁画《舍利弗宴坐》（图 6-1-6）中虽然均描绘舍利弗在禅椅上结跏趺坐静修，但是在表情（均面无表情）、服饰（均着普通僧服）、家具（禅椅均是汉化成熟的四出头扶手椅）的艺术性衬托上，由于较为常规而难以给人留下深刻印象，故而缺少佛法宣教的感染力。

5.9 高案、高桌

随着坐具的升高，承具的高度也相应得到提升，

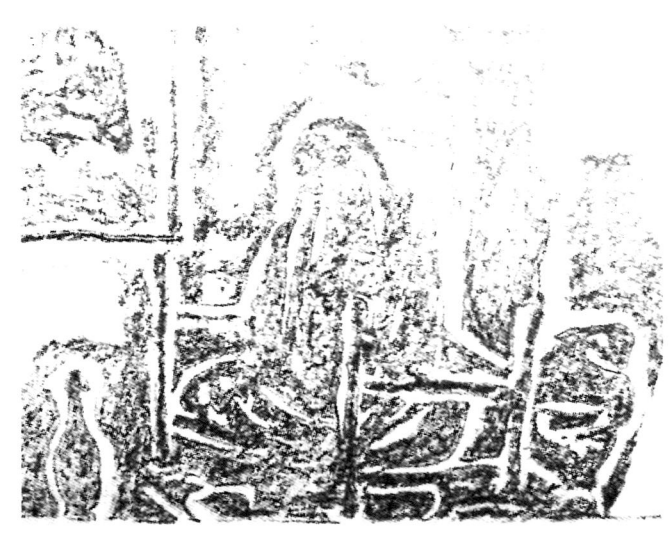

图 5-8-5　东魏兴和四年（542）造像拓片中的绳床

这在敦煌壁画中有所反映。比如，晚唐莫高窟第 85 窟窟顶东坡壁画《肉坊》[63]（图 5-9-1）中描绘了两件高型方案的形象。这里之所以仍称为"案"，是因为它们的四足均没有置于承面四角，而是内收安放，这在清代以来的家具术语中被称为案，所谓的桌则是四足均安放于承面四角的承具。其中的一件案上放有一只被杀的羊，屠夫正在另一件稍高的案上切割肉，其高度达到屠夫的腹胸之间，因此可称为高案。这两件高案造型粗朴，案面为方形，似为厚木板拼接而成，四足体现了一定程度的侧脚和收分。它们的形制比例较为接近于今天的方桌，但是腿间并无横枨连接与矮老装饰的汉化特征，反映了外来家具进入中土后对于民间家具制作上的影响，也为后来五代和宋代民间家具的继续汉化与发展奠定了基础。另外，画中挂肉的房间内还有一件四足桌，桌面由三块面板组成，四足较为粗矮，足间有枨，枨与桌面之间装有木板，这是当时的一种新型家具，颇似后来的闷户橱。

图 5-9-1　晚唐莫高窟第 85 窟窟顶东坡壁画《肉坊》中的两件高案

五代莫高窟第 98 窟北壁壁画《宴饮俗舞》中案（图 5-9-2）的高度达到围坐的五人的腹胸之间，表明其高度已与今天的桌相似，约在 80 厘米。其案面为长方形，看其结构似乎运用了攒边打槽装板的工艺，解决了木板因气候变化而胀缩导致破坏家具牢固性与美观性的问题，并使薄板能当厚板用。案的两侧设足，足间设枨。

图 5-9-2　五代莫高窟第 98 窟北壁壁画《宴饮俗舞》中的高案

西夏榆林窟第 29 窟南壁东侧壁画《国师》中的承具（图 5-9-3），描绘较为精细，因其四足均安放于承面四角，我们今天称之为桌。冥面运用了攒边打槽装板的工艺（画面右侧桌的局部也是如此），上面陈设了五盘供品。桌面下有牙条的装饰，为锯齿状。四足都饰有线脚，每足之间，牙条之下，均设有上下两根细横枨。当然，这一时期的桌子常被称为"卓"，这是取其高的含义。

清代叶廷管说："考卓即桌字。俗以几案为桌。当以卓为正。宋初犹未误。"[64] 实际上，宋人的确将许多承具叫做"卓"。例如，北宋孔平仲就说："两

图 5-9-3　西夏榆林窟第 29 窟南壁东侧壁画《国师》中的桌

府跽受开读次，已见小黄门设矮桌子具笔砚矣。"[65] 再如，南宋赵与时也说："京（蔡京）遣人廉得有黄罗大帐，金龙朱红倚桌，金龙香炉。"[66]"桌"有高起来之意，比如桌然而立、桌尔不群的"桌"，这说明了"桌"这种承具在高度上所呈现的新兴变化。甚至到了元代，"桌"仍被指代一些承具，譬如，近人卢弼《三国志集解》中的《吴志·鲁肃传》中转引元胡三省的话说："今江南又呼几案之属为桌床。桌，高也，以其比坐榻、卧榻为高也。"也许正因为宋初以后越来越多的桌子以木材来制作，早期的"桌"才逐步演化为我们今天熟知的"桌"。例如，南宋洪迈已记有对"桌"的表述："鬼母导杨伏于桌帏，戒以屏息勿动。"[67]《宋会要辑稿·刑法二》也载："镇江府军资库杭州、温州寄留上供物，有螺钿椅桌并脚踏子三十六件。"再如，南宋吴自牧说："家生动事如桌、凳、凉床、交椅、兀子……马子、桶架。"[68]

注释

[1] 胡是中国古代汉人对于西北方汉人以外部族的称呼，胡人通常指北方及西方的游牧民族，主要包括匈奴、鲜卑、氐、羌、吐蕃、突厥等，带有一定程度的蔑视含义。

[2] 见于范晔《后汉书·五行志》，其中记载汉灵帝"好胡服、胡帐、胡床、胡坐……"，乃至"京都贵戚皆竞为之"。

[3] 隋文帝杨坚娶了柱国大将军独孤信之女，独孤信是鲜卑贵族，故隋炀帝母亲是鲜卑族人，杨广身上有一半的胡人血统。

[4] 例如，据唐人杜宝《大业杂记》记载："（大业四年，即公元608年）九月，（炀帝）自幕（漠）北还至东都，改胡床为交床，胡瓜为白露黄瓜，改茄子为昆仑紫瓜。"此书主要记载公元604年隋炀帝即位，到公元621年王世充降唐之间的历史事件。杜宝在其另一著作《拾遗录》也记载：隋大业四年避讳，改胡瓜为黄瓜。

[5] 详见本书第七章《特色家具图式》对此凳的研究。

[6] 例如，《聂政自屠》中被人坐于其上的几是当时典型的曲栅足几。

[7] 转引自温玉成主编：《中国美术全集·雕塑编33：龙门石窟雕刻》，上海：上海人民美术出版社，1988年版，第68页。

[8] 转引自温玉成主编：《中国美术全集·雕塑编33：龙门石窟雕刻》，上海：上海人民美术出版社，1988年版，第69页。

[9] 转引自冯骥才主编：《中国大同雕塑全集·云冈石窟雕刻卷》，北京：中华书局，2010年版，第234页。

[10] 转引自冯骥才主编：《中国大同雕塑全集·云冈石窟雕刻卷》，北京：中华书局，2010年版，第318-319页。

[11] 转引自冯骥才主编：《中国大同雕塑全集·云冈石窟雕刻卷》，北京：中华书局，2010年版，第92页。

[12] 转引自董玉祥主编：《中国美术全集·雕塑编9：炳灵寺等石窟雕塑》，北京：人民美术出版社，1988年版，第71页。

[13] 转引自林树中主编：《中国美术全集·魏晋南北朝卷》，北京：人民美术出版社，1986年版，第75页。

[14] 转引自林树中主编：《中国美术全集·魏晋南北朝卷》，北京：人民美术出版社，1986年版，第134页。

[15] 转引自冯骥才主编：《中国大同雕塑全集·云冈石窟雕刻卷》，北京：中华书局，2010年版，第424页。

[16] 在中国的佛教艺术中，鹿头梵志的形象多为一个披长发、穿短裙、半裸体、手持骷髅的老婆罗门。手持骷髅表示他能通过敲打骷髅便知此人的死因和投生去向。《增一阿含经》卷二十云：一次，释迦牟尼带鹿头梵志至一墓地，共同分析五个骷髅，判定男女、死亡原因、治疗方法、死后往生之处等，五人死后分别往生地狱、畜生、饿鬼、人道、天生等五趣（五道，佛教还有一种六道的说法，则是加上阿修罗道），鹿头梵志一一知晓，但最后佛示以罗汉骷髅而鹿头梵志不能判定罗汉往生何处，于是释迦牟尼向他解释佛教能断轮回，劝其"快修梵行，亦无有人知汝所趣向处"。正是在这样的点化之下，鹿头梵志后来修成了阿罗汉。

[17] 执雀外道是裸形外道尼干子，他曾执雀问佛生死，佛以无言对待挑战。在北朝至唐初佛教造像中常可见到鹿头梵志与执雀外道成为一组而出现。

[18] 转引自（日本）水野清一：《中国佛教美术》，东京都：日本平凡社，1968年版，图版第19。

[19] 转引自冯骥才主编：《中国大同雕塑全集·云冈石窟雕刻卷》，北京：中华书局，2010年版，第475页。

[20] 转引自冯骥才主编：《中国大同雕塑全集·云冈石窟雕刻卷》，北京：中华书局，2010年版，第269页。

[21] 虞弘，字莫潘，鱼国（位于西域或中亚的某地区）人，在北朝时曾一度"检校萨保府"，执掌祆寺及西域诸国事务，卒于并州，隋代开皇十三年（593）石椁殡葬。太原隋代虞弘墓葬中的彩绘汉白玉浮雕宴饮图、乐舞图、狩猎图、出行图等表现了当时社会丰富的生活内容，洋溢着中亚浓烈的民族气息，反映了墓主人的民族、宗教习俗和萨珊文化特色。虞弘墓是我国第一座有准确纪年并具有丰富的中亚图像资料的墓葬，其汉白玉石椁上雕刻图案中的人物服饰、器皿、乐器、舞蹈内容以及花草树木均取材于波斯和中亚诸国，有些画面有明显的祆教内容，是我国目前发现的反映中亚古国和东西文化交流最为集中的考古发现，因此被评为1999年全国十大考古新发现之一。详见山西省考古研究所等：《太原隋代虞弘墓清理

简报》，《文物》2001年第1期。

[22] 姜伯勤：《中国祆教艺术史研究》，北京：生活·读书·新知三联书店，2004年版，第153页。

[23] 转引自河南省古代建筑保护研究所：《河南安阳灵泉寺唐代双石塔》，《文物》1986年第3期。

[24] 引自晏新志：《多姿多彩的陶俑》，西安：陕西人民出版社，2006年版，第80页。

[25]《辞源》三，竹部，第2356页"筌蹄"条2，北京：商务印书馆，1987版。

[26] 该经多达六十卷，隋代开皇二年到十一年（587—591）由阇那崛多译。此经是以昙无德部所传的佛传为主，集合摩诃僧祇、萨婆多、迦叶维、尼沙塞四部所传以及《譬喻经》等异说而成的一部综合佛传，并以昙无德部的《释迦牟尼佛本行》的经名为本书名，因此也被称为《集经》。共六十品，主要分为两部分：第一部分为三品，叙述关于释迦牟尼佛出身的两种世系：一、宗教中佛佛相传的法统，二、世俗中王室相传的王统；第二部分为五十品，叙述释迦牟尼佛的生平事迹到成道后行化六年为止，以及一些过去因缘，并叙述六年中所化弟子的事迹和因缘。

[27] 慧琳（737—820），唐代京师西明寺僧。俗姓裴，疏勒国人，幼习儒学，出家后，师事不空三藏，对于印度声明学、中国训诂等，都有深入的研究。

[28] 三藏真谛，西天竺优禅尼国人，出身婆罗门族。少时博访众师，学通内外，尤精于大乘之说。为印度大乘佛教瑜伽行派传人，主宗无相唯识学。由于博览群书，精通佛理，立志周游诸国，弘阐佛法，不畏艰险，先至扶南（今柬埔寨），后由梁武帝礼请来到中国，武帝太清二年（548）。三藏真谛从西天竺（印度）抵达建业（南京），因遇侯景之乱，被迫逃难于苏杭，后开始从事佛经翻译事业，一生共翻译76部315卷。

[29] 李寿（577—630），字神通。唐高祖李渊堂弟。其墓址在陕西三原县，墓葬年代为贞观五年（631）。1973年发掘，是已发掘的唐墓中年代最早的一座。

[30]《大正藏》第三十二卷，第498页。

[31]《大正藏》第二十四卷，第679页。

[32] 段公路，唐临淄（现山东省淄博市临淄区）人，为唐僖宗（873—888）时人，宰相文昌之孙，尝官京兆万年（现在陕西长安附近）县尉。所著《北户录》，全书三卷，为公路在广州时作，杂记岭南风土物产，饮食服饰，凡草木果蔬，虫鱼鸟兽无所不包。征引博洽，注文详赡，与奇书异说相参验。

[33] 转引自周一良：《魏晋南北朝史札记》，《周一良集》第2卷，沈阳：辽宁教育出版社，1998年版，第459页。

[34] 沈从文编著：《中国古代服饰研究》，香港：商务印书馆香港分馆，1981年版，第217页。

[35] 引自《阿富汗：重新发现的珍宝——喀布尔国家博物馆藏品》（法文版），巴黎：法国吉美国家博物馆亚洲艺术部，2006年。

[36] 贵霜是公元1世纪上半叶兴起于中亚细亚的国家，在其鼎盛时期疆域从今日的塔吉克绵延至里海、阿富汗及印度河流域。贵霜帝国在迦腻色伽和其承继者统治之下达至鼎盛，被认为是当时欧亚四大强国之一，与汉朝、罗马、安息并列。迦腻色伽的具体在位年代，众说纷纭。鉴于考古及对铭文、钱币的研究，迦腻色伽王室的统治结束于公元237年萨珊王朝的一次大规模入侵，其纪元亦从此废弃不用。由此推知，迦腻色伽可能即位于公元140年前后。迦腻色伽在位时，其王庭成为文人高僧汇聚之地，龙树、马鸣等皆曾为其座上客。迦腻色伽信奉大乘教派，因此大乘佛教在贵霜得到迅速发展。

[37] 转引自王镛：《印度美术》，北京：中国人民大学出版社，2004年版，第152页。

[38] 转引自冯骥才主编：《中国大同雕塑全集·云冈石窟雕刻卷》，北京：中华书局，2010年版，图版84。

[39] 转引自冯骥才主编：《中国大同雕塑全集·云冈石窟雕刻卷》，北京：中华书局，2010年版，第203页。

[40] 转引自史岩主编：《中国美术全集·雕塑编：隋唐雕塑，第26卷》，北京：人民美术出版社，1988年版，图版第178。

[41] 转引自史岩主编：《中国美术全集·雕塑编：隋唐雕塑，第26卷》，北京：人民美术出版社，1988年版，图版第179。

[42] 南卓，字昭嗣，唐宣宗拾遗。他任洛阳令时，常与白居易、刘禹锡宴游，谈起唐时传入中国的西域民族乐器羯鼓，白居易、刘禹锡便劝他写出来，认为："若吾友所谈，宜为文纪，不可令湮没也。"于是南卓写成《羯鼓录》。《羯鼓录》与唐代崔令钦所撰《教坊记》一样，是研究唐代音乐艺术和宫廷生活的重要典籍。

[43]《俄藏敦煌艺术品Ⅱ》，上海：上海古籍出版社，1998年版，第218-1图。

[44] 引自［英］约翰·马歇儿（J.Mashell）著，王冀青译：《犍陀罗佛教艺术》，兰州：甘肃教育出版社，1989年版，图74。

[45] 濮安国：《中国红木家具》，杭州：浙江摄影出版社，1996年版，第10页。对这一问题有类似的表述还见于以下书籍：胡文彦：《中国历代家具》，哈尔滨：黑龙江人民出版社，1988年版，第25页。刘森林：《中国家具宝库——中国家具》，上海：上海古籍出版社，1998年版，第24页。许柏鸣：《家具设计》，北京：中国轻工业出版社，2002年版，第11页。

[46] 敦煌本《四分律比丘戒卷上》和《晋书》《十六国春秋辑补》记载相同。

[47] 大正新修大藏经刊行会：《大正新修大藏经》第12册，NO.383，《摩诃摩耶经》卷2，台北：新文丰出版公司，1983年版，第1011页。

[48] 大正新修大藏经刊行会：《大正新修大藏经》第4册，NO.208，《众经撰杂譬喻》卷1，台北：新文丰出版公司，1983年版，第533页。

[49] 转引自赵贞：《归义军曹氏时期的鸟形押研究》，《敦

煌学辑刊》2008年第2期，第17页。

[50]［唐］房玄龄等撰：《晋书·佛图澄传》，卷95，列传65，北京：中华书局，1974年版，第2486页。

[51] 引自季羡林：《玄奘与〈大唐西域记〉》，《大唐西域记校注》，北京：中华书局，1985年版，第17页。

[52]（唐）义净著，王邦维校注：《南海寄归内法传》，北京：中华书局，1995年版，第31～32页。

[53] 邵晓峰：《中国最早的椅子图像辨析》，《装饰》2004年第12期。

[54] 该漆屏风上所画的卫灵公和灵公夫人故事图中出现的卫灵公坐榻也有类似的表现。

[55] 顾恺之《女史箴图》中出现的架子床的围屏也较低，高度甚至低于人的肩部，图中一人就把胳膊和手搭在围屏上面而直接将围屏当作了扶手。

[56] 转引自（清）王昶辑：《金石萃编》卷一〇三，北京：中国书店，1985年版。

[57]（南宋）赵与时：《宾退录》卷一。

[58]（南宋）陆游：《老学庵笔记》卷四。

[59]（宋）孟元老：《东京梦华录》卷五《娶妇》。

[60]（北宋）黄朝英：《靖康缃素杂记·倚卓》十卷（通行本）。

[61] 蜀柱是宋代的名称，在中国古代木建筑中是指立于梁上的短柱，早期只用在平梁上，支撑脊柱。梁架上的蜀柱，在清式抬梁式构架中称为瓜柱。蜀柱也泛指短小柱子。

[62]《维摩诘经》中的《弟子品第三》："夫宴坐者，不于三界现身意，是为宴坐。不起灭定而现诸威仪，是为宴坐。不舍道法而现凡夫事，是为宴坐。心不住内亦不在外，是为宴坐。于诸见不动而修行三十七品，是为宴坐。不断烦恼而入涅槃，是为宴坐。"

[63] 敦煌壁画中描绘屠宰场景的主要目的是为了宣扬《楞伽经变》中的思想，即劝导人们尊重生命，不要杀生。譬如，大周于阗国实叉难陀译《大乘入楞伽经·断食肉品第八》卷6记载："一切诸肉皆是精血污秽所成，求清净人云何取食，大慧。食肉之人众生见之悉皆惊怖；修慈心者云何食肉，大慧。譬如猎师及旃陀罗，捕鱼网鸟诸恶人等，狗见惊吠，兽见奔走，空飞水住一切众生。……凡杀生者多为人食。人若不食亦无杀事。是故食肉与杀同罪。奇哉，世间贪着肉味于人身肉尚取食之，况于鸟兽有不食者。以贪味故广设方便，置罗网罟处处安施，水陆飞行皆被杀害。……（世尊颂言）猎师游茶罗，屠儿罗刹娑，此等种众生，斯皆食肉报。"再如，元魏天竺三藏菩提留支译《楞伽经·遮食肉品第十六》卷8记载："譬如旃陀罗猎师屠儿捕鱼鸟人一切行处，众生遥见作如是念：我今定死而此来者是大恶人。不识罪福断众生命，求现前利今来至此为觅我等。今我等身悉皆有肉，是故今来我等定死，大慧。由人食肉能令众生见者皆生如是惊怖，大慧。一切虚空地中众生，见食肉者皆生惊怖，而起疑念我于今者为死为活。如是恶人不修慈心，亦如豺狼游行世间常觅肉食；如牛啖草蚖蜋逐粪不知饱足。"

[64]（清）叶廷琯：《吹网录》卷三。

[65]（北宋）孔平仲：《孔氏谈苑》卷二。

[66]（南宋）赵与时：《宾退录》卷一。

[67]（南宋）洪迈：《夷坚志补》卷二十一《鬼国母》。

[68]（南宋）吴自牧：《梦粱录》卷十三《诸色杂货》。

第六章
外来家具图式的汉化

外来家具在进入中国的过程中呈现出两种趋向：一种是继续保持原来的特征，另一种是为了适应当地的文化土壤而作出相应调整。前者可见于上世纪初斯坦因在新疆和田尼雅古城发掘出土的属于公元1—4世纪的木家具。据《斯坦因西域考古记》记载，"木质雕刻品中尤其以图41所示的古代木椅为最好。……雕刻的装饰意境都是印度西北边省希腊式佛教雕刻中所常见的"[1]。"残破的雕刻很美的靠椅椅腿作立狮形，扶手作希腊式的怪物，全部保存了原来鲜妍的颜色。"[2]

现藏于英国伦敦大英博物馆的尼雅木桌残件（图6-1-1），制作于公元1—4世纪，长67.8厘米，高60厘米，新疆民丰县尼雅遗址出土。残存以榫卯相接的四腿与四侧板。分区雕刻纹饰，其中以四瓣花纹居多，刻于侧板和腿的上部，隔以连珠纹，并配置方形框。长侧板中心的纹饰颇像裂口的石榴。四足外曲内方，上部饰有八瓣莲花纹，由于四足顶上均保留了细短的榫头，这种榫头是用以连接承面的，因此它有可能是一件木桌（或木凳）的残件，而不太可能是木椅（而有些学者则认为是木椅），因为木椅的四足与上部无法仅靠四个细短的榫头来连接，其靠背与后足通常是一木连做的，这样最为牢固与稳定。

图6-1-1 尼雅木桌残件，公元1—4世纪，长67.8厘米，高60厘米，出土于新疆民丰县尼雅遗址，英国伦敦大英博物馆藏

由于它所显示的是典型的犍陀罗风格，所以从其形制与装饰来看是典型的外来物，并非汉代工匠制作，也没有受到中原风格的影响。

而另一方面，为了融入中国的环境，外来家具进行了一系列的汉化（这正如佛教在东传过程中的汉化进程）。在一些家具上，综合了外来家具的特点而加以了中国化的改进，出现了中土的造型、结构、装饰等，使之适于中原民族实际的生活需要以及精神世界的满足。下面具体以椅、座、案这三种家具图式为例解读。

6.1 椅

与上述尼雅木桌具有犍陀罗风格的残件相比，在敦煌壁画中，既在坐高上能够让人实现垂足而坐，又在造型上具有汉化特征的椅子图像的数量还是有不少。譬如，中唐莫高窟第186窟窟顶壁画《拆幢》（图6-1-2）中的扶手椅即是如此。这件扶手椅在呈现中国式的造型上已经较为成熟，厚重高大。座屉也显得宽大，是为了创造足够大的坐面供僧人打坐使用，这也是后世中国禅椅最为显著的特点。此件禅椅通体黑色，在整体上几乎没有装饰，显得朴实简洁。它四足落地，足底近于地面处均有横枨相联，显示了早期箱型结构家具中具有托泥的特征。搭脑与扶手均为出头式，搭脑中部拱起，两端上翘，呈现出牛头造型，这与西夏文殊山万佛洞右壁壁画《贤愚经变》中的两件靠背椅（图6-1-3、图6-1-4）均较为接近，只是后二者搭脑两端上翘的幅度更大，形状更如牛角。宋元时期流行的牛头椅搭脑造型也是如此，因此这种椅子式样堪称宋元牛头椅的源头，这件禅椅也可被称为"四出头牛头椅"。

晚唐莫高窟第9窟北壁中部壁画《舍利弗宴坐》中的扶手椅（图6-1-5）也是禅椅，舍利弗打坐于椅子上，与前述中唐时期的扶手椅图像相比，其体量较

图6-1-2　中唐莫高窟第186窟窟顶壁画《拆幢》中的扶手椅

图6-1-3　西夏文殊山万佛洞右壁壁画《贤愚经变》中的靠背椅

小。值得注意的是，这件晚唐时期的扶手椅图像的足间横枨上移了一些，不再形同托泥，而成为椅子框架结构的重要组成部分。

五代莫高窟第61窟东壁壁画《舍利弗宴坐》（图6-1-6）、五代莫高窟第61窟西壁壁画《大佛光寺》（图6-1-7）中的禅椅在造型与结构上均承接了《舍利弗宴坐》中扶手椅的特征。

禅椅是一种座屉较大的扶手椅，因禅师可盘腿坐在上面修禅而得名。坐在禅椅上腰背一般靠不到椅背，只有跏趺坐或盘腿坐才能抵着椅背。因此，这种椅子

图6-1-4　西夏文殊山万佛洞右壁壁画《贤愚经变》中的靠背椅

图6-1-5　晚唐莫高窟第9窟北壁中部壁画《舍利弗宴坐》中的禅椅

图6-1-6　五代莫高窟第61窟东壁壁画《舍利弗宴坐》中的禅椅

图6-1-7　五代莫高窟第61窟西壁《五台山大佛光寺》中的禅椅

能使禅师腰部挺直，坐成标准的打坐姿势。

就文献记载而言，唐宋并没有所谓"禅椅"这一术语，因为在当时，人们往往将有靠背的坐具叫做"倚"。但是相近的词汇还是有的，譬如，敦煌文书P.3161《（10世纪）某寺常住什物交割点检历》第25行记有"禅入大床拾张"。"禅入大床"可能就是禅椅，因为唐宋时期习惯上将坐具也叫做"床"。在一座寺院禅椅的数量多达"拾张"，可以想见其实用性与重要性。

"禅椅"名称的明确记载见于元代，譬如，元末施耐庵《水浒传》第四回《赵员外重修文殊院 鲁智深大闹五台山》写道："焚起一炷香，长老上禅椅盘膝而坐，口诵咒语，入定去了。"[3] 明代记载禅椅的文献就多了，譬如，明代高濂《遵生八笺》（刊版于1591年）中有对禅椅的记载："禅椅较之长椅，高大过半，惟水磨者佳，斑竹亦可，其制惟背上枕首横木阔厚，始有受用。"[4] "背上枕首横木阔厚，始有受用"指的是靠背上的搭脑用料以及造型以阔厚为佳。再如，明代范濂《云间据目抄》记载："细木家伙，如书桌禅椅之类，余少年曾不一见，民间止用银杏金漆方桌。"明代午荣编《鲁班经匠家镜》中也记录了一张禅椅的尺寸以及细节，以及一幅以天然木制作的禅椅图像。

唐朝禅椅的实物则可参考日本正仓院藏唐代"赤漆欟木胡床"（图6-1-8）。日本奈良时代，日本圣武天皇去世（756）后，光明皇后将圣武天皇生前常用的喜爱之物以及大佛开光仪式时的佛具、器物分五批捐赠给了东大寺。此后，也有各种宝物和信徒的捐献物收入。这些藏品数量大，种类多，各种衣物、乐器、家具、兵器、佛具等共9000多件。除了本地制造，还有不少是从唐朝及亚洲各地的输入品，共有1000

图6-1-8　日本正仓院藏唐代"赤漆欟木胡床"（原展览名称）

多种，并专门详细登记造册，称为《东大寺献物账》。因为良好的保存环境和严格的保护制度，这些宝物在东大寺正仓院一直被完好地保存至今，并使我们在千年之后还可以见到这些传世的唐代珍品。正仓院藏品中这件用来坐禅的"赤漆欟木胡床"[5]坐高42.5厘米，靠背高48.5厘米，宽78.4厘米，深70厘米。表面以深色漆涂饰，四足底及转角、端头以薄铜片包角，前腿与低矮的扶手交接处向上出头，为蜀柱做法。搭脑平直，二出头，下有两根横枨。座屉的左、右、后三面各立三根矮老与扶手及靠背下部横枨相接。座屉宽而深，设棕屉，人坐其上，广可容膝，由此可见它是一件用来坐禅的典型坐具。

其方正平直的框架型结构也与前述东魏兴和四年（542）造像拓片中的绳床、初唐莫高窟第334窟西壁龛内北壁壁画《舍利弗宴坐》中的禅椅具有相似之处。

在晚唐莫高窟第196窟壁画（图6-1-9）中还出现了圈椅的形象。圈椅是非常具有中国特色的椅子类型。第196窟壁画中最左边的这件椅子坐高适中，各部分比例恰当，有圆形搭脑，并向前延伸出弧形，但尚未向下延伸而成为扶手。[6]其后足和搭脑之间有栌斗的承接，这是中国传统木建筑技术在家具设计上的灵活运用。圆搭脑圈椅可视为古代弧形三足凭几和外来高凳相结合的产物，体现了外来家具的汉化，其形象在五代周文矩《宫中图》、宋佚名《会昌九老图》中也能见到。这种椅子在后来又分化出圆搭脑交椅和太师椅。

元代莫高窟第95窟南壁西侧壁画《长眉罗汉》（图6-1-10）中的长眉罗汉形象、服饰、拐杖以及竹椅则完全中国化了。此件竹椅造型独特，上部为由竹干制作而成的靠背、扶手、鹅脖，靠背与扶手高度齐平，显得紧凑轻盈，自然质朴。下部为木制椅座，由座屉与四足组成，椅腿健硕厚实。从其侧面看，前后足之间构成简洁的壸门造型，两边略有云纹变化，足底为云头足。具有头光的长眉罗汉双手执杖垂足坐于竹椅之上，神态安详。这件竹椅的座屉较为宽大，可用来坐禅，因此称作禅椅；又因其靠背、扶手连为一体，构成方形的椅圈，所以也可称作圈椅。

由于这件扶手椅的靠背低矮，与扶手齐平，因此是宋代流行的"折背样"。譬如，宋佚名《孟母教子图》、宋佚名《佛像》、南宋马远《西园雅集图》（图6-1-11）、南宋佚名《净土五祖图》、南宋佚名《博古图》、南宋佚名《商山四皓会昌九老图》等画中均画有类似的扶手椅，但至今未见造型相近的实物出土。所谓"折背"，即椅背的高度仅为普通椅子高度的一

图6-1-9　晚唐莫高窟第196窟壁画中的圈椅、扶手椅、长凳线描解析图

图6-1-10　元代莫高窟第95窟南壁西侧壁画《长眉罗汉》中的竹椅

（折背样）的新发展。

6.2 座

在佛教仪式上，有各种类型的座，如莲座、须弥座、佛座等。唐五代时期，敦煌壁画中描绘的一些座与汉代的榻较为相似，一方面其高度得到了大大的提升，另一方面其造型与装饰具有了中土的特征，而成为中国化的新型家具式样，可称其为高座，对后来的家具影响深远。

汉代的榻较为低矮，因为榻的本意如同西汉刘熙在其《释名·释床帐》中所解释的"榻然近地"，言其低矮。随着佛教进入中原，中国榻在高度上不断提升，其中有一类已不再是仅仅给人垂足而坐，而是演化为高座，成为与源自印度的莲座、须弥座并列的中国榻式高座。这类高座往往是壸门托泥式，由于其高度较高，因此上下时需要借助于其他凳类家具或是梯子的踩踏才能让人坐上去。敦煌壁画中描绘的高座，多为一种框架结构的方形高榻，四面均有壸门，底部有托泥，其高度较高。《续高僧传》[9]记载隋代敦煌人释慧远在泽州本寺讲堂临终之时，讲堂的柱子和慧远的高座四脚同时塌陷。《开元天宝遗事十种》记载唐明皇李隆基在勤政楼"以七宝装成山座，高七尺，召诸学士讲议经旨及时务，胜者得升焉。惟张九龄论辩风生活，升此座，余人不可阶也"[10]。七尺高的座是一种高度很高的高座，其做法乃是源自佛教。这种高座，目前仅见于图像与文献，未见实物流传下来。但是，其社会象征意义颇大，因此柳诒徵在其所编《中国文化史》中说："自唐迄宋，变迁孔多。其大者则藩镇之祸，诸族之兴，皆于政治文教有种种之变化；其细者则女子之缠足，贵族之高座，亦可以见体质风俗之不同。"[11]

具体而言，初唐莫高窟第323窟南壁壁画《隋文帝问昙延法师天旱原因》（图6-2-1）中的高座即为

图 6-1-11　南宋马远《西园雅集图》中的玫瑰椅（折背样）

半，而非指其靠背可折叠。"折背样"这一说法较早见于唐末李匡义《资暇录》[7]。《古今图书集成·经济汇编考工典》所收《资暇录》中有一段记载："近者绳床（指椅子），皆短其倚衡，曰'折背样'。言高不过背之半，倚必将仰，脊不遑纵。亦由中贵人创意也。盖防至尊（指帝王）赐坐，虽居私第，不敢傲逸其体，常习恭敬之仪。士人家不穷其意，往往取样而制，不亦乖乎！"[8]"短其倚衡"即指椅背低矮，折背样的原始意图按李匡义《资暇录》的说法是为了"不敢傲逸其体，常习恭敬之仪"，因为坐者倚靠过分则使其仰斜，当时的文人多笃信佛教，喜谈禅说道，故而"取样而制"恐怕未必是"不穷其意"，笔者认为这似乎更与当时文人崇尚雅洁简朴之风相关，这一设计主要不是为了倚靠，而是为保持"恭敬之仪"。

折背样扶手椅的特点是靠背低矮，多数与扶手齐平（也有个别的靠背高于扶手而与后来的玫瑰椅基本相近）。它属于玫瑰椅的一种过渡形式，可视为明清玫瑰椅的前身。笔者为具体区别于后世所谓的玫瑰椅，而称其为玫瑰椅（折背样）。元代莫高窟第95窟南壁西侧《长眉罗汉》中的这件竹椅是对宋代玫瑰椅

壶门托泥式，其高度可达人的肩部。昙延法师之所以能升高而坐，原本源自说法的需要，因为听法的信众多，说法者所坐高度就要提升，为的是让信众们看得见、听得清。当然，鉴于当时的实情，昙延法师坐高座，更与他作为一代高僧在当时佛教界的影响力以及隋文帝对他的礼遇与期待密不可分。唐宋文献之中均有对高僧所坐之座——"圣僧座"的记载。譬如，北大D180敦煌文书《药师道场坛法》记载密教中的药师法仪轨需要"圣僧座五"。唐代道宣律师撰写于唐武德九年（626）的《四分律删繁补阙行事钞》中的《计请设则篇第二十三》亦记载："若未安置佛像及圣僧座者。上座有德者先处分安像极令清洁胜于僧座。乃至覆障高显处讫。然后布置圣僧座。""彼上座置设佛僧二座已。然后去圣僧座一尺许敷尼师坛。"北宋初年由李昉、扈蒙等人编纂的《太平广记》卷第一百《释证二》记有"后因设斋以为圣僧座"，"先是圣僧座，座上有羹汁翻污处"。

与《隋文帝问昙延法师天旱原因》中的高座类似的还见于盛唐莫高窟第217窟北壁壁画《未生怨之高座说法》（图6-2-2）、晚唐莫高窟第98窟南壁壁画《虔阇尼婆梨王本生全图》、中唐莫高窟第112窟南壁壁画《比丘宣讲金刚经》、中唐莫高窟第159窟南壁壁画《辗转听受法华经》（图6-2-3）、中唐莫高窟第361窟壁画《金刚经变之譬喻画》、中唐莫高窟第159窟东壁窟门南侧壁画《掌擎大众》（图6-2-4）等。它们的共同特征是均为壶门托泥式的箱型结构，高座在前后左右均设有两个壶门，其高度按照比例均高于《隋文帝问昙延法师天旱原因》中的高座。中唐莫高窟第159窟南壁《辗转听受法华经》中描绘了两件高座，画面左部的高座更高。毋庸置疑，在当时若是登上这样的高座则需借助于专用的梯子。中唐莫高窟第159窟东壁窟门南侧壁画《掌擎大众》中的两件高座的造型较为奇特：画面左部的高座具有明显的束腰结构，类于须弥座，但是在其中间的束腰部位前后左右均设有两个壶门。高座上再设莲座，菩萨盘腿坐在莲

图6-2-1　初唐莫高窟第323窟南壁壁画《隋文帝问昙延法师天旱原因》中的高座

图6-2-2　盛唐莫高窟第217窟北壁壁画《未生怨之高座说法》中的高座

图 6-2-3　中唐莫高窟第 159 窟南壁壁画《辗转听受法华经》中的两件高座

图 6-2-4　中唐莫高窟第 159 窟东壁窟门南侧壁画《掌擎大众》中的两件高座

座上。画面右部的高座也是前后左右均设有两个壸门的箱型结构。座上再设盝顶型华盖，其面积只有高座坐面的三分之二左右，华盖以几根立柱与高座相联。高座上设莲座与华盖，这是高座的新型变化与发展。

敦煌壁画中，与上述相对独立的高座相比，一系列对维摩诘进行描绘的高座就显得更具意匠。例如，盛唐莫高窟第 103 窟东壁窟门南侧壁画《维摩诘经变》、中唐莫高窟第 159 窟东壁南侧壁画《维摩诘经变》、晚唐莫高窟第 156 窟东壁北侧壁画《维摩诘经变》、五代莫高窟第 61 窟东壁窟门北侧壁画《维摩诘经变》、五代莫高窟第 98 窟东壁《维摩诘经变》中维摩诘所坐的高座均具有鲜明的中土化特色。

《维摩诘经变》在敦煌壁画之中得到大量表现是因为维摩诘和其他菩萨有着较大区别，他是一位居士，辩才超群，过着世俗生活，享受人间物质生活的美好，并能将礼佛和务俗兼修于一生，修为达到了很高的境界，乃至于释迦牟尼派文殊菩萨以探病为由向维摩诘学习佛法。按照维摩诘的这种模式修佛是能被中土大众接受的，上层阶级更是意效仿。也正是因为如此，维摩诘居士成为深受中土文人喜爱的佛教人物，《维摩诘经变》被中国的历朝历代在各种场合中反复表现。经变又叫做变相，即变佛经为"图相"，按照今天的话来说，是用图像来解释佛经。所谓"维摩诘经变"，即以图像来表现佛经中记载的维摩诘言论与事迹。在古代中国，无论是皇帝、贵族，还是文人雅士、信佛百姓，大多推崇维摩诘，因此《维摩诘经变》在敦煌壁画中具有重要的地位。因为文字佛经比较抽象，而图像艺术则较为具体，佛教图像因此成为佛理传播的重要载体，《维摩诘经变》的广泛流传正印证了这一点。唐代大诗人、大画家王维，名"维"，字"摩诘"，可见王维父亲对维摩诘的喜好，乃至于为爱子起名也要格外强调这一点，由此亦可见维摩诘在唐代士大夫阶层中的受欢迎程度。在隋唐五代的敦煌壁画中，画工们常常将他画成中土文人高士的形象，甚至其所处的环境也是中国化的。

莫高窟第 103 窟东壁窟门南侧壁画《维摩诘经变》（图 6-2-5，大图见图 10-1-4）完成于盛唐时期，至今保存较好，线条清晰，色彩完整。画中的维摩诘居士坐于高榻之上，身子右倾，右腿盘起，左手搭在支起的左膝上，右手持扇。他身着白袍，肩批绛色裘褂，目凝前方，双唇微张，神情自若。

图中的座形体高大，高度约为维摩诘身高的一半，属于高座。它也可以被称为高榻，不过与通常被定义为狭长而低矮的榻相比差异较大，这是对汉代以来榻的新发展。由于《维摩诘经变》的主题是维摩诘说法，为了突出他的中心地位而赋予其远远大于常人的形象，这其中也包括了维摩诘所坐之高座。这件高座下挤满了前来听法的各类人群，在这种情况之下，维

图 6-2-5　盛唐莫高窟第 103 窟东壁窟门南侧壁画《维摩诘经变》中的高座

西壁龛外南侧上部壁画《维摩示疾》中的榻相比，虽然没有三面围合到底的垂幔，但是由于榻的高大，六折屏风式围子的增设，盝顶形帐顶与榻的有机联接，使得这件家具显得较为完善，明代架子床的造型与结构应是在这类高座家具的基础上发展起来的。

需要注意的是，此件高座前还附设一件曲栅足供几，几高约为座高的三分之二，几上供以香炉，几面上的枯黄色木纹清晰可辨，可见家具上的自然纹理早在唐代就已受到关注。

中唐莫高窟第 159 窟东壁南侧壁画《维摩诘经变》（图 6-2-6）虽然色彩有所剥落，但是其中家具主体的造型与结构还是能够被识别的。左手持扇的维摩诘盘腿坐在高座之上，这件高座的造型与结构方式与前述盛唐莫高窟第 103 窟东壁窟门南侧壁画《维摩诘经变》中的高座相近，而且也是座上设帐。根据这件高座与人物的比例关系，它在高度上还要更高一些，座高与维摩诘的坐高相近，帐高则近于座高的两倍。因此在视觉上，此高座显得更为修长。

高座前设有一件供案，其高度近于座高的五分之三。案的四周围以黑色的布幔，案上供有一件香炉与两件高足盘，盘中有宝物。案下铺有席子，席子的四周饰以华丽的花纹。这件高案与席均可视为高座的附件。

晚唐莫高窟第 156 窟东壁北侧壁画《维摩诘经变》（图 6-2-7）所绘内容大体上与盛唐第 103 窟东壁窟门南侧壁画《维摩诘经变》相同，维摩诘图像同样具有大于常人的夸张比例。但也有区别：画中的维摩诘在方向上是坐西朝东，身着大开襟袍，袍上又披有黄褐色皮草裘革，头带深色帽子。画中的高座从结构上来看也为壸门托泥式。前后各设一个壸门，左右各设三个壸门，因此，前后壸门的跨度约为左右壸门的三倍。座身髹黑漆，托泥髹赭漆。高座上设帐，盝顶型的帐顶上绘有宝相花纹样，四周的装饰纹样为锯齿形。座上设有围子，座后全围，两侧半围。围子内侧绘以青绿山水，外侧绘以花卉一类的植物纹样。这种寄情

摩诘是需要升高而坐的。这既是礼遇，也是客观功能的需要。如同今天的演讲，演讲者需站在高高的演讲台上，面对台下观众，即兴开讲。

从这件高座的结构来看，属于壸门托泥式，前后各有一个壸门，左右各有两个壸门，这些壸门的周围均绘有装饰纹样。该座具有围子，围子上有画，如同六折的屏风，其中的四折设于座后，两折分别围于座的左右两侧。围子外框髹以赭色，较为庄重，以突出升座说法的隆重和折射大乘的佛理。

座上设有一帐，帐高约比座高多出一半，以四根细杆与座的四边角相联。帐顶呈盝顶形，四周施以云纹，顶部以赭色涂饰。帐檐有垂幔。这种座、围子、帐的结合，是高座的新发展。与初唐莫高窟第 203 窟

图 6-2-6　中唐莫高窟第 159 窟东壁南侧壁画《维摩诘经变》中的高座

自然的装饰手法在一定程度上折射出文人审美对当时的绘画以及家具等器物的设计与制作产生的影响，并为唐以后文人审美的崛起乃至于家具设计走向简约的发展道路形成了铺垫。

五代莫高窟第 61 窟东壁窟门北侧壁画《维摩诘经变》（图 6-2-8）至今保存较好，线条清晰，色彩丰富。画中的维摩诘居士坐于高榻之上，身子微微右倾，右腿盘起，左手搭于曲起的左膝上，右手持扇。他头戴白帽，身着白袍，神情自若。图中的高座形体高大宽敞，高度接近维摩诘身高的一半。

图 6-2-7　晚唐莫高窟第 156 窟东壁北侧壁画《维摩诘经变》中的高座

从高座的结构来看，该榻属于壸门托泥式，前后左右各有四个壸门，这些壸门的周围均绘有深色的装饰纹样。该榻具有围子，围子上有画，如同六折的屏风，其中的四折设于榻后，两折分别围于榻的左右两侧。围子外框髹以赭色，较为庄重，以突出说法的隆重。

座上设帐，帐高近于维摩诘的身高。帐顶较为复杂，呈两层盝顶形，全部以青绿的图案涂饰，帐顶上祥云缭绕，帐檐处则有浅色的垂幔垂下。高榻前也设有一件曲栅足供几，几高同于榻的坐高，几上中间部位铺以装饰华美的布幔，其上供以香炉，左右摆放两盘供品。

五代榆林窟第 38 窟前室东壁壁画《地藏十王》（图 6-2-9）中的高座也具有典型的汉化特征，其高座也可视为一件四周围以帷幔的大案，其上再设一件翘头案，案四面也围以布幔，虽然是描绘佛教《地藏十王》的题材，却是取材于当时的汉地官员在公堂的

第六章　外来家具图式的汉化

图 6-2-8　五代莫高窟第 61 窟东壁窟门北侧壁画《维摩诘经变》中的高座

图 6-2-9　五代榆林窟第 38 窟前室东壁壁画《地藏十王》中的高座、翘头案

图 6-2-10　西夏文殊山万佛洞右壁壁画《贤愚经变》中的高座

翘头案前审案子的情形。

与前述五代榆林窟第 38 窟前室东壁壁画《地藏十王》中的高座类似的是，位于甘肃省肃南裕固族自治县的文殊山，其万佛洞右壁西夏壁画《贤愚经变》（图 6-2-10）中描绘了一件高座（图 6-2-11），座上也设有帷幔案以及靠背椅，一位具有头光的罗汉坐于靠背椅上。高座四面未设帷幔，而是平列壶门，下设托泥，座后设高大的三折屏风。

沙州回鹘时期莫高窟第 97 窟的东、南、北三壁绘有十六罗汉像，人物造型怪异，均有榜题颂词，为沙州回鹘时期的佳作。其南壁西侧壁画《榜题戍博迦罗汉》（图 6-2-12）则为我们展现了一幅汉化的佛教图像，戍博迦罗汉在榜题上被写为第九尊者。他双手挂杖坐于石座上，宽面长眉，头顶凸起，神情沉静。身穿田相袈裟，足登云头鞋。旁有侍者双手合十，礼拜供养。由此图可见，戍博迦罗汉的形象是汉人的，其坐的石座是天然的。虽然第 97 窟中其他的罗汉像大多数漫漶不清，但是可见他们均是坐在石座上，悠然

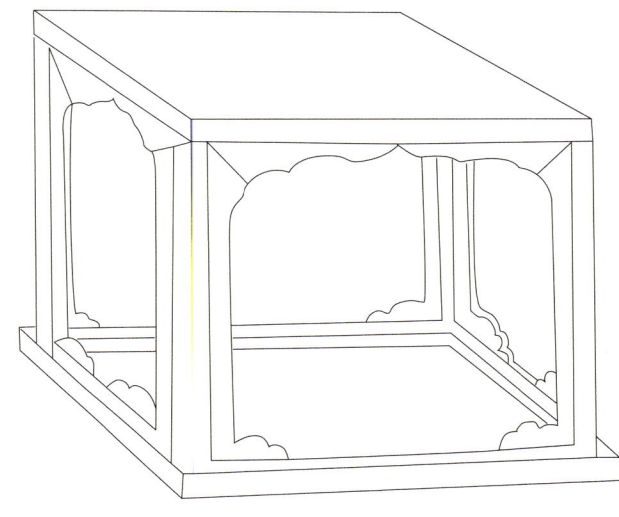

图 6-2-11　西夏文殊山万佛洞右壁壁画《贤愚经变》中的高座线描解析图

自乐。戍博迦罗汉手持的龙头拐杖也是在原始树干形态的基础上稍加雕刻而成的，这些均是中国文人偏好的自然之物，追求简拙朴质，天人合一，对后世的罗汉图像以及文人图像中的家具描绘影响深远。

图 6-2-12　沙州回鹘时期莫高窟第 97 窟南壁西侧壁画《榜题戌博迦罗汉》中的石座

6.3　案

敦煌壁画中描绘了许多案，在对它们进行诠释之前，需要对案的来龙去脉解析一番。宋代之前，古人以席地而坐为主，故承具相应也较矮，如《新唐书》载节度使的礼案"高尺有二寸，方八尺"[12]，其特征是大而矮。到了宋代，不少案在高矮上和高脚桌并无太大区别，譬如南宋陆游所说"而其墓以钱塘江为水，以越秦望山为案，可谓雄矣"[13]中的"案"就不会矮，因为缺乏高度是无法使人产生雄伟感觉的。

鉴于魏晋南北朝至宋代这一时期案的种类较多，而且与桌、几、台等承具有着密切而复杂的联系，今人对它们名称的使用也比较混乱，为便于对这些形形色色的案进行分类研究，我们将案主要分为四类：① 箱型结构（包括托泥结构）的承具。这类案继承了唐代案的箱型结构特征，厚重而费料，但承面下的壸门开光各有不同变化。② 足离承面四角较远的承具。

这是明清以来形成的较具共识性的概念。③ 四周具有帷幔，其织物自承面垂至（或近于）地面的承具。④ 有矮足、近于托盘的承具，之所以称为案，是延续汉代以来的说法[14]，但是它与前三种案在使用上有着本质区别，在宋代已不多见。

敦煌壁画中对于以上四种案均有表现，在敦煌文书之中，案还常被写成"桉"。上述第三种四周具有帷幔的案的图像在敦煌壁画中十分流行，其高度近于今天的桌，虽然其内部的结构无从知晓，但是它们多属于供案的性质，案面摆放供品，四周围以帷幔，具有中土化的特征，并一直影响到今天。譬如，晚唐莫高窟第 12 窟东壁壁画《帐篷酒肆》（图 6-3-1）中描绘了四周设有帷幔的长案，使得现场氛围更为正式。画中还反映了一个有趣的起居方式的混搭现象，其中的长凳上既有人垂足而坐，也有人盘腿而坐，如此一来长凳在功能上又成了矮榻，这是高型坐具进入中土经过汉化后中不可避免的现象。

帷幔案在敦煌壁画中较为常见，是承具逐渐增高以后汉化的重要见证，譬如，晚唐莫高窟第 18 窟壁画《布施》（图 6-3-2）、晚唐莫高窟第 85 窟窟顶东坡壁画《释迦佛接见罗婆那王》（图 6-3-3）等画中

图 6-3-1　晚唐莫高窟第 12 窟东壁壁画《帐篷酒肆》中的长案、长凳

图 6-3-2 晚唐莫高窟第 18 窟壁画《布施》中的案

图 6-3-3 晚唐莫高窟第 85 窟窟顶东坡壁画《释迦佛接见罗婆那王》中的案

图 6-3-4 当今中国会议室常设的帷幔案

均有这类帷幔案的表现，其中，后者中的布帷上绘有清晰的装饰纹样，显得更为华丽、庄严。这种唐代的设计对如今中国会议室常设的帷幔案（如见图6-3-4）的装饰设计仍具有重要影响。

注释

［1］（英）斯坦因著，向达译：《斯坦因西域考古记》，香港：中华书局香港分局，1987年版，第59页。

［2］（英）斯坦因著，向达译：《斯坦因西域考古记》，香港：中华书局香港分局，1987年版，第60页。然而，由于其描述的特征明显并不适用于该书图41（印本书图6-1-1）中的家具，因此笔者认为斯坦因在此处说的也许是另外一件靠背椅。由于一些关于中国家具史的书籍中凡涉及这一内容的，均沿用此说，以讹传讹已久，故特作专门更正与说明！

［3］［明］施耐庵：《水浒传》，北京：人民文学出版社，1997年第2版，第60页。

［4］［明］高濂：《遵生八笺》，成都：巴蜀书店，1992年版，第339页。

［5］1946年以来，为向民众和学者展示东大寺正仓院所藏的这些瑰宝，宫内厅开始借助于每年秋曝的机会，取出数十至上百件宝物在奈良国立博物馆举办几乎一年一度的秋季"正仓院展"，为期两周。这件椅子展于1990年第42届正仓院展，"赤漆榉木胡床"是此次展出时公布的名称，虽曰"胡床"，实为椅子，日本沿用唐代旧习而将坐卧具统称为床。

［6］成熟的宋代圈椅则是将搭脑与扶手连为一体，并奠定了后世圈椅的造型基础。

［7］也称《资暇集》，三卷，旧本有称为李济翁所撰，这是宋代刻本为避宋太祖讳之故。

［8］引自网易云阅读http://yuedu.163.com/book_reader/b328dc6c08ab470593624d5af418d6f1_4，2017年5月2日。

［9］《大正藏》，第50册，N0.2060，《续离僧传》卷8，台北：新文丰出版公司影印，1983年，第491页。

［10］（五代）王仁裕等撰，丁如明辑校：《开元天宝遗事十种》，上海：上海古籍出版社，1985年，第66页。

［11］柳诒徵编：《中国文化史（下卷）》，北京：东方出版中心，1988年版，第488页。

［12］（北宋）欧阳修等：《新唐书》卷四十九《百官志（四下）》，北京：中华书局，1975年版。

［13］（南宋）陆游：《老学庵笔记》卷十。

［14］如《后汉书·逸民传·梁鸿》中"举案齐眉"的"案"就是一种矮足托盘。

第七章
特色家具图式

敦煌壁画除了能够较为充分地展现高坐家具的进入以及外来家具的汉化，还展示了当时一些较具特色的家具图式，而且其中的某些家具图式即使在今天看来也是标新立异的，给予我们以设计文化上的生动启示。

7.1　斜靠背床

隋唐五代这一时期的床与榻在造型上很难区分，在措辞上，这一时期的文献中也常常将二者混用或合用。就现在的起居而言，床是用以夜间睡觉的卧具（有时也可以用来坐），而榻是提供临时性躺卧休息的（也可以用来坐）的卧具。敦煌壁画里描绘了大量的床榻，其中，初唐莫高窟第 323 窟东壁门南壁画《拒卧具供养》（图 7-1-1）中的左部画的是一件普通四足板床，而右部的一件床具有三段弧形装饰的靠背，这是中国卧具的一种创新，给人提供了在床上斜躺的功能，这在当时应是一种高级卧具，因此第 323 窟壁画的主题即是要求出家人拒绝这种卧具的供养，因为即使是一个沙弥，戒律也要求他必须认清并远离物质世界的诱惑与享受，"不坐卧高敞大床"[1]是基本要求之一。

7.2　长榻

五代莫高窟第 61 窟南壁壁画《良医授药》中的长榻（图 7-2-1）格外引人注目，这在于其中的长榻的长度是常规榻的两倍左右。一般的榻可容一人横卧，而此榻可容两人横卧。榻身髹赭漆，榻面铺有织物，织物周边为褐色，内心为绿色。榻上有五人正在活动：左部一人赤裸上身坐在榻上，似乎是病人；有一位妇人在病人一旁伺候着；右部有一位男子也坐在榻上，他正在接过小童递来的小碗一类的器具，因此可能是医生；医生后面也有一位妇人伺候着。这件榻的正面平列壸门，多达八个，其用料之长，制作难度之

图 7-1-1　初唐莫高窟第 323 窟东壁门南壁画《拒卧具供养》中具有斜靠背的床

图 7-2-1　五代莫高窟第 61 窟南壁壁画《良医授药》中的长榻

大，可以想见。就画面表现的环境而言，也许长榻是医生诊所里的专用家具，不但便于病人坐卧与医生诊疗，而且便于医护人员在一旁服务。"良医授药"这类题材在晚唐莫高窟第 9 窟西壁上也有描绘，展现患者在诊所内，一旁有亲人服侍，一旁有医工送药。只是病人所卧之榻是普通的长度。榻既是卧具，也是坐具。就坐具来说，早在东汉时期，《河南密县打虎亭东汉壁画》（图 3-1）中已出现长连席这种超长型坐

图 7-3-1　盛唐莫高窟第 148 窟南壁壁画中的椅子

图 7-3-2　晚唐莫高窟第 138 窟南壁壁画中的禅椅

具。榻的制作难度远大于席，因此，五代莫高窟壁画中描绘了这种超长家具，既是画工认真观察生活的结果，也是当时家具制作技艺与木料供给保障高度发达的反映。

7.3　单扶手椅

所谓单扶手椅，即只有一侧扶手的扶手椅，在这里具体指的是仅有左侧扶手的扶手椅。敦煌壁画对这类椅子有两处表现，见于盛唐莫高窟第 148 窟南壁壁画（图 7-3-1）以及晚唐莫高窟第 138 窟南壁壁画（图 7-3-2）中，前者是一件坐深不大的椅子，一位僧人垂足坐于其上，其右手举起，似在说法，此椅没有右侧扶手，而左侧扶手则可以通过椅子靠背的空隙中看到；后者是一件禅椅，座屉较大，一位僧人跏趺坐于其上，双手合于腿间，此椅也没有右侧扶手。这两件椅子的右侧扶手是否均是画工漏画？仔细审读画面，应该不是，因为两椅的右侧扶手处均不见空缺，而椅子其他部件的结构关系均交代得较为清楚。因此，图像上反映的有可能是当时生活中实际使用的椅子，其目的是为了便于坐椅者右手的自由活动。在现代椅子中，也有一种被设计成只有单侧扶手的椅子，还在其扶手上增设平板或支架，便于使用者摆放书本。这种古今设计文化的暗合说明人的实际功能需要是设计诞生的主导因素，这并不因为时代的变迁而变化。

7.4　须弥座式扶手椅

盛唐莫高窟第 328 窟西壁龛顶壁画《弥勒佛说法图》（图 7-4-1）中祥云缭绕，从中尊倚坐说法的姿势可知描绘的是弥勒佛于龙华树下成道的三会说法图。弥勒佛身着红袍绿裙，右手施无畏印，左手持衣端，坐于一件颇具特色的坐具上，脚踩足承。其左右各有一位比丘、五位菩萨、五位供养菩萨，场面盛大庄重。弥勒佛的这件坐具在敦煌壁画坐具中显得格外与众不同。通过对它的线描解析与复原（图 7-4-2），其整体看起来是一件须弥座，座身有明显的束腰造型，但

图 7-4-1　盛唐莫高窟第 328 窟西壁龛顶壁画《弥勒佛说法图》中的须弥座式扶手椅

图 7-4-2　盛唐莫高窟第 328 窟西壁龛顶壁画《弥勒佛说法图》中的须弥座式扶手椅线描解析图

又具有十分低矮的靠背与扶手，呈曲尺形，表面满饰卷草纹。因此可视为须弥座的一种新型变化，即坐面下沉，其左、右、后三边升起低矮的围栏，构成了靠背与扶手，但是由于高度甚矮，因此靠与扶的功能十分有限，并不能按成熟扶手椅的靠背与扶手等同看待。在名称上，可称为"须弥座式扶手椅"。一定程度而言，这种造型独特的坐具也可视为宋代折背样（靠背只有常规椅子的一半的式样）扶手椅的一种早期式样。

7.5 "吧台"凳

北周莫高窟第 290 窟壁画《阿夷观相》（图 7-5-1）中描绘了一种很像现代高脚杯的奇特高凳，一位占卜师抱着出生不久的释迦牟尼坐于其上。此件坐具由凳面、立柱、底座三部分组成：凳面较小，呈半球形，如同莲蓬；立柱细高，像一根支撑莲蓬的茎干；底座为覆莲式造型，设有五瓣莲花垂立并聚于中心立柱。

莲花出淤泥而不染，洁净庄严，因此早期的莲花艺术多与对神的尊奉相关。目前所知与莲有关的最早艺术品是一尊头戴莲花的裸体女神像，出土于印度恒河流域，制作于公元前 3000 年前后。古代文献中有关印度莲花女神的记载最早见于印度吠陀文献，记载莲神生于莲花，并站在莲花上，戴着莲花编成的花环。佛教问世后，继承了古代印度的文化传统，也尊奉莲花，并将其视为佛教的主要标志与象征。传说释迦牟尼生下来后，走出七步，步步生莲。因此，《阿夷观相》中这件奇特的高凳可能是当时的工匠在表现佛经时创造性地运用莲花元素的一种产物，画家基于对生活的观察，在图像上生动地展现了它。

值得注意的是，这件凳子可以称得上是目前流行的一种底座处可搁脚的吧台凳（图 7-5-2）的原型，古今之间的艺术交融于此可见一斑。今天看来，这种高凳究竟是源自画家的想象，还是当时生活实情的反映？这需要考古的发现来证实。古代的艺术多源自生活，描绘与生活密切相关的家具也是如此。当代吧台凳可以使用钢管与焊接技术来制作，但是在 1400 年前，用何种材料与工艺来制作这种高挑细巧的高凳，就颇值得研究。

7.6 扬场高凳

在中唐莫高窟第 186 窟北壁东侧壁画（图 7-6-1）中出现的一种四足高凳形象也颇具特色。此凳体量较大，凳面呈圆形，有四个曲足，其高度与画中人物的身高相近。从画面可见，一人站在凳上手端簸箕正在扬谷，旁边一人持权站立，一人持帚正在扫着谷物。因此，这种特殊的高凳是为当时的生产劳动服务的，是唐代农民扬场的专用高凳，因为只有站得高，才能将麸皮扬得开。早在盛唐，敦煌壁画之中就出现了用于扬场的高凳，譬如盛唐莫高窟第 148 窟南壁壁画中的三足高凳（图 7-6-2）就具有这样的功能，它在高度上也有一个人的高度，这使得站在其上扬场者的动作显得有些惊心动魄。到了五代，敦煌壁画上依然描绘有扬场这类的劳动场面，例如莫高窟第 6 窟南壁壁画中用于扬场的四足凳则显得粗壮质朴，高度只有人

图 7-5-1　北周莫高窟第 290 窟人字坡东坡壁画《阿夷观相》中的"吧台"凳

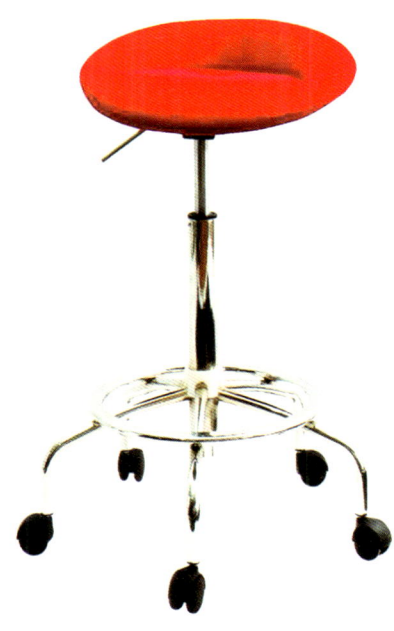

图 7-5-2　当代吧台凳

图 7-6-1　中唐莫高窟第 186 窟北壁东侧壁画中的高凳

图 7-6-2　盛唐莫高窟第 148 窟南壁壁画中的三足高凳

图 7-6-3　当代钢管凳

唐时代，这种扬场高凳的曲足没有用任何部件加固，它们又是以何种高强度的材料进行制作的呢？这有待于我们的大胆推测与悉心研究。

7.7　六足莲花长凳

在晚唐莫高窟第 9 窟南壁东部壁画《圣僧助战》（图 7-7-1）中刻画了一件可供四人同时垂足而坐的长凳，较具装饰意匠。其凳面以四方连续的团花进行装饰，凳足具有六只，足的装饰较为复杂，足底为覆莲造型，上有束腰，束腰之上又饰以圆珠与莲瓣，这些与一位前来助战的圣僧（坐在长凳最左边者）手中所持香炉的装饰手法是一致的，堪称一种系统化设计的体现。

鉴于敦煌文书 P.2917《乙未年（935）后报恩寺交割常住什物点检历》、P.3638《辛未年（911）正月六日沙州净土寺沙弥善胜领得常住什物历》、S.4199《丁卯年（967）后报恩寺交割常住什物历》中均记有"六脚大床"，P.4004《庚子年（940）后报恩寺交割常住什物点检历》记有"莲花大床"，在当时，床的含义十分广泛，既是卧具，又是坐具，甚至还是架具，因此壁画《圣僧助战》中的这件融汇了佛教莲花元素、十分特殊的六足长凳也可称为"六脚莲花大床"。

到了宋代，莫高窟第 454 窟西壁也描绘了《圣僧助战》这一经典题材的壁画，刻画了四位高僧坐在长凳上观战（图 7-7-2），其中的长凳虽然显得十分简单，但是其奇特性值得注意，即长凳的一侧（画面左侧）中间仅设置一足，另一侧（画面右侧）则正常地设置两足（根据一足设置于凳角处而推测）。由于四人的重量很沉，因此长凳中间部位虽然被圣僧们遮挡而看不见，但是也许还设置有两足以平均承担压力。由于画面中四位高僧的神情、动作被描绘得均较为生动，细节也刻画得较为到位，所以不太可能是因为画工的造型能力欠缺而导致少画了一条腿。故而，也许

的高度的三分之一，远不能与前二者相比。

无独有偶，图 7-6-3 所示的一款当代钢管凳在造型上竟然与图 7-6-1 中的十分吻合，只是为了增加这种钢管凳的牢固性，在其双足之间焊以横枨，在横枨之间又焊以连档。为了获得稳定性，当代钢管凳尚且以三个部件连续性加固，那么，在没有钢管的中

图 7-7-1　晚唐莫高窟第 9 窟南壁东部壁画《圣僧助战》中的长凳

图 7-7-2　宋代莫高窟第 454 窟西壁壁画《圣僧助战》中的长凳

在当时真有这种五只足长凳的设计与使用，正好被画工观察到了而表现在壁画上。

7.8　八字腿高案

晚唐莫高窟第 156 窟窟顶东坡壁画《肉市》（图 7-8-1）、五代莫高窟第 61 南壁壁画《肉摊》（图 7-8-2）中均描绘了一种两侧的腿呈八字形的高案，各有两位屠夫在这种桌上切肉，因此这种承具应该是当时的一种肉摊专用案，之所以其两侧的腿呈八字形，想必是在腿与面板的交接处设有铰链一类的联接部件，可以将腿向面板折叠，这样一来，收起腿来就可以方便地将高案搬移，符合集市上肉摊这一特殊营业的实际需要。如今市场上有一种用来在床上放置笔记本电脑的支架在结构上与此有相似之处，其四足也可以收于面板之下，属于便携式家具。

图 7-8-1　晚唐莫高窟第 156 窟窟顶东坡壁画《肉市》中的八字腿高案

图 7-9-1　盛唐莫高窟第 445 窟北壁壁画《盛唐婚嫁图》中的八足桌

图 7-8-2　五代莫高窟第 61 窟南壁壁画《肉摊》中的八字腿高案

7.9　八足桌

盛唐莫高窟第 445 窟北壁壁画《盛唐婚嫁图》描绘了一种黑色八足桌（图 7-9-1），桌上陈放着盒子一类的礼物。它的特色在于看起来其前后左右每面均有三足，这实际上是在四足桌的每面中间各增加了一足。鉴于足底均有延伸出来的如同圭脚的部分，因此这种桌也可以被理解为是在传统壶门托泥式案的基础上省略了连接足底的托泥而成，成为桌的新品种。

7.10　"镇妖镜"架

敦煌壁画中的架具十分丰富，有灯架、炉架、衣架、镜架、鼓架、钟架、方响架、天平架、盆架、锅架、佛幢架、莲花架、井栏架、兵器架等，其中的一些架具颇有特色。

在敦煌壁画描绘的唐、五代婚嫁图中，常会出现镜架与镜台，很有时代特点。镜架通常由几根立柱支起，一面俗称"镇妖镜"的圆镜被挂于其上。镜架支在镜台上，镜台或为壶门托泥式案（图 7-10-1），或为四面围以帷幔的案（图 7-10-2）。在民间婚嫁中之所以进行如此陈设，据说是因为这种明镜[2]可以防止三煞[3]作祟。这种民俗观念甚至一直影响到两宋之际。譬如，宋人孟元老在其《东京梦华录》卷五的《娶妇》中记载："新人下车檐，踏青布条或毡席，不得踏地。一人捧镜倒行，引新人跨鞍蓦草及秤上过。"文中所载的捧镜人之所以倒行，是因为他要捧镜对着新娘以防三煞对婚礼不利。

图 7-10-1　晚唐莫高窟第 85 窟东坡壁画中的镜架与镜台

7.11　鼓架、钟架

  鼓、钟在佛教教义中具有重要的警示与象征的功能，因此鼓架、钟架的图式在敦煌壁画中得到了较多的表现。鼓架、钟架在结构上较为相似，均为框架式，整体造型粗朴、结构简洁，由 12 根粗壮的木柱构成一个长方体构架，再以一根横木固定于构架上方，鼓或钟悬挂于横木之下（图 7-11-1、图 7-11-2、图 7-11-3、图 7-11-4），晚唐莫高窟第 9 窟南壁壁画《劳度叉斗圣变》中的鼓架下部四角还辅以四个大木块进行固定，显得更为牢固。这类钟鼓架的结构方式影响深远，并形成传统，一直延续至今。譬如，当今香港大屿山宝莲禅寺中的钟架（图 7-11-5）虽在装饰上雕云龙贴金箔，显得华丽繁缛，但在造型、结构上也采取了与敦煌壁画中的钟鼓架较为接近的设计形式。

图 7-10-2　五代莫高窟第 454 窟南壁壁画中的镜架与镜台

图 7-11-1　晚唐莫高窟第 9 窟南壁壁画《劳度叉斗圣变》中的鼓架

图 7-11-2　五代榆林窟第 16 窟东壁壁画《风吹鼓架》中的鼓架

图 7-11-3　晚唐莫高窟第 9 窟南壁东部壁画中的钟架

图 7-11-4　五代榆林窟第 16 窟东壁壁画中的钟架

图 7-11-5　现代大屿山宝莲禅寺中的钟架

7.12　灯架

敦煌壁画中的许多灯架造型颇具想象力。例如，初唐莫高窟第 220 窟北壁壁画中的灯架（图 7-12-1、图 7-12-2）可谓其中最为精致复杂的。此件灯架约有一个半人高，由灯座、灯柱、灯盘、灯冠四部分组成，灯座由数条末端回卷的曲线汇聚而成，似翻滚的浪花；灯柱自下而上由粗渐细；最为复杂的是四层灯盘，每层由多达数十个的小灯有机地分为数圈组合而成，中间层的灯盘最大，所设小灯最多；灯冠的造型类于灯座，也是由数条末端回卷的曲线汇聚而成，并在其回卷处增设灯头，下面悬以风铃，上面立有一只身姿矫健的凤鸟。可以设想，当这么多的灯头一齐点燃，流光溢彩，气流上升，风铃摆动，叮当悦耳，是何等的视听盛宴，西方极乐世界的美好于此可见一斑。唐代优秀的画工们依据西方净土变的文字描述，进行了杰出的艺术再创造，这些均要归功于大唐国力的强盛、世俗生活的富足，画工们才有可能结合实际生活场景，将如此富于创造性的家具进行了重现。

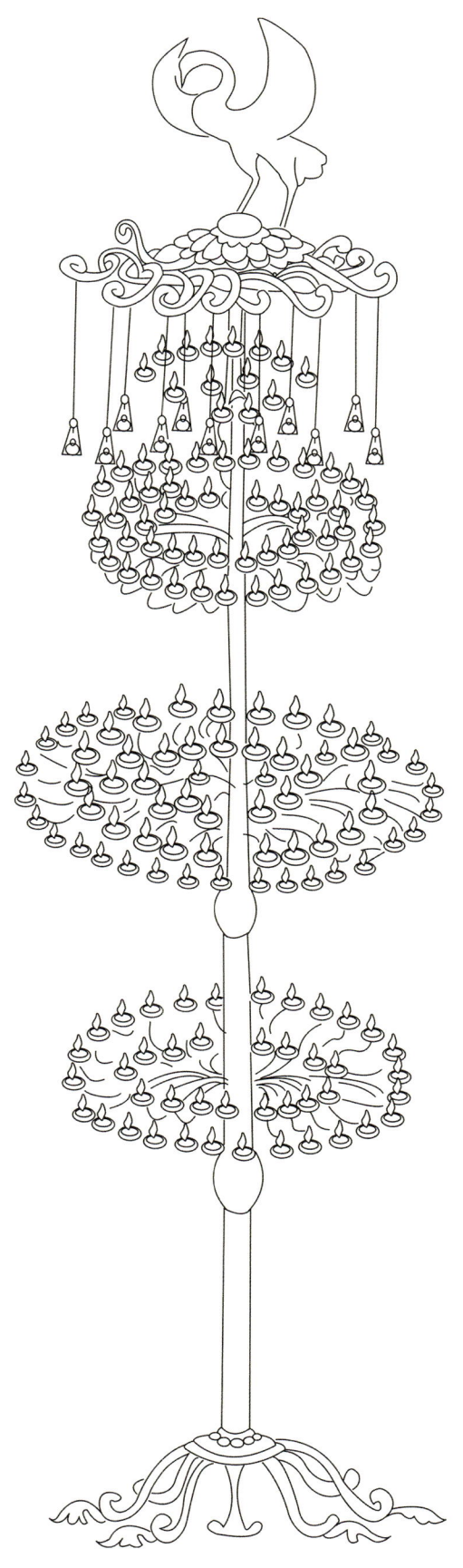

图 7-12-1 初唐莫高窟第 220 窟北壁壁画中的灯架之一（右为线描解析图）

敦煌家具 图式

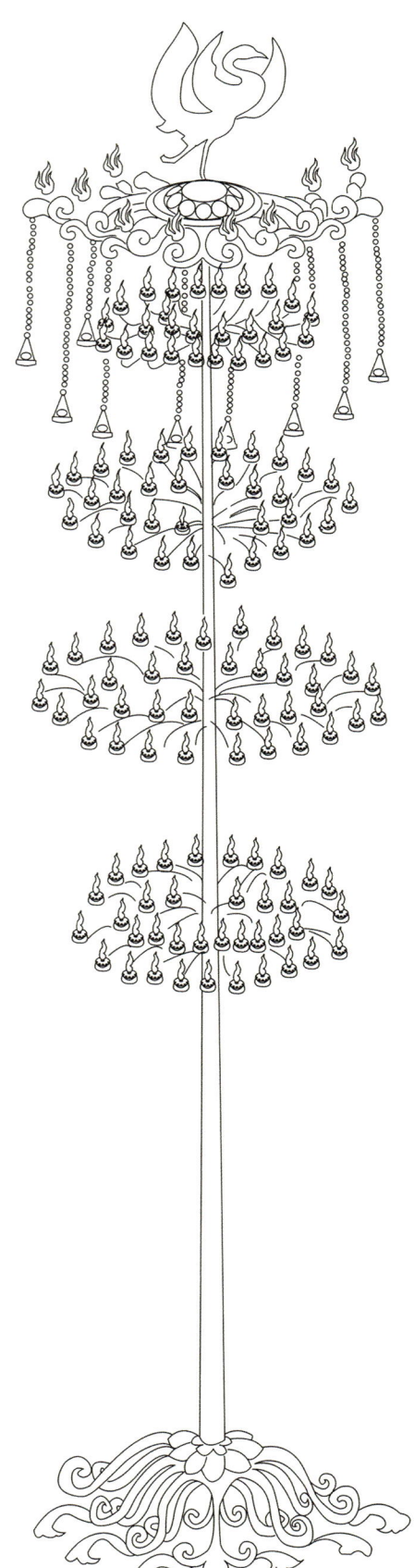

图 7-12-2　初唐莫高窟第 220 窟北壁壁画中的灯架之二（右为线描解析图）

敦煌文书对灯架也有记载。譬如，在五代敦煌寺院籍帐文书S.1776《后周显德五年（958）某寺常住什物点割历》记载的供养具条目第12行中记有"大灯树壹，在殿"，这里记录的应该是一种体型庞大的树形灯架。

盛唐莫高窟第148窟东壁壁画《树幡、斋僧、燃灯》（图7-12-3）中的灯架也较为复杂，由灯座、灯柱、灯轮、灯冠四部分组成，灯柱立于十字形灯座上，围绕灯柱，设计了多达七层的灯轮，其直径自下而上由大渐小，灯冠为莲花。这样的灯具，若是全部点燃起来，将蔚为壮观。北大D.180敦煌文书《药师道场坛法》第5-7行记载的"当坛像前置七层灯轮，然（燃）四十九盏无明昼夜灯，须不绝"，印证了《树幡、斋僧、燃灯》中灯架的灯轮层数，这与密教中修普贤延命法或药师法所使用的供养灯相关。譬如，《陀罗尼集经》卷二（大正18·799b）云："令作药师佛像一躯……燃四十九灯，灯作七层，形如车轮，安置像前。"又如，《药师七佛本愿功德经》卷下（大正14·415c）云：昼夜六时，恭敬礼拜七佛如来，读诵此经四十九遍，燃四十九灯，造彼如来形像七躯，一一像前各置七灯，

图7-12-3　盛唐莫高窟第148窟东壁壁画《树幡、斋僧、燃灯》中的灯架（右为线描解析图）

其七灯状圆若车轮，乃至四十九夜，光明不绝。"七层灯轮或置于佛像与大坛之间，或置于大坛与护坛之间。多达七层的灯轮代表了燃灯礼佛的层次与水平，也显示了供养者的虔诚与富足。

考察敦煌壁画中的其他灯架，其灯轮分别有一层、两层、三层、四层、五层、七层、九层的，四层的较为常见，九层则是所见最多的，可见于隋代莫高窟第433窟人字坡东坡壁画中的两件九层灯架（图9-8-3-1）。

关于燃灯，敦煌籍帐文书P.2049《长兴二年（931）正月沙州净土寺愿达手下诸色入破历算会牒》第385~386行记有"麺贰斗伍胜，正月十五上窟燃僧食用"，P.3103《浴佛节佛事斋文》、S.4191《腊八道场斋文》、S.2575《为筹办七月十五庄严道场启》等文书也记载了正月十五举行燃灯、赛天王的法事，腊八要燃灯的习俗等，以及那时敦煌寺院及僧人生活状况的真情实景。由以上灯架壮观的图像也可以想见那时敦煌正月十五燃灯，腊八燃灯的盛况。

初唐莫高窟第323窟壁画《张骞出使西域图》中还描绘了一种组合式灯架（图7-12-4），由5个灯架组合而成，以一块板子加以连接。每个灯架下设两足，足的形态犹如人在跳舞时两只翘起脚尖的腿，颇具动感。因此，整体看起来，这个组合式灯架如同5团灯火的翩翩起舞，颇具戏剧色彩。

7.13 天平架

敦煌壁画在描绘《尸毗王割股》这一佛本生故事时，再现了多种类型的天平架，譬如见于晚唐莫高窟第9窟西壁壁画、五代莫高窟第61窟南壁壁画、五代莫高窟第61窟甬道北壁壁画、五代莫高窟第98窟南壁画壁与五代莫高窟第454窟南壁壁画等图像上。佛本生故事主要宣扬释迦牟尼前生善行，前许多世舍己救人的事迹。《尸毗王割股》也叫"割肉贸鸽"，是尸毗王本生故事中十分著名的一个，讲述了尸毗王乐善好施，甚至甘愿舍身割肉以救护一只被饿鹰追逐的鸽子的故事。因为老鹰要求尸毗王从身上割下来的肉与鸽子等重，所以，用来称重的天平是以图像来展现"割肉贸鸽"故事的重要道具。

晚唐莫高窟第85窟窟顶东坡壁画《尸毗王割股》（图7-13-1）描绘得非常生动，其中的天平架很有特点，造型巨大而夸张，与汉代以来盛行的中土衣架造

图7-12-4 初唐莫高窟第323窟壁画《张骞出使西域图》中的灯架

图7-13-1 晚唐莫高窟第85窟窟顶东坡壁画《尸毗王割股》中的天平架

图 7-13-2　晚唐莫高窟第 85 窟窟顶东坡壁画《净衣喻》中的衣架

型颇为相似。晚唐莫高窟第 85 窟窟顶东坡壁画《净衣喻》（图 7-13-2）中描绘了一件衣架形象，其造型较为简洁，由两根底部为十字形座的立柱和一根横木构成，这是中国汉代以来衣架的基本造型，适合担挂柔软宽大的衣袍。《净衣喻》源自《楞伽经》，认为众生之心自性清净，由于后来被环境熏染才变坏，如同一件本来干净的衣服，因被污垢所染才变脏。因此只要洗去污垢，即可还原清净。画师据此画出了这幅晾衣图，还以墨书榜题："如衣得离垢，亦如金出矿。衣金俱不坏，蕴真我亦尔。"所以，用来晾衣的衣架是以图像来展现《净衣喻》思想的重要道具。

《尸毗王割股》中的天平架实际上是在衣架的基础上增添若干部件而成，画中在衣架的横木中间系了一根绳子，绳子下挂着另一根横木，其左边所挂的托盘上装的是前来避难的鸽子，右边所挂的托盘上装的是从尸毗王身上割下来的几块肉，如此就成为了一座天平架。一位身着唐朝圆领袍服的男子正在操作天平架，而那只老鹰双足落在天平架的上端横木上，斜着脑袋正在仔细地端详天平架的操作是否规范，割下来的肉是否达到鸽子的重量。这一画面的生动性主要体现在造型夸张的天平架以及那只神态专注的鹰，这些均得益于画家对于佛经的理解以及对于当时生活的悉心观察。第 85 窟的《净衣喻》与《尸毗王割股》均画于该窟窟顶东坡，不但画风相近，而且各自描绘的衣架与天平架的形象相似，另外，衣架上所挂的白底上饰有大朵深色团花的衣袍与操作天平架的男子身上的圆领袍服在色彩、图案上几乎一样，因此两图很有可能出于同一位画家之手。

注释

［1］　语出《沙弥十戒》，所谓十戒，即不杀、不盗、不淫、不妄语、不饮酒、不带花饰、不用香水、不坐卧高敞大床、不参与世俗歌舞宴会、不沾钱财和过午不食。

［2］　据《抱朴子·登涉篇》记载：一切妖魅鬼怪，假托人形，以眩惑人目，唯不能于镜中易其真形。

［3］　当时民间传说中认为婚礼期间会招来三煞，即青羊、乌鸡、青牛之神。

第八章
文化表征

敦煌家具图式具有丰富性的展现，而且在低坐家具图式的延续、本土家具图式的发展、高坐家具图式的融入、外来家具图式的汉化、特色家具图式的创制等方面皆有精彩呈现。敦煌家具图式的文化表征可做如下四点总结。

8.1 家具文化的有机交汇

中西传统的家具文化各成体系。就西方而言，古埃及、古巴比伦、古希腊、古罗马的家具文化以高坐为核心，获得了高度发展。而我国从商周到唐代的早期古典家具较为低矮，这和人们的生活方式密切相关。当时人们的生活以席、床、榻等家具为中心，在现存的汉代画像石、画像砖以及壁画中，人们席地而坐的形象比比皆是。在北魏至五代的敦煌壁画中可以看到除了一部分低矮的家具形象之外，高坐的椅、凳已进入了人们的生活，得到了相应表现。当然，时人选择高型家具有诸多原因，其中的主要原因体现在那时西域各少数民族文化和汉民族文化的持续融合以及以佛教为主导的各大宗教的不断交流。在这种有机交汇的大潮中，中原地区的一部分汉人接受了外来观念，改变了自身的起居方式并对外来的高坐家具进行了积极的汉化，使之成为适合于中国人物质与精神需要的载体。并使其稳定下来，传承发展，在一定程度上体现了宗教的世俗性、文化的交融性，并逐渐成为中国人新的家具传统。

譬如，在北周莫高窟第 290 窟壁画中（图 8-1-1）对这一现象就进行了形象的图解。图中经幢高达三层，由华盖与垂幡、底座构成，装饰华丽，被安放在一件具有轮子的帷幔案上。顶部有两人正在工作，其两旁各有多人似乎正在牵拉与顶部相联的绳子。因此，这可能是一个拆卸、运输经幢的场面。经幢的下面有多组出家人正在观礼，他们或站、或坐在席子上，身后还陈放着摆放供养物品的帷幔案。经幢是从印度传来的佛教事物，它与中国式帷幔案以及轮子的有机结合说明了中外家具文化在唐代得到了有机交汇。幢在中国原先指的是古代仪仗中的旌幡，在竿上用织物做成，故又称幢幡。印度佛教传入中土之后，特别是随着唐代中期佛教密宗的传入，开始流行将佛经或佛像写画在丝织的幢幡上，称为经幢。佛教经幢文化的产生源自《佛顶尊胜陀罗尼经》（简称《陀罗尼经》），该经说："佛告天帝，若人能书写此陀罗尼，安高幢上，或安高山，或安楼上，乃至安置窣堵波中……若有苾刍、苾刍尼、优婆塞、优婆夷、族姓男、族姓女，于幢等上或见，或与幢相近，其影映身，或风吹陀罗尼上幢等尘落在身上，彼诸众生所有罪业，应堕恶道、地狱、畜生、阎罗王界、阿修罗身恶道之苦，皆悉不受，亦不为罪垢染污。此等众生为一切诸佛之所授记，皆得不退转于阿耨多罗三藐三菩提。"正是因为建造经幢具有如此大的功德，经幢文化得到了推广，并流传到中土。经幢一般由幢顶、幢身和基座三部分组成，主体是幢身，多呈六角或八角形，刻有《陀罗尼经》以及画有佛像等。据日本僧人圆仁《入唐求法巡礼行记》卷三记载，唐文宗开成五年（840），圆仁过思阳岭时，曾见一座经幢，其上篆有《佛顶尊胜陀罗尼经》及其序。中唐以后，中国逐渐盛行此种信仰仪式，为过去、现在、未来三世众生利益供养。后来为使经幢经久不毁，改为刻于石柱上，以五代辽宋时最多，一般安置在寺院以及通衢大道等地，也有安放在墓道、墓中、墓旁的，其后经幢建造之风渐衰。

再如，中唐莫高窟第159窟南壁壁画《释迦方便涅槃》中的须弥座式榻（图8-1-2）形象地体现了东西方文化的交融性。须弥座是源自西方的建筑形式，其典型特征是中部具有束腰造型与结构，常被用于建筑的台基部分。《释迦方便涅槃》中的这件榻中部也具有束腰，是须弥座运用于家具的佳例。西方的须弥座中部常有复杂的装饰以及多层的渐变形式，但是此

图 8-1-1　北周莫高窟第290窟壁画中的案、席、幢架

图 8-1-2　中唐莫高窟第 159 窟南壁壁画《释迦方便涅槃》中的须弥座式榻

图中的须弥座用的是较为简洁的壶门形式，前后为平列四个壶门，左右为平列两个壶门，这种壶门的组合形式则是中土家具特有的，早在汉代的画像石中已较为常见。在这件敦煌家具图式中，唐代的敦煌画工将释迦牟尼涅槃这一重要佛教事件展现在一件中西合璧的榻上，由此反映了这一时期敦煌地区家具图式的宗教世俗性与中西文化的关联性与融汇性。

在五代莫高窟第 98 窟东壁壁画《维摩诘经变》（图 8-1-3）中，维摩诘所坐高座是在中国壶门托泥榻的基础上加以升高而成。该座底座部分的木纹画得十分精细，天然木质的视觉感受十分到位，可见早在五代时期，中国家具已有为了突出原材料的天然性而不上漆的做法。然而，这不但是中国早期艺术思想中庄子的"朴素而天下莫能与之争美"的具体设计呈现，而且是唐代李白的"清水出芙蓉，天然去雕饰"的物质文化体现，对宋代与明代的家具设计产生重要影响。值得注意的是，在底座的围子部位，即画面的左上角，可见清晰的联珠纹与对鸟纹，这两种纹样均是从波斯传入中土的著名装饰纹样，流行于唐代，曾广泛地被运用于当时的染织工艺。它们被用于五代家具图像的装饰，可见中外文化的有机交汇在家具上也得到了视

图 8-1-3　五代莫高窟第 98 窟东壁壁画《维摩诘经变》局部

觉艺术的形象见证。

8.2　家具演变的生动见证

作为反映当时宗教和生活的画卷，敦煌壁画中出现的众多古代家具图像为研究中国传统家具的发展与变化提供了方便，尤其对研究中国传统家具从低坐向

高坐的嬗变过程具有巨大的历史文献价值和启示意义。具体而言，敦煌壁画见证了中国古代家具的演变模式：低坐风尚的延续，本土家具的发展，高坐家具对于低坐起居的融入，外来家具的汉化，特色家具的创新。

例如，在初唐莫高窟第331窟壁画《各族君长》中的席（图8-2-1、图8-2-2）中，各族君长或独坐、或联坐在席子之上，由他们的身姿可见，有的跪坐，有的盘坐。坐席是典型的中土低坐风尚的延续，但是跪坐与盘坐显示了中外起居方式的共存与互融。

在盛唐莫高窟第217窟南壁壁画《国王求法》（图8-2-3）中，高型的壸门托泥榻上再置案，这是中国本土家具——榻与案组合方式的新型呈现。

五代莫高窟第98窟甬道顶壁画《昙延法师圣容》（图8-2-4）中，昙延法师坐在蒲团上，其右侧放有一件四出头扶手椅，这里显示了扶手椅这种高坐家具

图8-2-1　初唐莫高窟第331窟壁画《各族君长》中的席

图8-2-3　盛唐莫高窟第217窟南壁壁画《国王求法》中的榻、案

图8-2-2　初唐莫高窟第331窟壁画《各族君长》中的席

图8-2-4　五代莫高窟第98窟甬道顶壁画《昙延法师圣容》中的禅椅、蒲团

对于低坐起居的融入。

中唐莫高窟第112窟南壁壁画《比丘宣讲金刚经》（图8-2-5）中，一位僧人坐在高座上宣讲金刚经，座下有四人认真听讲。这种随着佛教从印度传来的高座在造型与结构上运用的却是中土的壸门托泥形式，而且四面均平列两个简洁的壸门，展现了高座这种外来家具的汉化形式之一。

中唐榆林窟第25窟南壁壁画《观无量寿经变》（图8-2-6）中的帷幔高案，不但具有华丽的图案装饰与分层的垂挂形式，而且在案面的中部还增添了一件具有装饰织物的案，显示了一种特色家具的创新。这种在案面或桌面的中部装饰织物的形式在中国以及日本、韩国的室内家具陈设之中沿用至今，用以提升承具的品位与格调，现在一般被称为桌旗。

盛唐莫高窟第445窟北壁壁画《弥勒经变之剃度图》（图8-2-7）中，描绘了矮案、帷幔案、炉架、盒等一系列家具。前面的矮案造型扁长，具有14只矮足，足末端为银铤形。矮案上陈列了5件矩形盒，盒

图8-2-5　中唐莫高窟第112窟南壁壁画《比丘宣讲金刚经》中的高座

图8-2-6　中唐榆林窟第25窟南壁壁画《观无量寿经变》中的案

图 8-2-7　盛唐莫高窟第 445 窟北壁壁画《弥勒经变之剃度图》中的案、炉架、盒

看起来像是编织而成，其中放有供养的物品，色彩各异。帷幔案的高度较高，陈列了三件器物，中间的炉架是莲花与卷草元素的组合造型，左右两侧是盒形器具，底座呈束腰盘形。作为两种类型的供养，专门设计了两种类型的供案及供器，足见佛事虔诚，也可见画师之用心。

中国中古时期家具的演变模式在敦煌壁画中得到生动的呈现，对此笔者在本书第二章到第六章进行了重点阐释，希望能通过这一研究为现代图像学的中国化运用提供家具等物质文化的实践经验。

在历史上，距离敦煌莫高窟 400 公里的文殊山万佛洞壁画曾受到敦煌画风的巨大影响，其西壁壁画《西方净土变》（图 8-2-8）绘制于西夏时期，其中的佛前树架颇具巧思。其剖面为六边形，上下分为两层回纹装饰带，架头具有六个精巧的蜀柱，柱头为云头纹。以这样雕饰精美的树架来保护、装饰树木，生动地反映了这颗长有"团花形"叶子的小树之珍贵程度。

几乎同时期的山西高平开化寺宋代壁画中也刻画了一件树架（图 8-2-9），其剖面为正方形，整体呈下大上小的收分造型，上下分为三个较为复杂的装饰带，分别为铜钱纹、横竖相间的条纹以及云纹开光，由此亦见这棵树木的宝贵价值。

现当代，随着人们对于树木在绿色生态中具有重要作用的认识不断提高，如今各种类型的树架在世界各地比比皆是，花样款式层出不穷。甚至有艺术家围绕树架展开了丰富的想象，使艺术创意与都市生活融为一体，如当代香港铜锣湾创意树架（图 8-2-10），既对路边树木起到保护作用，又给人以不断向上攀升的顽强生命力的视觉呈现。

到了唐宋，随着佛教的进一步深入人心，特别是为文人阶层所接受，上影响到贵族，下影响到百姓。北宋中后期，高坐起居开始普及，人们的起居活动越来越从低向高发展，室内陈设改变了，低坐时代的矮榻、矮几、席不再盛行，日用器皿也逐渐移至高型承

图 8-2-8　西夏文殊山万佛洞西壁壁画《西方净土变》中的树架

图 8-2-9　山西高平开化寺宋代壁画中的树架线描解析图

图 8-2-10　当代香港铜锣湾创意树架

具（如高桌、高几、高案）上，高椅、高凳、高墩等高型坐具开始普及，卧具也向高型发展，出现了高型架子床、高榻等，架具（如高型鼓架、衣架、灯架等）也呈现新变化，出现了高型皮具（如高橱），屏风的陈设与装饰形式也更为丰富，甚至在游牧民族居住的帐篷之中也饰有成组的屏风。另外，还出现了高挂于墙上的挂屏与挂画。总之，高坐起居方式使室内空间趋于高大多变，而炉具、植物、赏石、古玩、字画等室内陈设中的器物形态和装饰部位发生了重要变化。瓷器、漆器等日用器具的把持方式也与以前不同而适合于高桌高椅，呈现出新的审美趣味，丰富了家具功能的多样性，这些均给宋代及后世的家具带来新的选择与表现天地。

以上图例形象地说明中外起居方式围绕着佛教的教义需要与中土的民俗传统进行着丰富的演变，而这些在敦煌壁画中得到了生动的见证。

8.3 中古家具的宏观展现

敦煌壁画中的家具图式生动展现了从北魏到隋唐五代时期中原与西域地区的家具形态，这其中虽然不可能十分全面，但基本上反映了那一段时期家具演变的整体面貌和设计亮点。那时的中国家具虽说受到了外来家具的冲击，但经过一番继承、消化和革新之后，中国古代的家具设计者和制作者们改造外来家具并使之顺应了当时中国政治、经济和日常生活的需要，形成了唐和五代家具的新风格，这些均在敦煌壁画之中得到丰富的展现。譬如，晚唐莫高窟第9窟东坡壁画《奠雁之礼》（图8-3-1）中不但描绘了凳、案、席等家具的组合，而且以之作为载体反映了中原汉族与游牧民族不断交融的民风民俗。奠雁之礼是传统汉族婚姻风俗，自古到今流行于许多地区，朝鲜等国也袭用。男方在行纳采、问名、纳吉、纳征、请期、亲迎等礼节之时，需要安排主持婚礼者执雁前导，故为"奠雁"。《仪礼·士昏礼》记载："昏礼，下达纳采，用雁。"郑玄注："用雁为贽者，取其顺阴阳往来。""雁"是联结双方的礼仪用物，各代沿袭。从周代至清末，在按六礼而行的婚姻中，除了纳征（下聘礼）以外，其余五礼均需男方使者执雁为礼送给女家。因为雁是候鸟，定时随气候变化南北迁徙，且忠于配偶，一只亡，另一只不再择偶。因此古人认为大雁南往北来，顺于阴阳，配偶固定，合乎义礼，婚姻以雁为礼，象征男女的阴阳和顺，也象征着婚姻的专一与长久。后来由于雁越来越难得，人们就改用木刻的雁代之。到近代，一些有雁的地区仍保留此俗。江浙民间常用鹅代替雁，有的地区以鹅、鸭、鸡三种活禽代替行奠雁礼。在北方有些地区的婚礼上，装鹅的鹅笼是必备的礼仪家具。而有的地区仅保留了奠雁的名称，如江苏地区新郎到女家亲迎时，向岳父岳母行四跪四叩大礼，亦名奠雁。

在上述这幅《奠雁之礼》之中，有四人站在方形席子上，正在向帐篷中的人行礼，一对大雁放在席子旁边，用以象征着婚姻的忠贞。在我国西北游牧民族常用的帐篷中陈设了一张长案，数人坐在案旁的长凳上，其中有人正在转头看着在席子上行礼的人。

晚唐莫高窟第12窟壁画《未生怨》（图8-3-2）在描绘当时的宴会场景中，展现了长案、长凳、盒、席、帷帐式屏风等一系列家具，由此衬托了聚会的热闹与人们的欢愉。然而，《未生怨经》曰："盛者即衰，合会有离。"《涅槃经》曰："夫盛必有衰，合会有别离。"这些均表达了佛所说的"世事无常"，即世上经常聚会之人，必有离散之时，终究还是要分开，因此人们不必执着于聚合离散。就唐代其他壁画而言，也有对宴饮图的描绘，可以与敦煌壁画进行对比研究。譬如，盛唐韦氏壁画墓壁画《宴饮图》（图8-3-3）中就展现了郊外野宴的盛况。九名男子或盘腿坐，或单腿垂足坐，或斜坐于长凳上，围坐于四足大食案的三面，留出的正面放置了一件葵口形酒具，其中摆放了一把用于舀取酒浆、造型优雅的长弧形勺子。李白《襄阳歌》曰："落日欲没岘山西，倒著接䍦花下迷。襄阳小儿齐拍手，拦街争唱《白铜鞮》。旁人借问笑何事，笑杀山公醉似泥。鸬鹚杓，鹦鹉杯。百年三万六千日，一日须倾三百杯。遥看汉水鸭头绿，恰

图8-3-1 晚唐莫高窟第9窟东坡壁画《奠雁之礼》口的凳、案、席

似葡萄初酦醅。此江若变作春酒,垒曲便筑糟丘台。"《宴饮图》中的这种勺柄像鸸鹆颈子一样的勺子有可能就是《襄阳歌》中提到的"鸸鹆杓"。该图中,虽然参加饮宴的人们没有使用帐篷,但是大食案上杯盘罗列,摆满了丰盛的食物,引来妇孺老少驻足围观,情趣盎然,生动地展现出野外宴饮的欢悦热闹。

敦煌壁画中,除了《奠雁之礼》《未生怨》中出现的这一类民俗场景,各时期的《维摩诘经变》《观无量寿经变》《地藏十王》等壁画图像中也展示了家具的多样性与延续性,中国中古家具的家具格局由此得到精彩再现。中国古代的画工们通过对生活的观察以及对佛经的理解,将形形色色的家具图像表现出来,使得作为生活重要载体的家具成为凸显敦煌壁画文化价值的重要元素之一。敦煌地区的许多洞窟均具有明确纪年,因此敦煌壁画成为研究我国中古时期(魏晋南北朝到隋唐五代)家具史和家具文化最为重要的图像资料。

五代莫高窟第61窟壁画《五台山图》长13米,

图 8-3-2 晚唐莫高窟第 12 窟壁画《未生怨》中的案、凳、盒、屏风

图 8-3-3 盛唐韦氏壁画墓《宴饮图》,纵 180 厘米,横 235 厘米,1987 年出土于陕西长安县南里王村,
陕西历史博物馆藏

高 3.6 米，堪称敦煌壁画中规模最大的描绘山水与人物的壁画，也是一种面积最大的全景式地图。此画描绘的内容东起河北正定，西至山西太原，展现了当时方圆五百里的山川地形及社会风情。《五台山图》主要分为三大部分，即左侧、右侧、中部。画面左侧为五台山的南台、西台，上空画毗沙门天王、阿罗汉赴会，云中化现佛头、龙王、毒龙和雷公，画面下部画出太原城至五台山的道路。画面右侧为五台山的北台、东台，上空画观音及众菩萨、阿罗汉赴会，其中有龙王化现，画面下部为五台山至镇州（今河北正定）的道路。画面中部为五台山的中台，下部为五台县域。十分珍贵的是，图中还描绘了高僧、官吏、商贩、善男信女等各色人等，以及驮运、担挑、打柴、诵经、拜塔等一系列生活、劳动与宗教场面。图中还绘出了 170 多处城郭、寺庙、楼台、亭阁、佛塔、草庐、桥梁等建筑，是研究中国古代建筑的重要资料。对于家具研究而言，《五台山图》中描绘的诸多椅、墩、席、舂碓架、杂技架等家具图像，是展现中国中古时代家具演变的重要内容。

8.4 佛教元素的全面贯穿

因为本书所探讨的家具图式主要源自佛教圣地敦煌莫高窟、榆林窟的壁画，所以敦煌家具图式贯穿佛教元素是十分自然的。佛教元素在家具上的全面贯穿可以分为抽象的与具象的两种。

抽象的佛教元素运用体现在佛教精神的折射以及佛教生活的引领，不但呈现出许多与出家人生活相关的寺院家具，而且使得一些家具成为佛教专用家具，如绳床、经床、供案、佛座、莲座、经函、经架、鼓架、钟架、炉座等。除了这些立足实用的设计，敦煌艺术家们还创造出一些对于国人生活影响深远的家具图式。譬如，在五代莫高窟第 61 窟壁画《五台山》中就描绘了数件禅椅（图 8-4-1），画有出家人在其上打坐。在敦煌壁画之中，禅椅的图像不但从中唐延续到五代，多朴实无华，而且呈现出较强的稳定性与传承性。通过这种图像传播，久而久之，还将坐禅这样一种佛教的静休方式传入民间，不仅居士们爱坐禅椅，文人雅士们也喜爱这种静心方式，甚至二程、朱熹等宋代道学家也爱静坐。乃至于在今天的室内陈设中，一件禅椅，似乎代表着一种东方精神的指引，甚至是一种时尚精神生活的追求。

具象的佛教元素运用则主要体现在以莲花为代表的家具装饰与设计方面，敦煌家具图式中运用莲花元素进行设计的，比比皆是。譬如，晚唐莫高窟第 14 窟壁画《持莲花菩萨》（图 8-4-2）中，不但身着珠翠、腿穿丝袜的菩萨手持莲花，坐在莲座上，而且背景周围的团花形结构和其他元素也与莲花的造型特征密不可分。再如，宋代莫高窟第 245 窟东壁壁画《辩护》（图 8-4-3）中的香炉座、瓶座有机地运用莲瓣造型对香炉与瓶子进行承托与装饰。唐代莫高窟第 217 窟壁画（图 8-4-4）中的观音菩萨手持柳枝，脚踩足承，这件足承是莲花瓣与巨大莲蓬的组合造型。

以上这些设计均与莲花密切相关，主要源自莲花在佛教中的崇高地位。譬如，将佛国称为"莲界"，即莲花所居之处。将佛经称为"莲经"，将佛座称为"莲座"或"莲台"，将佛寺称为"莲宇"，将僧舍称为

图 8-4-1　五代莫高窟第 61 窟壁画《五台山》中的禅椅

图 8-4-2 晚唐莫高窟第 14 窟壁画《持莲花菩萨》中的莲座

图 8-4-3 宋代莫高窟第 245 窟东壁壁画《辩护》局部

图 8-4-4 唐代莫高窟第 217 窟壁画《观音菩萨》中的足承线描解析图

"莲房",将袈裟称为"莲衣",等等。另外,佛教徒常常双手合十,即意味着展现一个莲苞。著名的佛教六字真言"唵嘛呢叭咪吽"[1]中的"叭咪"就是荷花之义。佛教的建筑、器物的装饰上也都有莲花图案。敦煌地区的佛教艺术与设计在表现莲花及其相关事物时可谓不遗余力,有些充满了大胆想象。本书第七章《特色家具图式的创制》中研究了一系列莲座、莲架、六足莲花长凳等家具,这些家具也将莲花精神创造性地展现出来而成为敦煌家具图式的重要内容。

总的看来,对敦煌家具图式文化特色表征的归纳与总结可为中国传统文化创造性转换与创新性发展提供具体案例,这些得益于敦煌文化的博大精深与敦煌图像的形象写照,因此仍有待于有识之士进一步探索。

注释

[1] 也被称为六字大明咒,即大慈大悲观世音菩萨咒,源于梵文,象征一切诸菩萨的慈悲与加持。诵此真言,能去除烦恼,获得清净。

附录：
敦煌文书所载家具资料的文本解析

敦煌文书指的是我国甘肃省敦煌莫高窟所遗留的公元5至11世纪的多种文字的古写本，总计现存卷式文书不少于58000件。其内容涵盖经、史、子、集以及"官私文书"。其中的寺院文书是官私文书的分支，约有500件以上，如僧官告身、度牒、戒牒、僧尼籍、转经历、追福疏、诸色入破历、籍帐、契约等，都是研究敦煌佛教以及政治经济的珍贵材料。譬如，从敦煌籍帐文书来看，敦煌寺院的常住财产分为常住什物与常住斛斗，其中的常住什物包括幡像、幢伞、经案、香炉等供养具，铜鐷、铜罐、铛、鏊等铜铁器，盘、碗、碟、床等"家具"，瓮、缸等瓦器，以及函柜、车乘、毡褥、金银器皿等。值得注意的是，"家具"中包含盘、碗、碟等日用瓷器，而且与函柜并列，说明当时的家具内涵与今天具有较大的差异。

关于敦煌地区社会与文化的各种资料，敦煌文书中记载的尤以晚唐五代宋初的为多，使后人可以较为深入地了解当时的僧官体系、僧尼生活、寺院规模、佛教节日等。以其中的僧官体系为例，它在吐蕃与归义军时期的名称具有区别：吐蕃时期敦煌的僧官体系为：都教授—副教授—都法律—法律—都判官—判官；归义军时期的僧官体系则为：都僧统—副僧统—都僧政—僧政—法律—判官。总管各寺的教团机构是都司，设在敦煌城内的龙兴寺。敦煌寺院全盛时期具有净土寺、大乘寺、报恩寺、永安寺、龙兴寺、大云寺、开元寺、普光寺、灵修寺、金光明寺和灵图寺等17座，它们大小不一，城内外皆有，各寺中一般都有经藏、佛像等供养具以及家具、衣物等常住物，寺院财产的出入收支都有明晰账目，敦煌文书对于这些多有详细记载。

敦煌文书中，除了汉文，还有藏文、吐蕃文、于阗文、突厥文、回鹘文、粟特文、梵文等多种文字的写本。敦煌文书发现以后，在1907年到1914年之间，英国人斯坦因，法国人伯希和，日本人桔瑞超、吉川小一郎，俄国人奥尔登堡等人先后来到敦煌，买走大批文书卷子。目前在国外，敦煌文书分藏于伦敦（主要藏于英国国家图书馆和大英博物馆）、巴黎（主要藏于巴黎国家图书馆）、彼得格勒、京都、柏林等地。在国内，敦煌文书主要收藏在北京图书馆以及敦煌、兰州、上海、天津和台北等地。

20世纪对于敦煌文书的发现与研究，推动了中国与中亚的历史学、语言学、考古学、民族学、宗教学、文学、艺术、历史地理学和科技史的研究进展。而就家具史研究而言，收集、归纳与甄别敦煌文书所载的家具资料，与目前的中国家具史资料进行详细比对，做好文本分析与阐释工作，则不但可以弥补敦煌学在这一领域的欠缺，而且可以丰富北朝到五代的家具史资料。

本章围绕敦煌文书中记载的重要名词——"家具""家具什物"，木工称谓——"木匠""博士""先生"以及具体的与卧具、坐具、承具、屏具、皮具、架具[1]相关的名词，有机结合敦煌壁画图像、考古出土物、古代艺术作品以及传统家具史资料，一并展开归纳与解析。

9.1 敦煌文书中的"家具""家具什物"

家具这一名词的概念在一千多年来的中国文献的表述之中并不统一，甚至直到今天也在变化当中。如第一章所述，就现存中国古代文献来看，家具一词的最早使用见于《晋书·王述传》，当时主要就家中的各类器具对象而言。后来家具逐渐转变为主要指家庭生活中的各种木制用具。到了当代，其概念已不再局限于家庭生活和木材，在公共空间和广场等室外场所陈设家具已变得司空见惯，而钢、铁、塑料和人造板材等更已成为现当代家具生产中的重要材料。因此，今天家具可以定义为人们在日常生活中用来坐、卧、倚靠、支承身体，陈放、贮存物品和分隔室内外空间的使用品和陈设品，有卧具、坐具、承具、屏具、皮具、架具等。在日常衣食住行中，它主要属于住的范畴，它和服饰、饮食、交通一样，体现了人们的民族传统和风俗习惯，具有鲜明的时代特征。因此，本文对敦煌文书所载家具资料的文本解析主要基于今天的家具定义与分类标准。

在隋唐五代时期的敦煌，家具等器用的分类标准是较为混乱的，为此，郝春文先生认为：

> 从现存材料来看，时人不仅对常住什物这一概念认识并不一致，对客观存在的分类和归类也不统一，还有一些材料未按物品的类别进行登录。就分类进行登录的资料而言，一般将其分为供养具、铜铁器、家具（有的材料将家具放在铜铁器之前）、函柜（有的材料将函柜放在家具类之内）、瓦器和毡褥等几类，这是大的类别次序的依据。对物品的归类，现存材料也不统一，如铜香炉，有的将其归入供养器类，有的将其归入铜铁器类，都有一定道理，上表（指作者制作的净土寺、大乘寺、报恩寺、永安寺和龙兴寺等寺什物名目及数量列表）中将属于供养具的铜铁等器物一般归入了供养具类。基本原则是尽量尊重当时人的分类、归类习惯。钟以上为供养具类；钟以下至大合盘以上为铜铁器类，金及银器暂置于铜铁器之首；大合盘至杂药为家具类，此类中包括了一些实际上不属于家具的小什物；柜子至桎圈子为函柜类；瓮至细项瓶子为瓦器类；氍毹以下为毡褥类。至于对材料的取舍，全部物品的名目及数量均严格依据原材料，但原材料注明"除""破碎"或"不堪用"者一律未作统计。[2]

当然，我们今天对于敦煌壁画家具图像的研究，一方面基于当代对于家具认识的既有成果，另一方面也基于人们在传统文化之中达成的共识。在我国古代文献中，将"家具"并称且较为接近于今天家具概念的，较早见于北魏贾思勰《齐民要术》卷五《槐、柳、楸、梓、梧、柞第五十》一节，其中说："凡为家具者，前件木皆所宜种。"意思是槐、柳、楸、梓、梧、柞这些树木都适合于制作家具。家具多为木制，这逐渐成为中国起居方式的传统。

在中国古代，与家具相近的词语还有"家生""家私"等。譬如，唐代李商隐《杂纂》："早晚不点检门户家私，失家长体。"元代杨瑀《山居新语》记载："江西吕道山至元间分析家私作十四分。"南宋吴自牧《梦粱录》卷一三《诸色杂货》记载了当时家具的分类，他说："家生动事如桌、凳、凉床、交椅、兀子、长挑（音同挑，意为床板）、绳床、竹椅、笁、裙厨、衣架、棋盘、面桶、项桶、脚桶、浴桶、大小提捅、马子、桶架。"这些所谓的"家生动事"已经近于今天的家具概念，并以使用功能来作为区分的依据。明代李翊《俗呼小录·世俗语音》记载："器用曰家生，一曰家火，又曰家私。"在今天的中国南方地区，仍保留了将"家具"称作"家私"的习惯。

敦煌寺院的籍帐文书涉及家具器物的内容较多。以大英图书馆藏五代（后周）敦煌寺院籍帐文书S.1776《显德五年（958）大乘寺法律尼戒性等交割常住什物点检历状》（图9-1-1）为例，其中的记载多达46行，交代十分详细，为我们进一步了解五代敦煌的供养具、家具、瓦器、毡褥的名词使用、相互关系以及保存情况提供了说明。

（显）德五年戊午岁十一月十三日，判官与当寺徒众就库交割所由法律尼戒性、都维永明、典座慈保、直岁□□等一伴点检常住什物，见分付后，所由法律尼明照、都维□心、都维菩提性、典座善戒、直岁善性等一伴执掌常住物色。

谨分析如后：

供养具：

长柄熟铜香炉壹；又长柄熟铜香炉壹，在柜；小铜师（狮）子壹；小经案贰，内壹在延定真；漆箒筒壹；佛屏风陆扇；莲花座壹；铜杓子壹；铜澡灌壹，在柜；破漆香奁壹；新木香奁壹，在柜；新香楪贰；铜铃并铎壹；铜佛印壹；藏经壹，在殿；小桉（案）架贰，内壹在北仓；黑石枕三；磨喉罗壹，在柜；大经案壹，在殿；大灯树壹，在殿；司马锦经巾壹，在柜；金油师（狮）子壹，在柜；大佛名经壹拾陆卷；黄布经巾壹；又黄布经巾壹；黄项菩萨幡贰拾口，在柜；小菩萨幡贰拾捌口，在柜；大绢幡陆口，在柜；故破幡额壹条；铜楪壹，在柜；百纳经巾壹；青绣盘龙伞壹副，兼帛绵绫里并裙、柱、带具（俱）全；官施银泥幡柒口；又大银泥幡壹口；铜铃壹，在竿上；大铜铃肆，内贰在柜。

家具：

中合盘贰；小楪子三；花罇子壹；花樴子壹；黄花团盘贰；故黑团盘壹；小黑牙盘壹，无连蹄；赤心擎盘壹，在恒子；五尺花牙盘壹面，无连蹄；黑木樴壹；花樴壹，无盖；箱壹叶，在柜；斗壹量；木盆大小肆；伍斗木□贰；漆擎子脚贰；壁牙壹；案板贰；木火炉贰；三尺花牙盘壹；踏床壹张；新花团盘肆，在柜；又花擎盘贰，内壹在柜；朱里楪子陆枚；又花楪子肆，在柜；银镂枕子（中缺）函柜柜大小壹拾贰口，内贰无象鼻，三口象鼻胡戍俱全；四尺新踏床一张；古破踏床壹张除；大床肆张，内壹在妙喜；床梯壹除；拓壁两条，内壹破；又五石柜壹口；员定经函壹，破；赤椀壹；程阇梨施两石柜壹口，故。

瓦器：

瓮大小拾壹口，内三口在北仓；㼇大小肆口，内两有裂；细项瓶子壹口；肆斗瓦盛壹口；严忍入㼇两口，内壹破，内壹在智定伴；曹法律入干盛瓮两口，内壹在邓阇梨；瓦盛壹口；程阇梨施入瓦盛壹口、瓩壹口。

毡褥：

贰色氍毹两条，内壹条在柜；新白方毡五领；新白毡五条；旧白毡两领；故花毡壹领；绣褥壹条，在柜；王都维施入褥壹条、蕃褥壹条；黑毡条贰，内壹在北仓；使君入花毡壹领；妙惠花毡壹领；张阇梨蕃褥壹条；羖羊毡两条^除；青花毡两领；白毡条壹；白方毡壹领；程阇梨白毡壹领；政修白毡壹领；真如白毡壹领；阴家善来入白毡壹领；碾户康义盈、李粉堆贰人扪债各入白毡两领。常住什物等对徒众一一（后缺）

在其所列第一大分类供养具条目中，先后出现的名词有长柄熟铜香炉、小铜师（狮）子、小经案、漆筹筒、佛屏风、莲花座、铜杓子、铜澡灌、漆香宧、木香宧、香楪、铜铃并铎、铜佛印、经藏、小桉（案）架、黑石枕、磨喉罗、大经案、大灯树、司马锦经巾、金油师（狮）子、大佛名经、黄布经巾、黄项菩萨幡、小菩萨幡、大绢幡、幡额、铜楪、百纳经巾、青绣盘龙伞、银泥幡、大银泥幡、铜铃、大铜铃。除了经藏一类的供养物，属于今天家具范畴的还有小经案、佛屏风、莲花座、漆香宧、木香宧、经藏、小桉（案）架、大经案、大灯树，其中的大灯树可能是一种大型的树形灯架。

细观图 9-1-1 中的这件文书，作为第二大分类名称的"家具"两字以朱砂书写，其中的"家"虽然缺失了大半，但是与"具"联系起来就不难识别。由此可见，"家具"这一名词已被正式用于寺院档案之中，并成为文书中所列重要条目之一，其中包含的器物种类繁多，包括中合盘、小橡子、花罉子、花櫊子、团盘、牙盘、擎盘、木櫊、花櫊、箱、柜、木盆、漆擎子

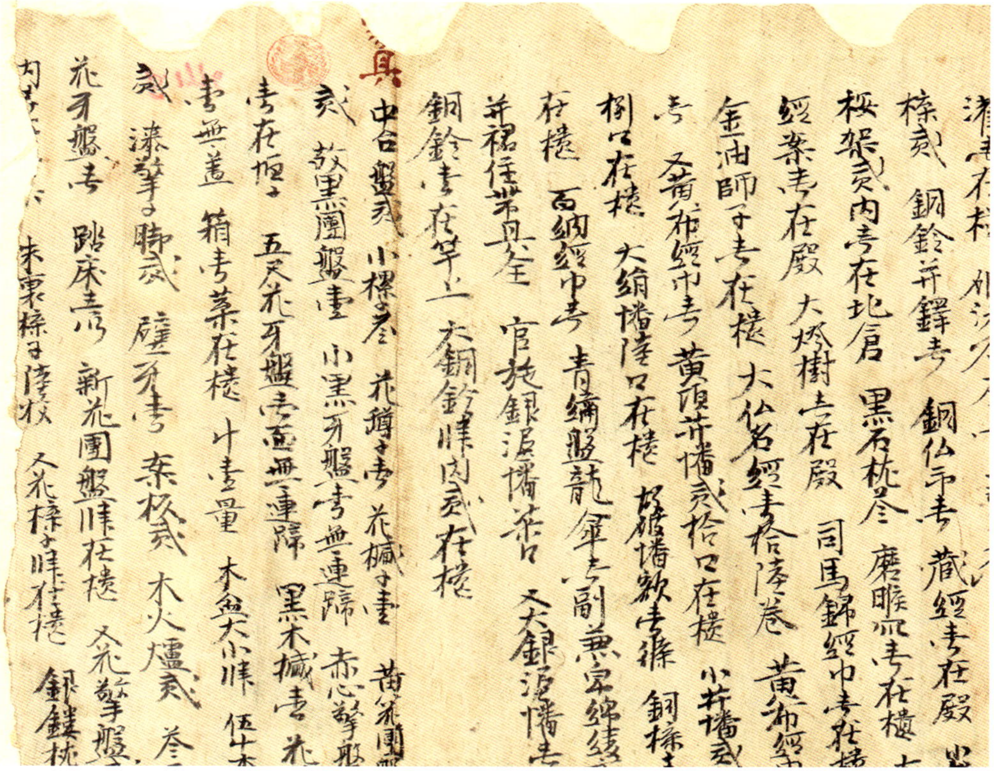

图 9-1-1 大英图书馆藏五代敦煌寺院籍帐文书
S.1776《显德五年（958）大乘寺法律尼戒性等交割常住什物点检历状》

脚、壁牙、案板、木火炉、花牙盘、踏床、花擎盘、楪子、花楪子、银镂枕子、函柜、柜、踏床、大床、床梯、拓壁、五石柜、经函、赤椀、两石柜。上述名词中，除了属于今天家具范畴的名词，还包括台盘、楪子、花镡子、花槛子、团盘、牙盘、擎盘、木槛、花槛、木盆、漆擎子脚、壁牙、木火炉、花牙盘、花擎盘、楪子、花楪子、银镂枕子、拓壁、赤椀等小型漆器、瓷器，多属于今天的餐具、用具与器皿等，但是在当时的敦煌地区这些均属于家具范畴。

再如，敦煌文书P.3161《（10世纪）某寺常住什物交割点检历》第13-14行记有"家具。柜大小拾口，内三口胡戎、象鼻具（俱）全，小柜壹，在设院；食柜壹，在文智"。保存于敦煌文书中的《王梵志诗》中也有将家具并称的情况，譬如，《王梵志诗校辑》[3]卷二《家中渐渐贫》诗风趣诙谐，其载：

家中渐渐贫，良由慵懒妇。
长头爱床坐，饱吃没娑肚。
频年勤生儿，不肯收家具。
饮酒五夫敌，不解缝衫袴。

敦煌文书中还有将"家具什物"并称的，譬如，P.3495号《后唐长兴二年辛卯年（931）正月法瑞交割常住什物点检历状》残卷末端写有"家具什物等一一点检分付后寺主"。P.3410《沙州僧崇恩处分遗物书》[4]（吐蕃时期）第18行记有"三世净土寺所有家具什物、车乘、供养具、佛衣并别有文籍"。根据这些文献的上下文来理解，所谓的"家具什物"应泛指居室中的器具杂物。

9.2 敦煌文书中的木工称谓——"木匠""博士""先生"

今天的木匠是指从事与木制品加工相关的手艺人，这一职业的历史源远流长。马德先生认为："木匠是一项应用范围比较广的行业，除了建筑业之外，还有生产工具（农机具、手工业机具）和交通工具（车、辇、舆、轿等）的加工和制造。因此，在古代敦煌的工匠队伍中，木匠队伍是最庞大的，也是最活跃的。"[5]根据敦煌工匠史料显示，"敦煌9、10世纪时的各个行业的工匠们，按其技术可分为都料、博士、师（先生）、匠、生等级别"[6]。

敦煌壁画之中不仅画有木匠持斧伐木图案（如图9-2-1），在敦煌文书中还记录了当时关于"木匠"这一称谓的使用情况。譬如，净土寺对修桥等工种的

图9-2-1　隋代莫高窟第302窟人字坡西坡壁画《木匠伐木》

木匠的备食情况多有记载。P.2032V《后晋时期净土寺诸色入破历算会稿》第200—201行记有"面壹斗伍升,粟三斗,看口,水官折飞桥木匠用"。该文书还记有"面陆硕伍胜、粗面两硕九斗、油玖胜半、粟三硕柒斗,又粟八斗五升、粟面壹硕壹斗伍升,六月廿七日至七月八日,中间十二日木匠造钟楼,下接工匠及众(僧)三时食用"。P.3234V《净土寺诸色入破历》记有"面二斗,三日,木匠、画人兼弘建、撩治佛炎二时食"。

公元966年五六月之间,河西归义军节度使曹元忠与夫人翟氏派人组织重修了莫高窟北大像第96窟前五层楼阁的下面两层,历时半月完工。为此,CH.00207V(BM.SP77V)《乾德四年(966)五月九日归义军节度使曹元忠夫妇修北大像功德记》记有:"助修勾当:应管内外都僧统辩正大师赐钢惠、释门僧政愿启、释门僧政信力、都头知子弟虞侯索幸恩;一十二寺每寺僧十二人;木匠五十六人,泥匠十人。其工匠官家供备食饭;师僧三日供食,已后当寺供给。"一个洞窟楼阁的重修工作动用的木匠多达56人,可以想见木匠在敦煌洞窟楼阁营造活动中的重要角色。

P.3302V《河西都僧统宕泉建龛上梁文》(933)生动地记载参与某次窟檐营造活动的三位工匠:"凤楼更多巧妙,李都料绳墨难过。算截本无弃者,方圆结角藤萝。栱斗逞回软五,攒梁用柱极多。直向空里架镂,鲁班不是大哥。康博士能斤斧,苦也不得缕㦐。张博士不曾道病,到来便如琢如磨。施工才经半月,楼成上接天河。"此文提及的李都料是一位木匠,而且负责总体设计和施工指挥;康博士也是一位木匠;张博士可能是一位石匠。由于他们的团结协作,施工才半月,工程已基本成型。这段如同打油诗的上梁文形象地夸赞了他们手艺之高超。

木匠的各种工具也被画家们表现在敦煌壁画之中。如见北宋莫高窟第454窟甬道顶壁画中的锯子、斧头等木匠工具(图9-2-2)、宋代榆林窟

图9-2-2　北宋莫高窟第454窟甬道顶壁画中的木匠工具

第 3 窟东壁千手千眼观音左下部壁画中的木工工具（图 9-2-3）。在敦煌木匠中，均有具体分工，甚至于造鼓也有专门的木匠。譬如，P.2641《丁未年归义军宴设司状三》记有："造鼓木匠拾人，共面捌斗。""造鼓木匠冯常安等捌人，早上馎饦时各胡饼两枚，供伍日，食断。""供造鼓木匠捌人，早上馎饦，午时各胡饼两枚，供壹日，食断。"

以上三处记载的均是造鼓木匠，另外还记载有造床木匠。譬如，S.1366《归义军衙内面油破历》记有："八日，供造彭床木匠九人，逐日早上各面一升，午时各胡饼两枚，至十五日午时吃料断，中间八日，用面一石四斗四升。""九日，供造牙床木匠八人，勾当人，逐日早、夜面各面二升，午时各胡饼两枚，至十六日夜断，中间八日，用面一斗六升。"这里的木匠进一步分工，因为即使是造床，还细分为造彭床木匠、造牙床木匠。其中的"彭床"令人费解，也许是一种大床，因为彭有"盛大貌、强壮貌"之义。明清家具术语中有所谓的"鼓腿彭牙"，指的是家具在束腰以下，腿和牙子都向外凸出的做法。此称见于《清代匠作则例》，如今已经成为流行的家具术语。有鉴于后来的"鼓腿彭牙"，敦煌唐代中后期归义军时期的"彭床"也有可能是一种在牙子等部件上具有凸起变化的床。

S.1366《归度军衙内面油破历》中的"牙床"[7]可能指的是一种饰有花牙（有雕饰的牙子）的眠床或坐榻，后来泛指精美的床。例如，南朝梁萧子范《落花》诗曰："飞来入斗帐，吹去上牙床。"唐李商隐《细雨》诗曰："帷飘白玉堂，簟卷碧牙床。"清孔尚任《桃花扇·闹榭》载："承众位雅意，让我两个并坐牙床，又吃一回合卺双杯，倒也有趣。"清代以来民间还流传所谓"下得厨房，出得厅堂，上得牙床"的俗语。再如，湘西、鄂西土家族地区至今仍在制作一种所谓

图 9-2-3　宋代榆林窟第 3 窟东壁千手千眼观音左下部壁画中的木匠工具

的"滴水牙床",其实是一种架子床,这种床仿土家民居屋檐排水的层进结构,而屋檐乃滴水之需,因而得名。这种床层层叠叠,一般三进,最多七进,精雕细刻,内容丰富,表现"八仙过海""金瓜垂吊""五谷丰登""龙凤呈祥""松鹤延年"等吉祥题材。因做工精细,耗时漫长,故又名"千工床"。今天的家具界仍沿用牙子、牙板、牙条等带"牙"的名词。牙子,一般指的是家具面框下连接两腿之间的部件,南方木匠称为"牙板"。束腰家具中则指的是在束腰以下部位的主要连接部件,设在其他部位的一般称为牙条。

日本的正仓院收藏有一件木画紫檀棋局[8](图9-2-4),此物是日本圣武天皇[9]御物,工艺精良,一般认为出自中国唐朝巧匠之手。这件家具被完整地记载在《国家珍宝帐》中,曰:"木画紫檀棊(棋)局一具,牙界花形眼,牙床脚,局两边着环,局内藏棊(棋)子龟形器,纳金银龟甲龛。"其中的"牙床脚"指的是棋局下面以锯齿般花牙子装饰的托泥式壶门座,这应是沿用唐朝中土的称谓。唐朝时期日本的古文书《宁乐遗文》中卷《西大寺资财流记账》中也记有"漆牙床""牙床""居牙床榻二基(漆,高各三尺,长三尺七寸,并金铜钉并肱金)"。由此看来,牙床在当时的日本也是一种流行的家具术语。

阿斯塔纳(今为哈萨克斯坦首都)出土的双陆局(图9-2-5)、陕西富平李凤墓出土的初唐三彩花牙壶门托泥榻(图9-2-6),其壶门托泥的形态与上述棋局的相仿。因此敦煌文书中的"牙床"的造型与结构很可能近于这件棋局下面具有花牙雕饰的壶门托泥座。具有花牙雕饰的壶门托泥造型与结构在唐代家具中运用广泛,在唐代绘画和出土明器中颇为常见,可成为床榻、坐具,也可做成承具、托盘、置物台等。譬如,河南安阳隋代张盛墓出土白瓷围棋盘(图9-2-7),这是目前所见时代最早的19道围棋盘。还有唐周昉《调婴图》中的仕女所坐方床,敦煌第159窟壁画中的食床等。

譬如,宋赵与时《宾退录》卷十载"黄金阁子锁牙床",牙床后来泛指高等级床具,"造牙床木匠"是一种制作高级床具的木匠。由此可见,当时的木匠所从事的工作内容较为丰富,已有细致分工。

日本九州岛大学文学部藏东哲20号敦煌文书《新大德造窟檐计料(拟)》[10]记载了较为详细的建造窟

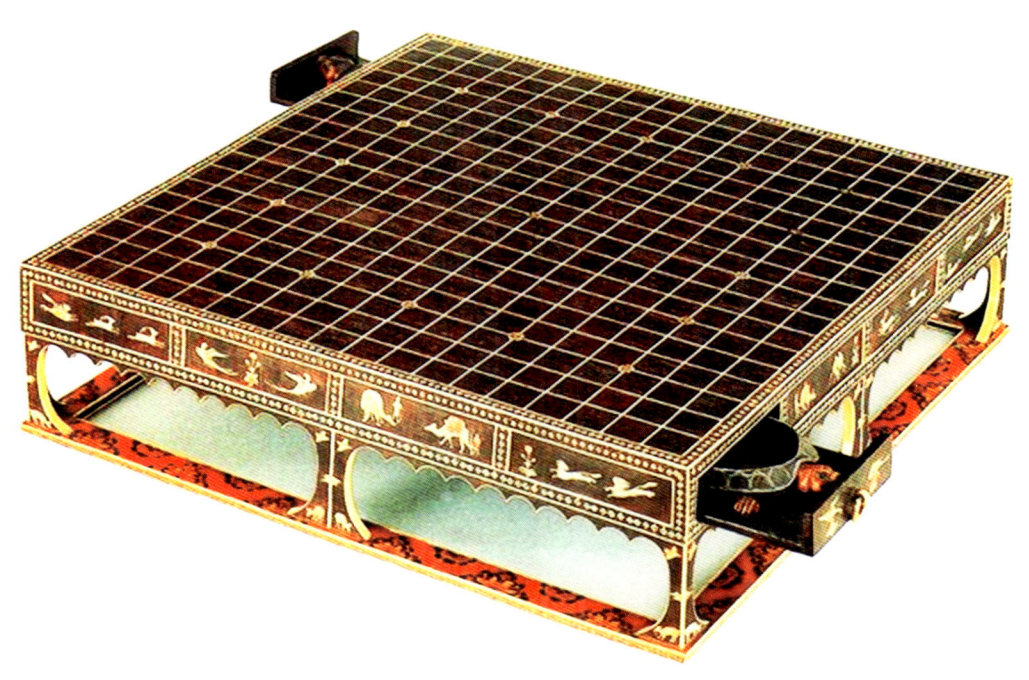

图9-2-4 唐代时期的木画紫檀棋局,日本正仓院藏

图 9-2-5　阿斯塔纳（今为哈萨克斯坦首都）出土的双陆局，斯坦因摄

图 9-2-6　初唐三彩牙脚壶门榻，出土于陕西富平李凤墓

图 9-2-7　隋白瓷围棋盘，出土于河南安阳隋张盛墓，河南省博物馆藏

檐所需要的材料数量与尺寸，是敦煌木匠施工情况的一个重要资料，虽然属于大木作，但是可以作为研究敦煌家具的相关参考资料。

敦煌文书中，涉及手工艺时还出现了大量的"博士"称呼。博士的称谓古今有异，"博士"在今天指的是高等教育中最高的学位，而在古代，每个时期的含义均有所不同。早在我国战国时已有博士的称谓，但是为一般学者的通称，而非官职。战国末期至秦朝，秦有博士七十人，他们是议论政事及礼仪的官员。譬如，博士淳于越等非议朝政，秦始皇大怒，坑杀儒生及方士460余人。

"博士"在敦煌文书中又有了特定内容。据郑炳林、马德先生研究，敦煌工匠称博士的历史从记载来看可追溯到吐蕃统治时期。[11] 马德先生认为，博士是古代对具有某种技艺或专门从事某种职业的人的尊称，在敦煌文献中又俗称"把式"。敦煌工匠中，可以受雇于人，具备过硬的专业技术，可以从事高难度技术劳动并可独立完成所承担的每一项工程的施工任务的工匠，均称作博士。[12]

在唐五代敦煌文书中反映的博士是当时某种工匠的名称。譬如，茶博士、酒博士、擀毡博士、起毡博士、泥博士、泥沙麻博士、造塔博士、铁博士、造银碗博士、古露博士、写博士、点釜博士、烈钥匙博士、伞骨阇梨兼钉叶博士等。在石窟壁画绘制行业则有画神脚博士、画博士，如 S.4782《干元寺堂斋修造两司都师文谦诸色斛斗入破计会状》记有："麦捌硕，油伍胜，粟壹硕柒斗，修南殿画神脚博士用"。可见博士的称呼几乎运用于当时的各行各业。

敦煌文书中与木作、家具有关的"博士"也多有记载。例如，P.2032V《后晋时期净土寺诸色入破历算会稿》记有："面一斗，木博士修治火炉及门用。""粟柒斗，卧酒，屈木博士造檐初下手局席用。""面陆斗，造床博士用。""面柒斗，造床博士、人夫等五日中间食用。"木博士、屈木博士、造床博士这些称谓显示了木作与家具制作技术的分工与完善。

随着科技的发展，最晚到宋代已发明了框架锯和刨子等。例如，敦煌五代宋籍账文书 P.3875V《丙子年（916 或 976）修造及诸处伐木油面粟等破历》涉及多种木作工匠（如木博士、载木博士、拽木博士、放木博士）的记录，如"面壹斗，载木博士夜食用""面贰斗、粟贰斗、油□□，□日仵看铁博士及木博士破用""载木博士，两团僧破用""面四斗、油半升、粟□斗，第二日三时看铁□博士、拽木博士食用""面四斗、油一抄，早上放木博士食用"。

另外，由于木匠活离不开锯子，因此还有涉及加工锯子的工匠类别的记录。譬如，"面壹斗五升，早上、日仵、夜头看错锯博士食用""面贰斗、粟贰斗，第□日看错锯博士用""面一斗，宋博士错锯食用""面一斗，□起看团锯博士用""面一斗，开锯齿博士两日食用"。鉴于与锯子加工相关的"博士"竟然有"错锯博士""团锯博士""开锯齿博士"，显然这一类加工锯子的工艺已经分为"错锯""团锯""开锯齿"，说明当时锯子运用广泛，锯齿磨损多，其相应的开锯齿、错锯齿以及木材加工技术已经较为发达。

敦煌文书中，"先生"这一称呼具有新的含义。譬如，P.2032V《净土寺诸色入破历》记有"面二斗，画床先生用"。画床先生指的可能就是画床工匠。再如，敦煌曹氏归义军初期的籍账 P.2049V《后唐同光三年（925）正月沙州净土寺直岁保护手下诸色入破历算会牒》第 269、270 行记有："粟壹斗，先善惠手上与画柒（漆）器先生用。""柒"可能是"漆"的俗写，其中的"画柒器先生"可能就是漆器工匠。如此视之，敦煌籍账文书中记载了许多漆器用具名称就能得到合理解释了，因为敦煌本地已有专门从事漆器生产的工匠。当然，高等级的漆器应当是来自盛产漆器的南方地区，属于布施的物件。

9.3 卧具

敦煌文书中有对"卧具"这一名词的记载。譬如，S.102 号《梵网经》卷 2 记载："饮食供养房舍，卧具，绳床、木床事事给与。"既然卧具与房舍、绳床、木床并列，可见绳床、木床均不属于卧具。本文所讨论的卧具则主要指的是床与榻。

9.3.1 床

我国早期的床包括两个含义，既是坐具，又是卧具。东汉许慎《说文解字》云："床，安身之坐者。"表明当时流行的观念认为坐是床的主要功能。西汉后期出现了"榻"这个名称，也主要指坐具。东汉刘熙《释名》说："榻，言其体，榻然近地也，小者曰独坐，主人无二，独所坐也。"六朝以后的床榻打破了传统习惯，高度增加，形体变大。习惯上仍是床榻并称，并将榻视为床的一种。直到唐代中期及以前，坐具、卧具仍多称床，也称榻，坐具称为小床，坐面使用绳条的称为绳床，今天的马扎（折叠凳）也被叫做胡床。唐代李白著名的《静夜思》中"床前明月光，疑是地上霜。举头望明月，低头思故乡"中的"床"，结合时代背景与动作发生的合理性来看，较为合理的解释是并非睡觉之床，而是胡床。

到了宋代，床之含义的多变性依然存在。例如，南宋陆游引徐敦立言说："梳洗床、火炉床家家有之，今犹有高镜台，盖施床则与人面适平也。"[13]再如宋王铚说："宰相别施一床，连上事官床，南，坐于西隅，谓之压角。"[14]这里的"梳洗床""火炉床""别施一床""官床"应该均不是我们今天所谓床的概念，而是榻、凳一类的家具。另外，南宋洪迈《夷坚甲志》载："张公为桂林守，尝令曝书于檐间，简取三足木床登之。"[15]这里的"三足木床"也许是一种三足木凳。今天看来，唐宋时期床的概念格外宽泛，似乎凡上有面板、下有足者，不论睡卧、坐人，或用来置物，皆可曰床。

在敦煌文书中，有关床的称谓有许多，除了床，还有四合床、六脚大床、莲花大床、牙床、大牙床、漆牙床、大经床、经床、七宝之床、大床、踏床、食床以及宣戒床子、小踏床子、画油行像床子、方床子、床子等，由此可见，在古代敦煌地区床的含义也十分丰富，涵盖了众多卧具与坐具。譬如，敦煌文书P.2862V+P.2626V《唐天宝年间敦煌郡会计历》记有"八尺床贰张"，八尺的床当属于大床。

P.3350《下女夫词》记载："儿答：……相郎不敢更相催。请下床，陋足（漏促）更声急，星流月色藏，良辰不可失，终须早下床。"该词中的《至堂门咏》曰："堂门策（筑）四方，里有肆（四）合床，屏风十二扇，锦被画（尽）文章。"《下女夫词》只见于敦煌文书，共有11个写本，即P.3350、S.3877、S.5949、S.5515、P.3893、P.3909、P.2976、北京大学藏卷、P.3266、S.3227、S.9501+9502+11419+13002。《下女夫词》是展现新郎迎娶新娘时的情形，以及男女相对问答的仪式，是依迎娶顺序而唱，极具才情，堪称乐而不淫的佳词，蕴藏着丰厚的敦煌民俗文化。前面的两处"下床"，指的是离开座位坐具的床。《至堂门咏》中的"四合床"与"锦被"相应，当指夜晚睡觉用的卧床。"四合"有四方配合之意。又作八字术语，指天、地、人、已四面均相合。故而，在婚礼习俗之中，"四合床"可能是一种具有吉祥含义的术语，指的是婚床。

P.2917《乙未年（935）后报恩寺交割常住什物点检历》、P.3638《辛未年（911）正月六日沙州净土寺沙弥善胜领得常住什物历》、S.4199《丁卯年（967）后报恩寺交割常住什物历》中均记有"六脚大床"，P.4004《庚子年（940）后报恩寺交割常住什物点检历》记有"莲花大床"。

P.4624《大中七年（853）八月廿六日邓荣施舍疏》第5行记载："粗褐长袖一；绯褐兰方毡一领；大床一张；铛一口；□铁鏊一面，鞍一具。"

保存于敦煌文书中的《王梵志诗》卷二《家中渐渐贫》中有诗句为："长头爱床坐，饱吃没娑肚。"

五代初敦煌张承奉金山国时代写本文书P.3638《辛未年正月六日沙弥善胜从师慈恩领来器物食物历》记有"新牙床壹"。S.1366《（980—982）曹氏归义军衙内油面破用历》记有"日供造牙床木匠八人，勾当人，逐日早夜面各面二升"。

P.3161《（10世纪）某寺常住什物交割点检历》第11行记有"大经床壹；大牙床壹，在后殿；又经床肆条"。第25行记有"大牙床壹；新附牙盘壹张；禅入大床拾张"。第26行记有"宣戒床子壹；皮相（箱）壹"。"禅入大床"可能就是后世所谓的禅椅，其多达拾张，因此是寺院里的重要家具。"宣戒床子"可能是僧人剃度时所使用的坐具或承具。

P.4004《庚子年（940或1000）后某寺交割常住什物点检历》记有"大经床壹；大牙床壹，在后殿；又经床肆条"。

P.4995《社邑修功德纪》为唐代写本，其中记有"过往先亡获益，神游七宝之床"。所谓"七宝之床"，应是由多种宝物装饰的华丽之床。

S.4706《庚子年（940或1000）后某寺交割常住什物点检历》第2、3行记有"又大经床壹，在惠索僧正"。P.3478《年代不明福岩奉献舍施支分疏》第3行记有"今又施大花毡一领；大经床一张；方食床一张"。

S.1776《后周显德五年（958）大乘寺法律尼戒性等交割常住什物点检历状》第27行中记有"四尺新踏床一张；古破踏床壹张除"。此文书的第2片第4行记有"大床肆张，内壹在妙喜；床梯壹除；拓壁两条，内壹破"。敦煌壁画中的所有高座图像均未见配有梯子，登上高座者应该是借助于某些踩踏器具而上去的。由以上记载的"床梯"有助于解释这一问题，唐代的床配有床梯，而较高的高座也应该有梯子。能与这一说法相呼应的是，日本《三宝物具钞第六》载有法隆寺中带顶盖和立柱的高座（实为架子床）的实物图像[16]，高座配有梯子，并标以详细尺寸，说明僧人的高座是有梯子的。

P.2917第17-23行记有"小柜子壹，在索和尚；踏床两页，内壹在索僧政；又大床壹，在索僧政"。

P.3410《沙州僧崇恩处分遗物书》（吐蕃时期）记有"报恩寺常住大床壹张；踏床壹张；新车盘壹，施入佛殿"。

P.3350《咒愿新郎文》："矬短（双）擎短（桯）子食床。"此乃民间用食床的记录。

P.3638《辛未年正月六日沙弥善胜从师慈恩领来器物食物历》第17、18行载："大床新旧计捌张；索阇梨施大床壹张；新六脚大床壹张；方食床壹张；新牙床壹。"

P.3478《年代不明福岩奉献舍施支分疏》第3行："今又施大花毡一领；大经床一张；方食床一张。"

由以上记载可见，在敦煌籍账文书中，经床的计量单位为"条"，大经床、方食床、大床、踏床的计量词为"张"或"页"。而且，在当时的寺院籍帐文书中，即使是家具的新旧程度也要被清晰地记录在案。

金山国时期的敦煌籍账文书P.3638《辛未年（911）正月六日沙州净土寺沙弥善胜领得常住什物历》记录了公元911年时沙州净土寺的全部常住什物，此件文书共计62行，在记载床类家具的敦煌文书资料之中特别值得研究。它记录了较多床类家具的名称，其载："新六脚大床壹张；方食床壹张；新牙床壹；新踏床壹；故踏床壹；又故踏床壹；无当头，肆尺小踏床子壹；画油行像床子柒个；新方床子壹。"六脚大床、方食床、牙床、新踏床、故踏床是并列的表述，可见它们各有其形制与用途。而小踏床子、画油行像床子、方床子也是一种并列的表述，也各有其形制与用途。"床"与"床子"是不同的，而且从其中的"新六脚大床壹张""肆尺小踏床子壹"来看，"床"在体量上是大于"床子"的，因此，这里的"肆尺小踏床子""方床子"可能是小型方榻一类的家具。再如，该文书第20行还记有"新方床子壹；纳官"，这里的"方床子"也可能是这一类小型家具。

S.1642《后晋天福七年（942）某寺交割常住物点历》第25、26行记有"三脚床子壹"。三脚床子，可能是三足凳一类的坐具。唐苏鹗《杜阳杂编》记载唐敬宗诞生日杂技艺人表演所用的"十重朱画床子"仅一尺左右，从大小上来说已和凳子差不多。

P.2862V+P.2626V《唐天宝年间敦煌郡会计历》第98行记有"四尺床子二"，从其尺寸来看，也不是卧具，而可能是独坐榻一类的家具。

P.3638《辛未年（911）正月六日沙州净土寺沙弥善胜领得常住什物历》中的"画油行像床子"值得研究，所谓的"画油行像"，很可能指的是一种以油彩描绘的夹纻佛像。

南北朝隋唐时期的"行像"多用漆器中的夹纻法制成，所谓夹纻，是一种以漆塑像的方法。先塑泥成胎，后用漆将麻布贴在泥胎外面；待漆干后，反复涂漆多次；最后把泥胎取空，因此又有"脱胎"之称。用这种方法塑像不但逼真，而且轻便，便于安放在车座上进行巡游、展示、宣教。众人随其瞻仰、膜拜，此间伴有舞蹈、杂戏的演出。赞宁《大宋僧史略》上说："行像者，自佛泥洹，王臣多恨不亲睹佛，由是立佛降生相，或作太子巡城相。"这是佛教"行像"的起源，"行像"传入中国之后，得到不断演变。梁简文帝曾作《为人造丈八夹纻金箔像》文，可见夹纻漆像自南北朝时期

图9-3-1-1 宋代莫高窟第76窟北壁壁画《巫医治病》中的床、墩

已开始流传,这主要在于夹纻佛像便于携运。我国早期的脱胎夹纻佛像大都流落国外,如今美国大都会博物馆及西雅图博物馆均藏有唐代的夹纻脱胎佛坐像。

敦煌文书中的"画油行像床子"则是供奉这种夹纻佛像的架具,既然称为"床子",应该体量不会太大,如此便于搬运、巡游,这是一种新型的佛教礼仪家具。

就敦煌壁画中床的图像而言,可见于宋代莫高窟第76窟北壁壁画《巫医治病》中的床(图9-3-1-1)。此床造型粗朴,结构十分简洁,具有四个粗壮的矮足,一位女子侧卧其上,他应该是医生。

9.3.2 榻

在中国古代文献中,早有对榻的解释。东汉末服虔《通俗文》解释:"床三尺五曰榻板,独坐曰枰,八尺曰床。"在尺寸上,榻要比床小很多,由所谓的"三尺五"来看,榻往往是用来独坐的,又叫做"枰"。但是在世俗生活中,床与榻的区分并不严格,而且常常二者并称。到了唐宋时期,榻的功能较为多变,它既可以供人躺卧休息,也可以供人在上面活动,摆放东西,而且也可以供人垂足而坐,这时似乎它在使用功能上转变为坐具。由于榻在使用功能上的多种选择,因此唐宋时期的榻无论是在结构上,还是在装饰与造型上都有丰富的表现。宋词中屡有涉及,如宋吕谓老有词曰:"十年禅榻畔,风雨扬茶烟。"[17]宋人欧阳澈有词曰:"解榻聚宾挥玉麈。"[18]北宋初期,由榻还引出一个著名典故。南唐在强大的北宋政权面前奴颜婢膝,以求苟延残喘。但赵匡胤在准备完成后还是发动了对南唐的战争。后主李煜派使节去问赵匡胤征讨之因。赵匡胤回答:"卧榻之侧,岂容他人酣睡?"毫不掩饰其政治雄心。之后,这句以"卧榻"喻事之语成为名言。

敦煌籍账文书中记载了榻的一些情况。譬如,P.2032V《后晋时代净土寺诸色入破历算会稿》(十八)第780、781行记载:"豆三硕,史奴奴鍱榻时铁价用。"但是敦煌籍账文书中更多地使用"踏床"这一名词,在概念上应该就是榻在当地的俗称,因为榻的本意即是"踏然近地"。譬如,P.3495《后唐长兴二年辛卯年(931)正月法瑞交割常住什物点检历状》残卷末端写有"经柜壹;马投盘壹;踏床两口"。

P.5031《丙寅年(906或966)常住什物交割点检历》第9行记有"床壹张;又踏床一张"。

敦煌唐宋籍账文书金山国时代写卷P.3638《辛未年(911)正月六日沙州净土寺沙弥善胜于前都师慈恩手上见领得诸物历》第18、19、20行记有"新踏床壹;故踏床壹,无当头;肆尺小踏床子壹"。这一写卷记载净土寺的沙弥善胜从前都师慈恩手上领到了一张旧踏床,并写明"无当头"。根据该文书中的"故踏床壹,无当头",猜测新的踏床应该有当头,而当头可能是属于床头横木一类床的附属物。"当",挡也,也指车、床等用具上起遮挡蔽护作用的横木,常被写作"档"。例如,《集韵·宕韵》曰:"档,横木。"这类横木被施于床头,称为"床档"。譬如在魏晋时,后秦弗若多罗和鸠摩罗什译《十诵律》卷一十一记载:"尔时有二客比丘向暮来,次第得一房共住,一人得床,一人得草敷。二人夜宿已,不举便去。时草敷中生虫,噉是草,噉床脚、床桄、床檔、床绳,噉被褥枕,噉已入壁中住。"《十诵律》卷三十八还记载:"佛言：从今若得和香,应涂舍内,涂床床髀、床脚、床板、床档、衣橛、衣架、涂地四壁。如是涂者,坊舍得香,施者得福。"其中的"床档"与"床脚""床绳""床髀""床板"等并置,可见,"床档"应该是床的一个部件,即床两端的横木。故而,敦煌什物历中的"当头"很可能就是一种"床档"。

S.1776《后周显德五年(958)大乘寺法律尼戒性等交割常住什物点检历状》第24行记有"花牙盘壹；踏床壹张",第27行记有"四尺新踏床一张；古破踏床壹张除"。

P.2917《乙未年(935或995)后常住什物交割点检历》第20行记有"踏床两叶,内壹在索僧正"。

由以上可见,敦煌寺院的榻(踏床)的计量词有"张"和"叶",长度在四尺的占多数,如晚唐、五代初的"肆尺小踏床子",五代末期的"四尺新踏床"。

另外,S.4199《10世纪(具体年代不明)某寺交割常住什物点检历》、P.3495《后唐长兴元年(930)正月法瑞交割常住什物点检历状》、P.4004《庚子年(940或1000)后某寺交割常住什物点检历》、S.1774《后晋天福七年(942)某寺法律智定等交割常住什物点检历状》等籍账文书中也均有对于踏床的记录。

在敦煌壁画中,描绘了众多榻的图像。譬如,中唐莫高窟第150窟南壁壁画《卧佛》中的壸门托泥榻(图9-3-2-1)在高度上可谓"踏然近地",是一种"踏床"。佛在榻上朝右侧而卧的卧姿又称"吉祥卧""狮子卧"。据佛说《长阿含经》卷三《游行经》记载："尔时,世尊自四牒僧伽梨,偃右胁如师子王,累足而卧。"所谓"偃右胁如师子王,累足而卧"就是吉祥卧,即头北面西,右胁而卧,左腿压右腿,右手曲枕于头下,左手伸放于身体左侧。采取这种姿势睡觉有其深妙的道理,因此成为佛教的一种修行姿势。

9.4 坐具

P.2583《申年比丘尼修德等施舍疏十三件》记载：

图9-3-2-1 中唐莫高窟第150窟南壁壁画《卧佛》中的榻

"申年二月十三日尼明证念诵施入大众衣物数。……新坐具一；故单坐具一。"这里的"坐具"应该与今天坐具的概念相似，即供人坐的家具。

9.4.1 龙须席

P.3410《沙州僧崇恩处分遗物凭据》第 7 行记有"银碗壹枚；故赤黄绫三衣袄子壹；白方毡壹领；龙须席□"。此处的"龙须席"是一种以龙须草编织的席子，其后所缺文字很可能是此席的数量。龙须草纤维坚韧，用途甚广，古人以之编织、造纸、入药。这种席子薄而轻，夏天触感凉爽，早在晋代时就成为宫廷贡品，是华贵的标志。据中国历史上第一部体例完备的政书——唐杜佑撰《通典》[19]记载，唐代每年有十郡均要向朝廷进贡龙须席。唐代的文学作品中也常提及龙须席。譬如，李白《白头吟》诗云："莫卷龙须席，从他生网丝。"李贺《听颖师琴歌》诗云："凉馆闻弦惊病客，药囊暂别龙须席。"唐代张鷟的传奇小说《游仙窟》描述仙女的居所："珠玉惊心，金银曜眼。五彩龙须席，银绣缘边毡。"由此可见一斑。

敦煌壁画中对席子的描绘较多，人们多跪坐于席子上。如盛唐莫高窟第 103 窟北壁壁画《远山落日》（图 9-4-1-1）、盛唐莫高窟第 172 窟北壁壁画《长河落日》中的席（图 9-4-1-2）等。

隋唐时期的敦煌地区，低坐方式仍在延续，故而席子等传统型坐具依旧大量使用，这可见于敦煌壁画中。龙须席是席子之中的上品，因此被记入亡者遗物的清单。鉴于此件涉及遗物处置的文书，其第 2-7 行中还记有"紫绫夹裙衫壹对；京褐夹绫裙衫壹对；绫袄子壹；赤黄绫夹裤两腰；鹤子皮裘壹领；紫绫缦，故王皮裘壹领，红袖缦紫绫履壹量；京皮靴壹量，并靴毡；拾伍两金银间腰带壹□；银碗壹枚；故赤黄绫三衣袄子壹"等价值不菲的财物，龙须席与它们并置，可见死者生前的富足。

图 9-4-1-1　盛唐莫高窟第 103 窟北壁壁画《远山落日》中的席

图 9-4-1-2　盛唐莫高窟第 172 窟北壁壁画《长河落日》中的席

9.4.2 绳床、木床

顾名思义,绳床是以绳制作的坐具,木床是以木制作的坐具。而且,在敦煌文书中绳床、木床还常常被并称。譬如,由敦煌文书 S.102 号《梵网经》卷 2 所载"饮食供养房舍,卧具,绳床、木床事事给与",可知绳床、木床均非卧具。再如,后秦三藏佛耶舍译、唐代西太原寺沙门怀素集《四分律比丘戒本》卷 1 记载:"若比丘作绳床、木床,足应高如来八指,除入梐孔上,截竟若过者波逸提,若比丘,作兜罗绵贮绳床、木床大小蓐(褥)。"[20] 可见绳床、木床的高度均较为低矮。另外,还有"木绳床子"。譬如,敦煌晚唐文献 P.2613《唐咸通十四年(873)正月四日沙州某寺交割常住物等点检历》第 23 行记有"天王木绳床子肆"。唐咸通十四年是张氏归义军统治敦煌时期,这一文书记载的木绳床子,前面冠以"天王"的定语,其意或木绳床子为天王所坐,或表示木绳床子的等级较高。

《梵网经》卷 2 还记有:"若佛子常应二时头陀冬夏坐禅结夏安居,常用杨枝澡豆三衣、瓶钵、坐具、锡杖、香炉、洒水囊、手巾、刀子、火燧、镊子、绳床、经律佛像、菩萨形像。"[21] 可见绳床是僧人常用之物,非华夏之固有家具。玄奘《大唐西域记》记载印度民居时,谈到了其中绳床的使用频率较高,即"至于坐止,咸用绳床"[22]。

P.3878《己卯年(979)都头知军资库官张富高状并判凭》(十三)记载:"军资库司伏以今月六日造绳床索子麻贰斤,未蒙判凭,伏请处分。己卯年十二月日都头知军资库官张富高。为凭九日(鸟印)。"由此可知,当时制作绳床座屉的材料为索子麻,有工匠因制作绳床而向归义军节度使曹延禄申请用麻二斤。

P.4597《送师赞一本》第 4、5 行记有:"举手开师房花林,唯见空绳床花林。"可见绳床可以被陈设于师房中。

盛唐时期王维"斋中无所有,唯茶铛、药臼、经案、绳床而已"[23]。王维晚年事佛日勤,家中专备绳床自用。唐诗之中,也多见绳床的记载。譬如,孟浩然《陪李侍御访聪上人禅居》诗:"石室无人到,绳床见虎眠。"岑参《上嘉州青衣山中峰题惠净上人幽居寄兵部杨郎中并序》诗:"江云入袈裟,山月吐绳床。"由以上可以想见绳床这种外来家具对于唐朝中原地区的影响。

敦煌壁画中的绳床图像可见于本书第五章所载的西魏莫高窟第 285 窟壁画中的绳床(图 5-7-1)。

9.4.3 胡床

唐朝中后期曹氏归义军时期的敦煌文书 P.4061V《壬午年内库官某状》第 1-4 行记载:"伏以今月十七日,支达恒大部跪拜来大绵被子三领,胡□壹张。未蒙判凭,伏请处分。壬午年闰十二月日头都知内库官曹。"对于这段文字中的"胡□壹张",唐耕耦、陆宏基两位先生在《敦煌社会经济文献真迹释录》[24]中释为"胡(床)壹张",若所释正确,这份文书则是目前所见敦煌文献中关于胡床的惟一记载。敦煌壁画中的胡床图像可见于北魏莫高窟第 257 窟西壁壁画《须摩提女缘品》中的胡床(图 5-1-4)。

9.4.4 木杌

敦煌唐宋时期寺院籍帐文书 S.4525《付什物数目抄录》第 10 行记载:"盘盏壹副;丹地木杌壹个;付岳富定银椀四枚。"丹地木杌,应该是一种底色为红色的木凳,其计量单位为个。

杌就是一种凳。直到今天,在中国一些地区的方言中,"杌凳"还常被并称,意思就是凳子。

凳是一种无靠背的有足坐具,其历史由来已久,在宋代得到了较大发展。宋吴曾说:"床凳之凳,晋

图 9-4-4-1　中唐莫高窟第 159 窟壁画《弥勒经变之盥洗》中的凳

已有此器。"[25] 凳在宋代被称作橙，如南宋洪迈记有："有风折大木，居民析为二橙，正临门侧，以待过者。"[26] 宋人也称凳子为兀子，如南宋陆游《老学庵笔记》卷四记有："往时士大夫家，妇女坐椅子、兀子。"再如，宋人王铚《默记》记载："王荆公在蒋山野次……与（李）茂直坐于路次，荆公以兀子，而茂直坐胡床也。"

宋代成都戏剧节昼夜上演"杂戏"，"坐于阅武场，环庭皆府官宅看棚，棚外始作高凳，庶民男左女右，立于其上如山"[27]。

敦煌壁画中凳子的图像可见于中唐莫高窟第 159 窟壁画《弥勒经变之盥洗》中的凳（图 9-4-4-1），一人正坐在矮足凳子上洗脚。

9.4.5　高座

高座是佛、菩萨、法师、比丘等讲经时的必备坐具。一些佛教文献均有僧人坐高座的记载，而且规定高座须设在干净处，无德无智者不能坐，升坐高座还有严格的仪轨。故而，敦煌文献 S.102 号《梵网经》规定：法师、比丘不能站着说法，须坐高座，香花供养，方能说法。常人一般是不能坐高座的，也不可坐高座听僧人讲法。

另外，敦煌文书 P.2286《梁朝傅大士颂金刚经序》第 5 行记有"大士到日不用高座，只须一具拍板"。

敦煌写本 Ф269《四面唱花文》第 6、7、8 行记有"高座为众诵，世间教戒师，开说令泉解""高座为众诵，现教和上（尚）师，传说令众解"。

就敦煌壁画中的这类高座的展现而言，它们往往

图 9-4-5-1　盛唐莫高窟第 113 窟北壁壁画中的高座

是壸门托泥式的高榻。其图像可见于盛唐莫高窟第 113 窟北壁壁画中的高座（图 9-4-5-1），其中描绘了置于山林间的三件方形高座，它们的长宽高较为接近，均四面平列两个壸门，下设托泥。高座上均有一位僧人讲经说法，座下均有人跪坐在席子上，双手合十，虔诚听法。

9.4.6　圣僧座

北大 D180 敦煌文书《药师道场坛法》（首题）为草书抄写（因该文书模糊不清，有的字不能辨识，只好作缺字处理），具体描述了密教中的药师法，其中的第 1—3 行记载："药师道场坛法：坛与寻常观音道场坛一般，坛上用莲花留（？）七只；香炉五枚；圣僧座五；铺子、番（幡）子五口。"文书中的五件圣僧座当为高僧而设，应该也是一种高座。圣僧座既是对高僧的礼遇，也是当时佛教仪轨之需。其图像亦可参见前述图 9-4-5-1。

9.4.7　莲花座

莲花座是佛教艺术中的常见之物，因此也被记载于敦煌文书。譬如，敦煌吐蕃占领时期的写卷 P.3432《龙兴寺卿赵石老脚下依蕃籍所附佛像供养具并经目录等数点检历》记载："大莲化（花）仏（佛）座，长两托。"

五代敦煌寺院籍帐文书 S.1776《后周显德五年（958）大乘寺法律尼戒性等交割常住什物点检历状》第 8 行记有"莲花座壹"。

敦煌壁画中的莲花座图像可见于隋代莫高窟第 244 窟壁画《佛说法图》中的莲座（图 9-4-7-1），佛坐于莲座上，头顶上有华盖，两侧有两位菩萨护持，身后有两棵银杏树。

图 9-4-7-1　隋代莫高窟第 244 窟壁画《佛说法图》中的莲座

9.4.8　方座

方座见于敦煌吐蕃占领时期的敦煌文书 P.3432《龙兴寺卿赵石老脚下依蕃籍所附佛像供养具并经目录等数点检历》，其载："及上方座肆重，并降桥金渡。佛（佛）帐额上金渡铜花白锣花三面画垂额壹。"

方座图像可见于中唐莫高窟第 112 窟南壁壁画《被人轻贱》（图 9-4-8-1），画中座为壶门托泥式，各边均有两个壶门，四边边长相近。方座上设有一件帷幔案，一位在案旁工作者被人殴打。

9.5　承具

9.5.1　几

敦煌文书 P.2613《咸通十四年（873）正月四日沙州某寺交割常住物等点检历》第 25 行记有"漆桉（案）几贰"。此乃唐代中后期张氏归义军统治敦煌时期某寺院所使用的漆案几的账目清单，数量为两件。这里将案几并称，指的是一种漆饰的承具。

P.3502《张敖撰新渠诸家九族尊卑书仪一卷》文书第 109、110 行记有"男某再拜翁婆座前，耶娘几前"。

敦煌文书 S.4199《某寺常住什物交历》记有"又古（故）破大床厅贰，在麻库"。"床厅"令人费解，但是若使"厅"通借"桯"，即得解。"桯"有两读，《广韵·青韵》户经切曰："桯，床前长几。又音厅。"可见"桯"的一种读音与"厅"同，可通借。《方言》卷五曰："榻前几，江沔之间曰桯。"《说文解字·木部》曰："桯，床前几。"段玉裁注："古者坐于床而隐于几……此床前之几与席前之几不同。谓之桯者，

图 9-4-8-1　中唐莫高窟第 112 窟南壁壁画《被人轻贱》中的方座、案

图 9-5-1-1　初唐莫高窟第 203 窟西壁龛外北侧上部壁画《文殊来问》中的几

言其平也。""床桯"在后代文献中也得到运用，譬如，《湖广通志》卷八四屠隆《赠祁阳孝子卢伯子诗》曰："罪轻而责重，父悔恐不宁。无乃妨夜卧，子心良屏营。宵分往省候，下气复柔声。父果不成寐，辗转倚床桯。问伯何为尔，伯也道其情。父子遂感怆，相对涕泪零。"

敦煌壁画中几的图像可见于初唐莫高窟第 203 窟西壁龛外北侧上部壁画《文殊来问》中的几（图 9-5-1-1），这件小型承具周身髹深色漆，四矮足，足端外撇。几面陈设数件小件物体。

9.5.2 案

东汉许慎编著的《说文解字·木部》曰："案，几属。从木，安声。"可见在东汉，案是属于几类的木器，前述唐代中后期的敦煌文书 P.2613《咸通十四年（873）正月四日沙州某寺交割常住物等点检历》中也将案几并称，由此可证之。敦煌文书中记录的案有小经案、大经案、经案、沙子脚经案等。譬如，敦煌归义军初期张议潮时代 P.2613《唐咸通十四年（873）正月四日沙州某寺交割常住物等点检历》第 42 行记有"小经桉（案）壹"。桉是案的通假字，例如《字汇·木部》曰："桉，同案。"

S.1774《后晋天福七年（924）某寺法律智定等交割常住什物点检历状》第 8 行记有"小经案贰，内壹在延定真"。五代敦煌寺院籍帐文书 S.1776《后周显德五年（958）大乘寺法律尼戒性等交割常住什物点检历状》第 6-8 行记有"供养具。长柄熟铜香炉壹；又长柄熟铜香炉壹，在柜；小铜师（狮）子壹；小经案贰，内壹在延定真；漆筹筒壹；佛屏风陆扇；莲花座壹；铜杓子壹"。第 10-11 行记有"小桉（案）架贰，内壹在北仓"。第 11-12 行记有"大经案壹，在殿"。

由公元 924 年所记载的敦煌文书 S.1774 中的"小经案贰，内壹在延定真"，联系到公元 958 年所记载的敦煌文书 S.1776 中的"小经案贰，内壹在延定真"，说明这两个小经案被僧人延定真借用长达 35 年，可见这位僧人对这种小经案的喜爱。

P.3161《（10 世纪）某寺常住什物交割点检历》第 6 行记有"新附经案壹，文智施入"。P.3067《庚子年（940 或 1000）后某寺交割常住什物点检历》（二）第 1 行记有"并经桉（案）铜铃壹，在经藏上；又沙子脚经桉（案）壹"；第 4、5、6、7 行记有"大经桉（案）壹，在后殿；小经桉（案）贰，在库；又经桉（案）贰，内壹在惠弁，内壹在石中井；握（幄）帐伍，又徐法律握（幄）帐贰，内壹在法律惠兴，并在寺内；大床三，内壹在索惠僧正，内壹在库，又内壹在员戒"。

P.3432《龙兴寺卿赵石老脚下依蕃籍所附佛像供养具并经目录等数点检历》记录："木经案大小共贰。绯绢经巾，色绢裹，白练画缘，长两箭，阔壹箭半，不堪受用。"

P.3598《（约为 10 世纪）某寺交割常住什物点检历》第 21 行记有"夜壹；经案壹；柜壹口并钅巢钥；踏床两张"。

P.3638《辛未年（910）沙州净土寺沙弥善胜领得历》记有"卧像幄帐子壹；大伯文经案壹；小伯文经案壹；故经案壹"。

从以上"木经案大小共贰""小经案贰""大经案壹"等可知，经案是有大小之分的。

从这些敦煌寺院交割账文书记载的案可知，案主要与陈设经书、由木头制作成的经案相关，不但具有大经案、小经案，还有一种沙子脚经案，应该是指一种具有独特腿部造型的经案。另外，由于经案与经床同时出现在一份写卷中，说明是两种有所区别的家具。古代文献也有关于经案的记载。譬如，《梁书》卷 7《皇后传·高祖丁贵嫔传》载："事德皇后小心祗敬，尝于供养经案之侧，仿佛若见神人，心独异之。"

敦煌寺院交割账文书中还记有案的重要部件——案板。譬如，P.4624《大中七年（853）八月廿六日邓荣施舍疏》第 7 行记载："油缸一；案板一；食刀一；故袋一口；五岁草驴一头。已上物与沙弥德子。"P.3161《（公元 10 世纪）某寺常住什物交割点检历》第 24 行

图 9-5-2-1　中唐榆林窟第 25 窟壁画《弥勒经变》中的食案、供案、盒　　　　图 9-5-3-1　初唐莫高窟第 220 窟北壁壁画中的桌

记有"又花牙盘壹；……大案板壹"。S.1774《后晋天福七年（924）某寺法律智定等交割常住什物点检历状》第 23 行记有"案板贰"。看来即使是一块案板，也被记录在册，由此可见当时敦煌寺院交割账文书的细致程度。

敦煌壁画中案的图像可见于中唐榆林窟第 25 窟壁画《弥勒经变》（图 9-5-2-1），此案为长方形，前后设有 3 个壶门，左右设有两个壶门。案面上陈放了 3 个长方形盒子和 6 个圆锥形物体。

9.5.3　卓（桌）

虽然桌子的形象在隋唐已经出现，但是其最早的名称至宋代才出现。桌这个字在五代、宋时往往被写成"卓"字，取其"高"之意。譬如，宋杨亿《谈苑》记载："咸平、景德中主家，造植香倚卓一副，未尝用椅棹字。"[28] 宋王明清《挥麈录》"童贯小款"条载有"二双鬟捧卓子一只至所座前"。王明清和杨亿对于"卓"的记载均晚于敦煌文书。例如，五代时期的敦煌文书 S.2009《官衙交割什物点检历》第 8—11 行记有："银叶骨卓（桌）一个，在令狐押衙身上；胡桃根阿卓（桌）一个，在流住；□（鍮大）石骨卓（桌）一个；小鍮石骨卓（桌）一个，又胡桃根小骨卓（桌）一个。"看来，当时桌子的制作材料有"银叶骨、胡桃根阿、□石骨、小石骨"等。

南宋张世南《游宦纪闻》卷三记有："以筋插筹箕，布灰桌上画之。"从张世南故事中可以看出桌（卓）的名称已经开始出现的事实。然而，南宋普济《五灯会元·侍郎张九成居士》[29]中张氏推倒的桌子仍写成"卓子"，可证宋末尚未完全统一用"桌"字。

宋代之前，桌子的使用功能主要被几、案、台等家具所承担。高坐起居方式兴起后，桌子发挥的作用越来越大，传统几、案、台等家具的地位也逐渐为各式各样的高桌、低桌，条桌、方桌以及供桌、书桌、琴桌、经桌、棋桌、画桌、酒桌、茶桌等取代。然而，在概念表达上，人们对于桌、几、案、台等名称的理解往往较为混乱，经常出现彼此互用的情况，甚至在今天的一些家具著述中这种现象也不免存在。的确，由于某些约定俗成的原因，实难将它们划出明确界限来。在本书的论述中，将足与承面呈垂直关系，且足位于承面四角的承具称之为桌。

敦煌壁画中桌的图像可见于初唐莫高窟第 220 窟北壁壁画中的桌（图 9-5-3-1），这件承具有四只矮足，桌面结构采用攒边打槽装板，桌面陈放一件莲花灯台。

9.6 屏具

屏具指的是屏风，本书称其为屏具为的是体现章节标题的统一性。

S.1776《后周显德五年（958）大乘寺法律尼戒性等交割常住什物点检历状》第8行记有"佛屏风陆扇"。

P.3067《庚子年（940或1000）后某寺交割常住什物点检历》第3行记有"大佛屏风拾贰扇；小屏风肆扇"。

P.3350《下女夫词·至堂门咏》曰："堂门策四方，里有肆合床。屏风十二扇，锦被画文章。"四合床旁围以十二扇屏风，这是组合家具在民间的早期表现。

吐蕃占领敦煌时期的敦煌寺院文书P.3432《龙兴寺卿赵石老脚下依蕃籍所附佛像供养具并经目录等数点检历》第13行记有"佛屏风像壹合陆扇"。

由以上可见，那时屏风的计量词为"扇"，此种用法沿用至今。

晚唐张氏归义军时期的文书P.2613《唐咸通十四年（873）正月四日沙州某寺交割常住物等点检历》第20行记有"屏风骨两副"；第24行记有"屏风角鲽伍拾三"；第52行记有"鼬游队纸屏风面壹副"；第89行记有"阿弥陀瓶（屏）风壹合"。从以上记载的屏风所用计量词"合"判断，当时的屏风是可以折叠的。屏风表面装饰所用的"鼬游队纸"则应当是一种特殊纸张。

S.4624《发愿文范本》"逆修"条记载："逆修某七道场，于是饰华第，严绮庭，屏帷四合而烟凝，花敷五色而云萃。"此处的"屏帷四合"反映了当时屏风帷帐的陈设方式。

另一种用于分割空间、近于屏风的家具叫做"隔子"。

曹氏归义军时期的敦煌寺院籍账文书S.1774《天福七年（942）某寺法律智定等交割常住什物点检历状》有对"隔子"的记载。

敦煌文书P.3161号《（10世纪）某寺常住什物交割点检历》第26行记有"方眼隔子壹"。

敦煌金山国时期的寺院籍账文书P.3638《辛未年（911）正月六日沙弥善胜从师慈恩领来器物食物历》第14行记有"踏隔子肆片，内三个在南院，壹片在中院"；第15行记有"严师子大隔子，在众堂；家部隔子壹，高脚子隔子壹片，亦在南院"；第16行记有"新隔子壹片，在保护；方隔子贰，在中院；鱼肚隔子壹，在绍戒"。"踏"乃"榻"的通假字，可知敦煌寺院僧房内，榻旁还配有隔子，构成了一种家具的组合。

由上可见，晚唐五代时期敦煌寺院的"隔子"分为"踏隔子""高脚隔子""方隔子""方眼隔子"等。从其计量单位为"片"来看，这里的"隔子"是屏风一类的家具。

直到明清时期，一些地方仍称屏风为"隔子"。譬如，《金瓶梅》第十三回《李瓶儿隔墙密约，迎春女窥隙偷光》："不防李瓶儿正在遮隔子外边站立偷觑，两个撞了个满怀。"《金瓶梅》第二十五回《偷骨殖何九送丧，供人头武二设祭》："那妇人归到家中，去隔子前面设个灵牌，上写'亡夫武大郎之位'；灵床子前点一盏玻璃灯，里面贴些经幡钱垛金银锭采绘之属。"

《红楼梦》第三十一回《撕扇子作千金一笑，因麒麟伏白首双星》："转过十锦隔子，宝钗来至宝玉房内，见宝玉在床上睡着了。""十"通"什"，意思是多种多样的。十锦，即什锦，意思是花样繁多。再由《红楼梦》第五十七回《慧紫鹃情辞试莽玉，慈姨妈爱语慰痴颦》所载的"十锦隔子上陈设的一只金西洋自行船"推测，这里所谓的"十锦隔子"可能是一种可以划分空间、把房间隔开的博古架。

从宋代以来，人们将用于分隔室内外或室内空间的成组窄门扇称为隔扇，这也与长期以来对"隔子"

图 9-6-1　晚唐莫高窟第 12 窟主室南壁壁画《弥勒经变·女剃度图》中的屏风

的运用与称呼相关。隔扇多具有上下两部分，上部为格心，即透空有纹样的部分，下面为裙板。这种形式的隔扇大约出现于北宋初期，现存最早的实物位于河北省涞源县辽代建筑的阁院寺文殊殿，而最完整的金代隔扇则保存在山西省朔县崇福寺弥陀殿中，隔扇的形式从那时起被延用至今。

在功能上与屏风较为接近的家具还有帐，一般为织物制成，用以分割空间，或突出使用者、被供奉者。譬如，敦煌曹氏归义军时期的寺院写卷 P.3067《庚子年（940 或 1000）后某寺交割常住什物点检历》（二）记载："握（幄）帐伍；又徐法律握（幄）帐贰，内壹在法律惠兴，并在寺内。""大握（幄）帐壹，在后殿。"以上文书中的"幄帐"与前文提及的"仏（佛）帐"都是一种四立柱带顶盖的帐。

敦煌张承奉金山国时期的写卷 P.3638《辛未年（911）正月六日沙州净土寺沙弥善胜领得历》记有"卧像幄帐子壹"。

敦煌壁画中屏风的图像可见于晚唐莫高窟第 12 窟主室南壁壁画《弥勒经变·女剃度图》中的屏风（图 9-6-1），这是为了展现《弥勒经变》中为女众剃度场景而描绘的围屏，三面围挡，屏面上饰有横向色带。由于剃度仪式发生在户外，因此这种围屏是一种易于搬动的家具。

9.7　皮具

敦煌文书中记录的皮具名称有函、柜、盒、衮、箱、橱等多种。

9.7.1　函

函这种小型皮具在敦煌文书中提及较多，除了函、函子，还有盛幡伞大长函、盛头冠函子、盛帐函子、盛文书函、漆函子、木函子、经函[30]等具体称谓。

金山国时期的敦煌籍账文书 P.3638《辛未年（911）正月六日沙州净土寺沙弥善胜领得历》第 12 行记有"盛幡伞大长函壹"，第 13、14 行记有"盛头冠函子壹；盛帐函子壹；盛文书函肆，在李上座"。由此可见，金山国时期敦煌地区的"函"有大小与长短之分，大的可以盛幡伞和帐，小的可以盛头冠和文书。

P.2613《唐咸通十四年（873）正月四日沙州某寺交割常住物等点检历》第8行记有"又破碎珠旛（幡）贰，不堪受用，在未着漆函子内，封印金"。

P.3161《（10世纪）某寺常住什物交割点检历》第5行记有"兼木函子，孟老宿入"，第7行记有"新附经函壹，官施入"；第16行记有"函大小柒口，又新附函壹，官施入"。第16-18行记有"佛名经壹部；又新附函壹，智圆施入；又新附壹口，宗定入"。可见这些函是由信众孟老宿、智圆以及官府施舍入寺的。

S.1776《后周显德五年（958）大乘寺法律尼戒性等交割常住什物点检历状》第29行中记有："员定经函壹□，破。"该经函乃由员定供养施舍入寺，故被称为"员定经函"。

古代寺院经藏内使用经函已是普遍现象。出土文物也将有助于我们深入地认识这种与佛教经卷陈设相关的专用皮具。1966年浙江瑞安慧光塔出土经函，内涵高11.5厘米，长33.8厘米，宽11厘米。以檀木制作，雕工精美，装饰华丽。[31] 1978年在该塔第三层塔心窖内发现了一件五代花鸟纹嵌螺钿黑漆经函，此函高12.5厘米，长35厘米，其须弥座壸门内的花朵上贴以金箔。这些考古发现说明，在晚唐五代，经函已是盛放佛经较为普遍的皮具。

一些重要的经函则被放在经柜里，并配以锁与钥匙。例如，S.4225《庚子年（940或1000）后某寺交割常住什物典检历状》记有："苻僧正又鏁壹副并钥匙具（俱）全，在般若藏；侯糟头大鏁壹副，并钥匙具全，在杂藏；又邓县令鏁壹副，并钥匙具全，在花（华）严藏；鏁壹副，并钥匙，在藏门。"

就上述记载看来，在功能上，函近于盒，从一定程度而言，函可谓盒的另一种表述名词。

对于函的记录，特别值得一提的是法国藏敦煌文书P.3459V《〈大般若经〉函帙历》[32]。它被抄写在一张写废的经卷《妙法莲花经》的背面，今天看来是属于报废材料的再利用。其第1至第12行分别记载：

第六帙全，一个函子别。第九帙全，无别。第十三　　　　　　　　　　　　　　　　　（第1行）

帙全，三函子别。第二十二帙全，两函子别。第二十三帙全。　　　　　　　　　　　（第2行）

六函子别，欠七十不来。第二十四帙全，无别，并手巾。三十二帙　　　　　　　　　（第3行）

全，一函别，并手巾。四十二帙，两函别，并手巾。　　　　　　　　　　　　　　　（第4行）

四十五帙全，并手巾。四十六帙全，并手巾，函杂。　　　　　　　　　　　　　　　（第5行）

四十帙，全，无别，并手巾。四十帙，并手巾，函杂。　　　　　　　　　　　　　　（第6行）

函子。五十帙全，并手巾一，无函。五十二帙，　　　　　　　　　　　　　　　　　（第7行）

并手巾，函杂，欠一卷；欠一卷，第四不来。五十三帙全，并手巾。　　　　　　　　（第8行）

五十四帙全，并手巾，杂。五十五帙全，函杂，　　　　　　　　　　　　　　　　　（第9行）

并手巾。欠一，第六不来。五十七全，函杂，并手巾。五十八　　　　　　　　　　　（第10行）

帙全，无别，并手巾。五十九帙全，两函别并　　　　　　　　　　　　　　　　　　（第11行）

手巾。六十帙，全，无别，无手巾。　　　　　　　　　　　　　　　　　　　　　　（第12行）

以上对于函、函子的记录较为详细，其中函与函子的含义应是一样的，如同今天的盒与盒子。

由于函与柜均是生活中常见皮具，因此在敦煌文书中，二者常被并置一处。譬如，敦煌寺院籍账文书P.3495号《后唐长兴二年辛卯年（931）正月法瑞交割常住什物点检历状》残卷仅存尾部末端七行，记有"右通前件幡伞、函柜、铛、锅、釜、毡褥"。P.2613《唐咸通十四年（873）正月四日沙州某寺交割常住物等点检历》第3行分类中，写有"函柜、车乘、毡褥、天王衣物、金银器皿及官匹、帛、纸、布等"一项，也将二者并称。S.1776《后周显德五年（958）大乘寺法律尼戒性等交割常住什物点检历状》第26行中也将"函柜"并称。这些文书将函柜并置，由此可见函、柜这两种皮具的相关性与普及性。

9.7.2　柜

柜是储藏物品的皮具，我国春秋时期就已出现功能成熟、装饰精美的柜子。到了唐代，柜已为居家必备家具。这时的柜从造型上可分为立式、卧式，从所储藏物品的内容上可分为食品柜、药品柜、衣柜、化妆品柜、钱柜、粮柜和杂物柜等。

柜作为实用性很强的皮具，可大可小，而且能够储存较多的东西，如粮食、钱、帛、衣物、食品、餐具、药品、文书等，故而在敦煌文书中有着较为广泛的记录，具体还分为食柜、镜架柜子、药柜、盛佛衣柜、大柜、小柜子以及按照容量单位"石"为标准的两石柜、肆石柜子、五石柜、柒硕（硕是容量单位"石"的异体字）柜、拾硕柜、贰拾硕柜、贰拾硕盛麨柜、参拾硕陆脚柜等。从两石到三十石，可见柜子的容量变化之大，这与它们被用来装粮食是密不可分的。

譬如，张氏归义军前期的敦煌寺院籍账 P.2613《唐咸通十四年（873）正月四日沙州某寺交割常住物等点检历》第14行记有"柜大小共三口，内贰在索僧政；帐写牙盘子壹，长贰尺；破漆食魁壹"。当时的柜子具有大小之分，说明它们在功能上已有不同分工。"魁"可能是"柜"的别写，是当时敦煌寺院使用的一种放置食物的柜子。该文书第66行还记有"小柜子壹，在张僧政"。另外，该文书中还记有"大食柜""伍硕柜子""贰拾破（硕）柜"等。

P.2626《天宝年代敦煌郡会计牒》第98、99行记有"食柜壹；药柜壹"，这是盛唐时代的敦煌郡对食柜、药柜的记录。食柜在张氏和曹氏归义军时代的敦煌籍帐文书中较为常见，药柜则不仅在敦煌籍帐文书中少见，就是在壁画中也很少见到它们的图像。

P.2862V《唐天宝时代敦煌郡会计帐》记有病坊的器物——"食柜"和"药柜"。

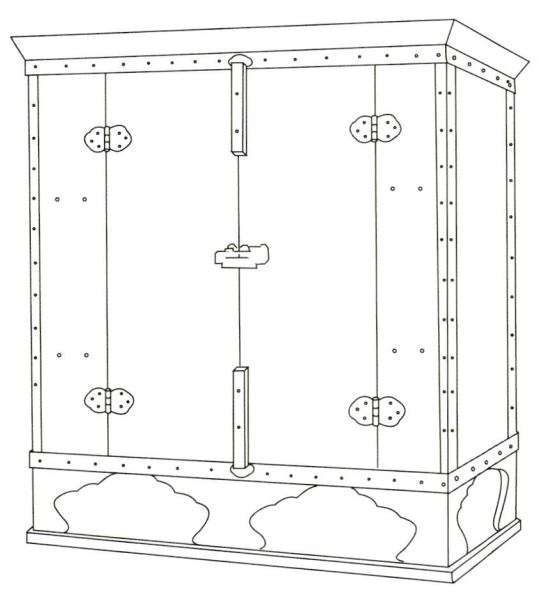

图 9-7-2-1　唐代带托泥柜线描解析图，日本正仓院藏

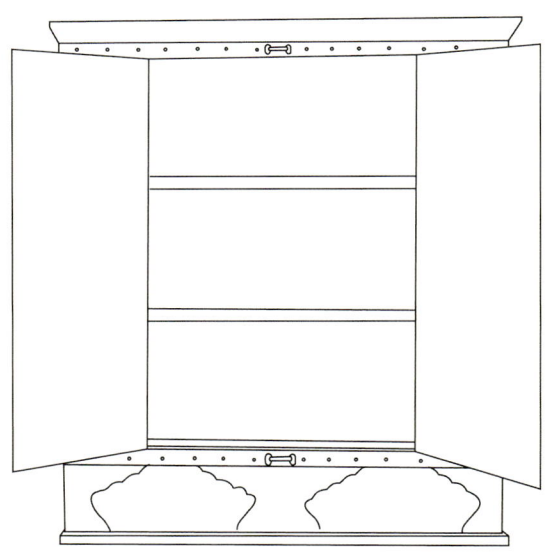

图 9-7-2-2　唐代带托泥柜柜门展开线描解析图，日本正仓院藏

P.2917《乙未年（935或995）后常住什物交割点检历》第17—23行记有"小柜子壹，在索和尚；踏床两页，内壹在索僧政；又大床壹，在索僧政"。

就唐代柜子现存实物而言，可见于日本正仓院所藏柜子。日本正仓院较为完好地保存了众多唐代时期的家具实物，为后人研究唐代家具提供了重要资料。其带托泥柜（图9-7-2-1、图9-7-2-2）工艺精良，装饰适当。大柜三层，双门，门上设铰链与柜身相连，双门之间有挂锁。具有覆斗形顶，底座为壸门式，前后两个壸门，左右一个壸门，底座下设托泥，具有汉代以来箱型家具的特征。

P.3161《（10世纪）某寺常住什物交割点检历》第13—14行记有"柜大小拾口，内三口胡戌、象鼻具全；小柜壹，在设院；食柜壹"。第17—20行记有"智圆施入，又拾硕（石）柜壹口；又新附根壹口，宗定施入，象鼻、胡戌具全；又柜壹口，在张上座；又柜壹口，张德进折物入；又柜壹口，智会折物入，胡戌具（俱）全"。第30行记有"价（架）壹，兼柜子具（俱）全"。由其中的"张德进折物入""智会折物入"可见，敦煌寺院的常住什物中，由于柜子的重要性，这种家具还成为债务人用来抵债（折物）的物品。晚唐至宋初，敦煌寺院也会放贷，而且高利贷收入甚至是其重要的经济来源之一。当时的百姓向寺院借贷，皆会在借契上注明，若至期不还，则任凭债主夺去家资。

另外，结合以上关于"象鼻"和"屈戌"的记载可见，当时柜的附件有"象鼻"和"屈戌"。P.3638《辛未年（911）正月六日沙州净土寺沙弥善胜领得历》记有"拾硕柜壹口，象鼻、屈戌并全；……柒硕柜壹口，并象鼻全；针线柜壹口，象鼻、屈戌并全；……贰拾硕盛钓柜壹口"。胡戌，又叫"屈戌""屈戍""屈膝"，是器具上用来挂锁的环。譬如，李商隐《魏侯第东北楼堂》诗云："锁香金屈戌，带酒玉昆仑。"《骄儿诗》诗云："凝走弄香奁，拔脱金屈戌。"李商隐在这两首诗句中描绘的均是用来挂锁的金环。

"屈戌"是带有两个脚的铜（或铁）环，钉在门窗边上或箱、柜正面，用来挂上钉锦或锁，今天俗称为"屈戌儿"。象鼻是和屈戌配套便于为柜加锁的部件。顾名思义，象鼻应是长形的，一端有眼，便于给柜加锁，可能就是今天所谓的"钉锦儿"。《现代汉语词典》解释"钉锦儿"为"扣住门窗等的铁片，一端钉在门窗上，另一端有钩子钩在屈戌儿里，或者有限儿套在屈戌儿上。"明陶宗仪《辍耕录·屈戌》认为："今人家窗户设铰具，或铁或铜，名曰环纽，即古金铺之遗意，北方谓之屈戌，其称甚古。"直到清代，《红楼梦》第七十三回中还描写道："话说那赵姨娘和贾政说话，忽听外面一声响不知何物。忙问时原来是外间窗屉不曾扣好，塌了屈戌了吊下来。"这不但表明"屈戌"一直沿用到清代，而且说明它是连接窗户的重要部件。就敦煌壁画图像而言，"象鼻、屈戌并全"的柜子可见于中唐莫高窟第237窟西壁佛龛顶壁画《泥婆罗水火油池和弥勒头冠柜》中的柜（图9-7-2-3）。此件方形四足柜上的象鼻、屈戌描绘得十分清晰，而且配有挂锁，形象地展现了挂锁、象鼻、屈戌三者之间的结构关系。就唐代柜子近于实物的造型来说，陕西历史博物馆藏唐代三彩钱柜（图9-7-2-4）虽然是明器，但是形象地呈现了唐代方形四足钱柜的特征。此钱柜长15.5厘米，宽12.1厘米，高13.3厘米，1955年西安东郊王家坟90号墓出土。钱柜为卧式，长方形，柜面有盖，盖边有一投钱小口，柜面四角具有凸起的装饰。四足粗壮，为折角造型。柜身仿漆木器，涂赭、黄、深蓝、白等色釉于不同部位，将木、铜的质感表现得较为到位。四壁饰兽面，装饰宝相花和六瓣花，点缀仿铜环纽与圆钉。前面有一对环纽状的"屈戌"，可穿锁。其形象可与日本正仓院藏唐代三彩柜（图9-7-2-5）进行对比，二者在造型与结构上较为相似。

曹氏归义军时期的敦煌寺院籍账P.3598《年代不明（10世纪）某寺交割常住什物点检历》第21行记载："衾壹；经案壹；柜壹口，并鏁钥；踏床两张。"

图 9-7-2-3　中唐莫高窟第 237 窟西壁佛龛顶壁画《泥婆罗水火油池和弥勒头冠柜》中的柜

图 9-7-2-4　唐代三彩钱柜，长 15.5 厘米，宽 12.1 厘米，高 13.3 厘米，陕西历史博物馆藏

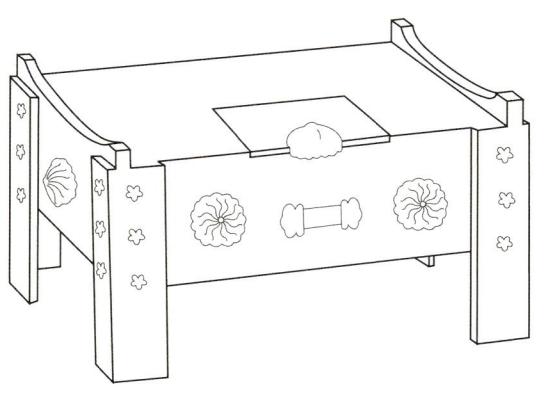

图 9-7-2-5　唐代三彩柜线描解析图，日本正仓院藏

鐁钥就是锁钥，说明这件柜子是带有锁与钥的。鉴于我们在前述"函"的阐释中所引的 S.4225《庚子年（940 或 1000）后某寺交割常住什物典检历状》所记的 60 多字中竟然出现了多达四次的"钥匙"，因此"钥"指的应该就是"钥匙"，含义与今天的相似。

另外，P.3638《辛未年（911）正月六日沙州净土寺沙弥善胜领得历》中还记有"拾硕柜""柒硕柜""伍硕新柜""参拾硕陆脚柜""贰拾硕柜""贰拾硕盛豹柜""两硕柜""盛佛衣柜"等。

S.1624《后晋天福七年（942）某寺交割常住什物点检历》第 6 行记有"程阇梨入黄布经巾壹，在柜"，第 10 行记有"官施银泥幡柒口，在柜"。

S.1642《后晋天福七年（942）某寺交割常住什物点检历》第 38 行记有"花竟盘壹，在柜"，第 39 行记有"……漆筋两双，在柜"。这里的"漆筋"，即漆制的筷子，整个句子的意思是有两双漆筷子放在柜子里。

S.1776《后周显德五年（958）大乘寺法律尼戒性等交割常住什物点检历状》第 26–27 行中记有"柜大小壹拾贰口，内贰无象鼻，三口象鼻、胡戍俱全"。该文书第 29 行中记有"又五石柜壹口"，第 30 行中记有"程阇梨施两石柜壹口"。可见五代敦煌的柜子容量大小是以"石"为单位的。

S.4199《年代不明（10 世纪）某寺割常住什物点检历》第 17 行记有"大柜柒口；小柜子贰；肆石柜子壹"。可见寺院所用的柜也有大小之分，其计量词为"口"。

S.4577《杨将头遗物分配字据》（拟）记有："癸酉十月五日申时，杨将头遗留与小妻富子伯师一口；又镜架匮（柜）子；又舍一院；妻仙子大锅一口；……又匮（柜）一口。""匮"是"柜"的别写，匮子，即柜子。杨将头这位低级军官的家境在当时并不富裕，但他分给其"小妻"的家用镜架子有专门的柜子摆放，可见敦煌地区柜子种类的多样化。

在唐代，日本与我国的古代文物管理制度颇有相同之处，因为日本这一时期的文字以及社会制度与风俗都仿效唐朝，所以日本实物或者文献资料对于我们研究唐代社会具有重要意义。日本现存古文书《宁乐遗文》[33]中卷《法隆寺伽蓝缘起并流记资财帐》中记有"合赤檀小柜壹合"。

敦煌文书中的有关记载表明，敦煌僧人借用的常住什物中，柜子是很受欢迎的。如前所述，P.2917《乙未年（935或995）后常住什物交割点检历》第17-23行有"小柜子壹，在索和尚；踏床两页，内壹在索僧政；又大床壹，在索僧政"；P.2613《唐咸通十四年（873）正月四日沙州某寺交割常住物等点检历》第66行有"小柜子壹，在张僧政"；P.3161《（10世纪）某寺常住什物交割点检历》第15行有"食柜壹，在文智"，第19行有"柜壹口，在张上座"。S.8750《某寺交割常住什物点检历》[34]第8-9行记有"小柜子壹，在行进；又柜壹个，在愿成"。这些表明，柜子是敦煌寺院中较为重要的常住什物，借用均要登记在册，不过也有被僧人长期占用的情况。

9.7.3 箱

敦煌文书S.2204《董永变文》记载："织得锦成便截下，揲将来，便入箱。阿郎见比箱物，念此女人织文章。"五代初期记录的情形与晚唐应相同，《董永变文》中所说的织锦装入箱中，可以反映当时民间家庭使用箱子的情况。

敦煌写本中有对于专用衣箱的记载，如敦煌文书P.3350《下女夫词·脱衣诗》中有"罗衣接继入衣箱"的句子。

张氏归义军前期的敦煌寺院籍账P.2613《唐咸通十四年（873）正月四日沙州某寺交割常住物等点检历》第20行记有"蛮箱壹合"，由于"蛮"是古代北方人对南方少数民族的贬称，所以"蛮箱"应是由南方流通到西北的家具。另外，该籍帐文书还记有"大箱壹合""大箱壹鍱"。

曹氏归义军时期的敦煌寺院籍账P.3161《（10世纪）某寺常住什物交割点检历》在"家具"条中第26行记有"皮相（箱）壹"，"相"是"箱"的通假，可知当时的敦煌寺院中也使用皮箱。

S.2607《年代不明（10世纪）某寺交割常住什物点检历》第20、21行记有"竹箱子壹"，由于敦煌不产竹子，可知它是来自中原或南方的竹制家具。

吐蕃占领敦煌时期的敦煌文书P.2583《申年比丘尼修德等施舍疏》（十三）第7行记有"箱一。正勤"。

晚唐敦煌写本P.2613《唐咸通十四年（873）正月四日沙州某寺交割常住物等点检历》第34行记有"大箱壹鍱"，可见晚唐箱子的计量词是"鍱"。

五代敦煌寺院籍帐文书S.1776《后周显德五年（958）大乘寺法律尼戒性等交割常住什物点检历状》第22行记有"箱壹叶，在柜"，可见五代时箱子的计量词为"叶"。

敦煌壁画中箱的图像可见于中唐榆林窟第25窟北壁壁画《弥勒经变》中的箱（图9-7-3-1）。此图描绘两条龙守卫着两件宝箱，它们的底部为莲瓣形，顶部为盝顶形，箱钮为束腰仰覆莲花顶珠造型。箱体装饰丰富，周围云气缭绕，可见宝箱的重要性。

值得注意的是，在敦煌文书S.5647《分家书样文》中，记载了"箱柜无私，蓄积不异"的说法，说明柜在唐代的使用是较为普遍的，已成为居家必备之物。根据敦煌文书，在使用上，柜比箱更受人们欢迎。譬如，敦煌文书P.2613《唐咸通十四年（873）正月四日沙州某寺徒众常住交割历》中展示了寺中器物清单，其中的箱有3只，柜17只，说明这一时期柜的数量远远多于箱。再如，五代初期，P.3638《辛未年（911）正月六日沙州净土寺沙弥善胜领得历》为我们提供了一份沙州净土寺的器物清单，其中记有10只柜，并没有箱。更值得注意的是，五代敦煌寺院籍帐文书S.1776《后周显德五年（958）大乘寺法律尼戒性等交割常住什物点检历状》记录了大量的家具器物，其中明确记载了许多器物是被陈放在柜中的，文

图 9-7-3-1　中唐榆林窟第 25 窟北壁壁画《弥勒经变》中的箱

书中记作"在柜",譬如:第 6-7 行记有"又长柄熟铜香炉壹,在柜";第 8-9 行记有"铜澡灌壹,在柜";第 9 行记有"新木香奁壹,在柜";第 11 行记有"磨喉罗壹,在柜";第 12 行记有"司马锦经巾壹,在柜";第 13 行记有"金油师(狮)子壹,在柜";第 14 行记有"黄项菩萨幡贰拾口,在柜";第 14-15 行记有"小菩萨幡贰拾捌口,在柜";第 15 行记有"大绢幡陆口,在柜";第 15-16 行记有"铜楪壹,在柜";第 22 行记有"箱壹叶,在柜";第 24 行记有"新花团盘肆,在柜";第 24-25 行记有"又花擎盘贰,内壹在柜";第 25 行记有"又花楪子肆,在柜"。以上这些说明在五代的敦煌地区,柜子的储纳功能十分强大,当地的寺院僧众乐于使用,而且形成鲜明对比的是,该文书只有一处提到箱,而且被放在柜子中,即其中第 22 行所记"箱壹叶,在柜"。

寺院的情况如此,一般世俗家中的情况如何?敦煌文书 S.4577《杨将头遗物分配字据》为我们提供了一份世俗家庭财物的清单,其中有两只柜子而无箱子。但是在敦煌壁画中,箱盒图像却比柜的图像多,这体现了佛教教义宣传图像与世俗生活情形的差异,值得研究。

敦煌壁画中还画有专门的药箱,如盛唐莫高窟第 217 窟南壁壁画《法华经变》中的《得医图》(图 9-7-3-2)。此图画有一座典型的唐代院落,垂柳掩映下的厅堂内有一张大床,床上坐着一位贵夫人和一位怀抱小儿的妇女,她俩相对而坐。门外台阶下,

图 9-7-3-2　盛唐莫高窟第 217 窟南壁壁画《法华经变》中的《得医图》
（史敦宇先生摹）

一位女子正带着一位策杖的老医生往里走，医生后面跟着一位手捧小箱子的年轻女子。这件箱子正是药箱，因为此画表现的是《妙法莲花经》中"如病得医"的教义。

那么，唐人是否将箱柜互用而混淆不清呢？实际上，唐人把箱、柜区分得十分清楚，箱、柜均具有专用计量词，这些在敦煌文书之中得到了大量反映。譬如，箱的计量词有"合""鍱"，如 P.2613 中所记载的"蛮箱壹合""大箱壹合""大箱壹鍱"；柜的计量词则为"口"，如"大食柜两口""贰拾硕柜壹口""大柜壹口""小柜壹口"等。在唐代，箱柜的计量词如此使用取决于各自的形制。箱子多分为两部分，下为箱身，上为箱盖，所以箱子可视为由身、盖两个部分"合"成的，因此其计量词正是"合"。而要使箱子开合自如，就要用合页将箱身、箱盖联接起来。合叶在今天俗称为铰链，在唐代则称作"鍱"。因此，用"鍱"

来作为箱的计量单位也是合理的。柜的形制与箱子不同，有立式与卧式之分，立式柜以前开门的方式收纳物品，卧式柜收纳物品时则通过开合顶面板的方式进行，譬如 P.2613《唐咸通十四年（873）正月四日沙州某寺徒众常住交割历》中所记的"小柜子壹，有盖"，这种有盖的柜就是一种卧式柜。顶面有一个小盖可以打开，四角有支撑柜身使之悬空的脚，可以说是个典型的卧式柜。这两种开合方式均像给柜开了口子，所以其计量单位为"口"也很形象。

9.7.4　秤橱

敦煌文书 P.3161《（10 世纪）某寺常住什物交割点检历》第 24 行记有"秤壹并秤厨（橱）；肆尺牙盘壹"。由此可见，在当时的敦煌寺院，作为皮具的橱已具有分工，有的橱专门用来放秤。

9.7.5　盒

盒与前述的函较为相似，在敦煌文书中，盒往往被写作"合"。譬如，吐蕃占领敦煌时期的文书 P.2706《年代不明某寺常住什物交割点检历》[35] 第 9、10 行记有"小木合（盒）子壹；木油花合（盒）子壹"。这里的"合"指的就是盒，均为木制。盛唐时代敦煌郡还有对食盒的记录，如 P.2626《天宝年代敦煌郡会计牒》第 102 行记有"食合（盒）拾具"，但是以后各种敦煌籍帐文书中罕见这一类皮具的名称记载。

唐代中后期的敦煌文书 P.2613《唐咸通十四年（873）正月四日沙州某寺交割常住物等点检历》第 52、53 行记载："金花小漆禄子壹合，全。"第 81、82 行记载："盛佛衣漆禄（盝）壹合。""禄"应是"盝"的别写，禄子，根据其计量词为"合"来看，也应是盒一类的皮具，"盛佛衣漆禄"可能是一种具有盝顶造型的漆盒，专门用来盛放佛衣。

在南北朝文献中，也有以"合"通"盒"的例

图 9-7-5-1　盛唐莫高窟第 445 窟北壁壁画《七宝》中的盒

子，如《梁书·傅昭传》记载傅昭"器服率陋，身安粗粝，常插烛于板床。明帝闻之，赐漆合（盒）烛盘等"。文中的"漆合"即是漆盒。晚唐、五代、宋时期在河西活动的回鹘和西州回鹘的语言中有源自汉语的对象名词。例如，在大英图书馆东方写本与图书部编号 Or.8212—179、哈密顿编号为 24 的回鹘文书中，一位自称"老汉"的刺史在给叶勒·阿勒迷失达干的书信中说，请叶勒将四升颜料和一只漆盒交给在沙州的基文道人。学者杨富学、牛汝极认为，据漆盒的读音看，似为模仿汉语发音而创造的单词。[36]

敦煌壁画中盒的图像可见于盛唐莫高窟第 445 窟北壁壁画《七宝》中的盒（图 9-7-5-1），盒盖为盝顶式，盒盖与盒身均满饰卷云纹，华贵精美，显出其中所装珍宝的稀有。

9.7.6　奁

奁是古代盛梳妆用品的匣子，也泛指盛放器物的匣子。今天看来，奁也属于盒，往往是一种装饰精美、做工考究的圆形盒。

敦煌文书 P.3161《（10 世纪）某寺常住什物交割点检历》第 3 行记有"新画木香奁壹，新画木香宝"。

P.4004 第 10-12 行记有"铜香炉两柄，内壹柄在索僧政，内壹柄在索判官；旧木香奁壹，在索判官"。

P.2613《唐咸通十四年（873）正月四日沙州某寺交割常住物等点检历》第 12 行记有"漆香奁底壹，无脚"。由此可见寺院籍账文书记录的详细，就连缺失了足而只剩下底的漆香奁也记录在案。

五代时期的敦煌寺院籍帐文书 S.1776《后周显德五年（958）大乘寺法律尼戒性等交割常住什物点检历状》第 9 行记有"破漆香奁壹；新木香奁壹，在柜"。可见，不但新的木香奁的保存状态被登记在册，而且破的漆香奁的保存状态也被登记在册，由此可知漆香奁在当时的珍贵程度。

9.7.7　栲老（栳）子

吐蕃占领敦煌时期的文书 P.2583《申年比丘尼修德等施舍疏十三件》中的第十三件第 7 行记载："申年二月十三日尼明证念诵施入大众衣物数。……栲老子一。"敦煌文书 S.2144《敦煌变文韩擒虎话本》中记有："官键唱喏……丐（改）换衣装，作一百姓装裹，担得一栲栳馒头，直到箫磨呵寨内，当时便卖。"（变文 1083）《集韵·皓韵》："栳，栲栳，柳器。"北魏贾思勰《齐民要术·作酢法》："量饭着盆中或栲栳中，然后写饭着瓮中。"又，唐代卢廷让《樊川寒食二首》之二："鞍马和花总是尘，歌声处处有佳人。五陵年少粗于事，栲栳量金买断春。"由这些可知，栲栳是一种以柳条或竹篾等植物条编织的圆筐形皮具。此种用法在西北的洮岷方言、临夏方言中继续使用，甚至可以当作计量词来使用，如一栲栳馒头，一栲栳鸡蛋等。金山国时期文书 P.3638《辛未年（911）正月六日沙州净土寺沙弥善胜领得历》第 28 行记有"筲筲壹"。文书中的"筲筲"，池田温先生释作"箸箸"，而唐耕耦先生认为："按筲筲即栲栳，柳器。"[37]

9.8 架具

9.8.1 价（架）

P.3161号《（10世纪）某寺常住什物交割点检历》第30行记有"价（架）壹，兼柜子具全"。"价"通"架"，但是这件具体是何架，该文书并无交代。

9.8.2 经架

敦煌文书P.3638《辛未年（911）正月六日沙弥善胜于前都师手上见领得诸物历》记载："经架壹；曲伎壹；如意杖壹；漆香匳壹；方香印壹；团香印壹；木香宝子壹；金油木师（狮）子壹；石师（狮）子三对，内壹双石银油；骨仑坐小经架子壹。"（释录3/116）

P.2613《唐咸通十四年（873）正月四日沙州某寺交割常住物等点检历》记有"佛名经樑（架）壹，在经家；曲（曲）陈经架孔单伞壹，绯裙，长壹箭；又曲（曲）陈绢伞壹；绯紫者舌，每面各长壹箭。"（释录3/12）。

在唐代敦煌寺院中，不同的佛经配有专门的佛经架。例如，该《点检历》中所说的《佛名经》共计十二卷，北魏菩提流支译[38]，经中列举一万一千九十三尊，以及数千佛、菩萨及辟支佛之名，谓受持读诵诸佛名号而思惟赞叹者，能得现世安稳，远离诸难，消灭诸罪，于未来世得无上菩提。这一佛经配备专用的架子以凸显该经的重要性，并便于阅读，是唐代架具发展的新现象。

而所谓的"曲陈经架孔单伞"是指附有经架孔的曲陈单伞壹件，伞与幢常并称。幢上置经，见于佛经中的明文记载。在敦煌壁画中，有一些经卷通过经架被安放在幢顶之上。这些说明经架与伞、幢的组合设计在当时是常见的。

在敦煌文书P.3638《辛未年（911）正月六日沙弥善胜于前都师手上见领得诸物历》的记载中，经架常与"经藏""经案""香匳""香印"等并列。据五代敦煌寺院籍帐文书S.1776《后周显德五年（958）大乘寺法律尼戒性等交割常住什物点检历状》的记载，"经藏"等物为"供养具"，所以经架也应是当时佛教的一种供养具。据《佛顶尊胜陀罗尼经》记载："佛告天帝，若人能书写此陀罗尼[39]，安高幢上，或安高山，或安楼上，乃至安置窣堵波中，此等众生，为一切诸佛之所授记，皆得不退转于阿耨多罗三藐三菩提。"[40]陀罗尼被置于高山、楼阁或高幢等高处，应该有特定的工具（如经架等）来盛放或支撑。敦煌壁画中的经架的支柱是弯曲的，而正仓院书几的支柱则是笔直的，但它们的底座与支架的结构是相似的。横托式经架出现于盛唐莫高窟第217、23、103窟的佛顶尊胜陀罗尼经变中。

9.8.3 灯架

五代敦煌寺院籍帐文书S.1776《后周显德五年（958）某寺常住什物点割历》记载的供养具条目第12行中记有"大灯树壹，在殿"，这里记录的应该是陈设于佛殿之中的一种体型庞大的灯架，因其体形如同大树的躯干与枝杈，故名"大灯树"。鉴于敦煌籍帐文书P.2049背《长兴二年（931）正月沙州净土寺愿达手下诸色入破历算会牒》第385—386行所载"麵贰斗伍胜，正月十五上窟燃僧食用"，以及P.3103《浴佛节佛事斋文》、S.4191《腊八道场斋文》、S.2575《为筹办七月十五庄严道场启》关于敦煌正月十五燃灯、腊八燃灯盛况的记载，敦煌的灯具使用情况是很多的。就实际图像而言，今天我们在初唐莫高窟第220窟北壁壁画以及盛唐莫高窟第148窟东壁壁画《树幡、斋僧、燃灯》中均可以看到由灯座、灯柱、灯盘、灯冠等部分组成的树形灯架。

图 9-8-3-1　隋代莫高窟第 433 窟人字坡东坡壁画中的九层灯架

图 9-8-4-1　元代榆林窟第 4 窟东壁壁画《天王》局部

关于当时燃灯的仪轨，北大 D180 敦煌遗书《药师道场坛法》通过密教中的药师法对此有所描述。譬如，其第 5-7 行记载："当坛像前置七层灯轮，然（燃）四十九盏无明昼夜灯，须不绝。其灯葵油，于□点。"这告诉世人其灯轮可以高达七层，49 盏无明昼夜灯，点的是葵油，而且不能熄灭，可以想象灯火通明之盛况。敦煌壁画中描绘了较多的灯架图像，灯轮层数最多的为 9 层，如隋代莫高窟第 433 窟人字坡东坡壁画中的九层灯架（图 9-8-3-1）；最为常见的是 4 层，如见中唐莫高窟第 358 窟北壁壁画《斋僧、树幡、燃灯》中的灯架（图 9-8-3-2）。

9.8.4　莲花架

P.2613《唐咸通十四年（873）正月四日沙州某寺交割常住物等点检历》记载："莲花架二；经案二"。

莲花是佛教圣物，其在寺院的装饰与运用比皆是，敦煌寺院以莲花为架，是将佛教元素加以灵活运用的产物。元代榆林窟第 4 窟东壁壁画《天王》（图 9-8-4-1）中描绘了一种周边饰有莲花的托盘，盘中升起莲花，其花心陈放了一颗白色宝珠，这种陈设宝珠的器具也许就是一种莲花架。另外，还可在初唐莫高窟第 220 窟南壁东侧壁画、初唐莫高窟第 220 窟北壁壁画、盛唐莫高窟第 66 窟北壁壁画《"十六观"前八观》等敦煌壁画中见到以莲花为造型元素的莲花架。

图 9-8-3-2　中唐莫高窟第 358 窟北壁壁画《斋僧、树幡、燃灯》中的灯架

9.8.5　手巾架

晚唐敦煌写本 P.2613《唐咸通十四年（873）正月四日沙州某寺交割常住物等点检历》第 34 行记有"大箱壹鞢；手巾樑（架）子壹"。手巾的使用也设有专用的架子，由此可见晚唐敦煌寺院中架具分类的细致。

9.8.6　案架

五代敦煌寺院籍帐文书 S.1776《后周显德五年（958）大乘寺法律尼戒性等交割常住什物点检历状》第 10-11 行记有"小桉（案）架贰"。"桉"通"案"，这里记载了两件体型小巧的"案架"，这一名词在家具史上并未见第二例，也许属于敦煌当地的方言与俗语。

注释

[1] 以上六种分类按照今天的家具分类法来进行归纳与解析。

[2] 郝春文：《唐后期五代宋初敦煌寺院常住什物的数量及与僧人的关系》，《敦煌研究》1998 年第 2 期。

[3] 张锡厚校辑：《王梵志诗校辑》，北京：中华书局，1983 年版。

[4] 日本学者池田温断此文书年代为"吐蕃年次未详（840 年？）"，见 [日] 池田温：《中国古代籍帐研究》，龚泽铣译，录文二六八，北京：中华书局，1984 年版。

[5] 马德编著：《敦煌工匠史料》，兰州：甘肃人民出版社，1997 年版，第 6 页。

[6] 马德编著：《敦煌工匠史料》，兰州：甘肃人民出版社，1997 年版，第 9 页。

[7]《汉语大词典》（汉语大词典出版社，2002 年版）解释牙床为"饰以象牙的眠床或坐榻"，然而其出处不明，待考。

[8] 中国古代文献中也称作棋枰，即今天的棋盘。

[9] 天平胜宝八岁（即唐玄宗天宝十五年，公元 756 年），圣武天皇驾崩，光明皇后将其生前常用与喜爱之物以及大佛开光仪式时的佛具、器物分五批捐赠给了东大寺，均珍藏在正仓院中，完好地保存至今。

[10] 该文书记载如下："1. 新大德造窟檐计料材木多少起□□；2. 大栿要肆，各长壹丈贰尺五寸，径壹尺贰寸；3. 柱肆个，旧有；栏额三，旧者堪用；4. 栟栿方子参条，各长壹丈贰尺伍寸、径头要捌寸；5.（栿）子计要六截，各长壹丈贰尺伍寸，径要捌寸；6. 丞橡方子三片，各长壹丈贰尺寸，径要捌寸；7. 丞柱通地枋长贰（丈）捌尺；8. 驼峰肆，要榆木壹丈、径捌寸；9. 马头肆个，各长壹丈参尺；10. 要小枓子贰拾个，计用榆木贰丈、径捌寸；11. 大枓肆，要榆木伍尺，径壹尺贰寸；12. 贴捌个，各长伍尺，径伍寸，要榆木；13. 花贴要肆，各长三尺伍寸；14. 门额方子要好干木，长玖尺，阔捌寸；15. 门神方子亦长玖尺，径陆寸；16. 门枇方子贰，各长捌尺，径捌寸；17. 门眉三，并鸡栖壹，桑木等不用，差；18. 南间沙窗额方子长玖尺，径陆寸；19. 腰方亦玖尺，径陆寸；20. 南窗门枇贰，各长伍尺，径伍寸；21. 门神玖尺，径陆寸；22. 北边沙窗额，亦长玖尺，径陆寸；23. 腰方亦玖尺，径陆寸；24. 门枇要贰，各长伍尺，径伍寸；25. 沙窗门切长玖尺，径陆寸。26.（原卷此行涂去）；27. 要檩子，三拾笙。"

[11] 郑炳林：《唐五代敦煌手工业研究》，收入《敦煌归义军史专题研究》，兰州：兰州大学出版社，1997 年版，第 239-273 页。马德：《敦煌工匠史料》，兰州：甘肃人民出版社，1997 年版，第 11-13 页，第 74-83 页。

[12] 马德：《敦煌的农民工匠及其"兼业"》，《敦煌研究》2010 年第 5 期。

[13]（南宋）陆游：《老学庵笔记》卷四。

[14]（宋）王谠：《唐语林·补遗四》。

[15]（南宋）洪迈：《夷坚甲志》卷一三《马筒冤报》。

[16] 日本《三宝物具钞第六》载有法隆寺宝物图，引自《大正新修大藏经》图像部十。

[17]（宋）吕渭老词：《水调歌头·送季修同希文去秀》。

[18]（宋）欧阳澈词：《蝶恋花·拉朝宗小饮》。

[19] 这是一部记述唐天宝以前历代经济、政治、礼法、兵刑等典章制度及地志、民族志的专书。

[20]《四分律比丘戒本》，卷 1，P.1020。

[21]《大正藏》，第 24 册，律部，NO.1484，（后秦）鸠摩罗什译：《梵网经》，卷 2，P.1007、P.1008。

[22]（唐）玄奘、辩机原著，季羡林校注：《大唐西域记校注》，北京：中华书局，1985 年版，第 149 页。

[23]《旧唐书·王维传》，卷 190 下，列传 140 下，北京：中华书局，1975 年版，第 5052 页。

[24] 唐耕耦、陆宏基：《敦煌社会经济文献真迹释录》（第 3 辑），北京：全国图书馆文献缩微复制中心，1990 年，第 617 页。

[25]（宋）吴曾：《能改斋漫录·事始二》。

[26]（南宋）洪迈：《夷坚丙志·饼店道人》。

[27]（宋）庄绰：《鸡肋篇》卷上，北京：中华书局，1983 年版，第 20～21 页。

[28] 转引自（宋）黄朝英：《靖康缃素杂记》，卷 3，

收入《丛书集成初编》，第299册，北京：中华书局，1985年版，第19页。

［29］（宋）普济：《五灯会元·侍郎张九成居士》，卷20，下册，北京：中华书局，1984年版，第1350页。

［30］即存放佛经的盒子，做工考究者，多用楠木、檀木制成，并镶嵌宝石，贴饰金箔。经函使用年代较早，《洛阳伽蓝记》卷四《白马寺》已有记载。唐代白居易记载苏州南禅院千佛堂转轮藏中"经函二百五十有六，经卷五千五十有八"（《全唐文》卷六七六）。

［31］国家文物局主编：《中国文物精华大辞典·金银玉石卷》，上海：上海辞书出版社，1996年版，第180页。

［32］根据方广锠先生的研究定名，参见方广锠：《敦煌佛教经录辑校》（下册），南京：江苏古籍出版社，1997年版，第637页。图版见上海古籍出版社、法国国家图书馆编：《法国国家图书馆藏敦煌西域文献》，第24册，上海：上海古籍出版社，2002年版，第275页。

［33］［日］竹内理三编：《宁乐遗文》，东京都：日本东京堂出版，昭和五十二年（1977）订正五版。

［34］此件文书前缺下残，正背存十二行，所记物品未分种类。

［35］唐耕耦先生推测其为吐蕃占领敦煌时期的写卷，参见唐耕耦、陆宏基：《敦煌社会经济文献真迹释录》第三辑，北京：全国图书馆文献缩微复制中心，1990年，第7页。

［36］杨富学、牛汝极：《沙州回鹘及其文献》，兰州：甘肃文化出版社，1995年，第82页。

［37］唐耕耦、陆宏基：《敦煌社会经济文献真迹释录》（第三辑），第118页，全国图书馆文献缩微复制中心，1990年。

［38］菩提流支，北印度人，精通三藏，曾于北魏永平元年（508）携大量梵本经葱岭来洛阳，翻译了大量佛经。

［39］指佛教中的经咒。

［40］《大正藏》，第19册，东京：大正一切经刊行会，1928年版，第351页。

附图

附图 | 陈设

图 10-1-1 北周莫高窟第 290 窟人字坡东坡壁画《阿夷观相》中的陈设（榻、凳）（上）

图 10-1-2 初唐莫高窟第 322 窟龛外北侧壁画《文殊菩萨》中的陈设（案、席、座）（下）

附图 I 陈设

图 10-1-3　初唐莫高窟第 323 窟南壁壁画《隋文帝问昙延法师天旱原因》中的陈设（高座、榻、帐）

图 10-1-4　盛唐莫高窟第 103 窟东壁窟门南侧壁画《维摩诘经变》中的陈设（高榻、曲栅足几、屏风）

图 10-1-5　盛唐莫高窟第 148 窟东壁壁画《地想观》中的陈设（莲花座、须弥座、幢架、席）（上）

图 10-1-6　盛唐莫高窟第 148 窟南壁壁画《男女相对互礼》中的陈设（案、毯、屏风）（下）

图 10-1-7　盛唐莫高窟第 148 窟东壁北侧壁画中的陈设（炉架、案、桌旗）线描解析图（上）

图 10-1-8　盛唐莫高窟第 444 窟壁画《说法图》中的陈设（炉架、须弥座、足承）线描解析图（下）

图 10-1-9　盛唐莫高窟第 445 窟北壁壁画《弥勒经变之剃度图》中的陈设（案、炉架、盒）线描解析图

图 10-1-10　盛唐莫高窟第 217 窟壁画中的陈设（凳、榻、案）

图 10-1-11 盛唐莫高窟第 217 窟壁画中的陈设（席、案、莲座）

图 10-1-12　盛唐莫高窟第 217 窟壁画中的陈设（须弥座、莲座、炉架、方响架）

图 10-1-13 中唐莫高窟第 112 窟壁画《乐师经变》中的陈设（案、方响架、毯）

图 10-1-14 中唐莫高窟第 159 窟东壁南侧壁画《维摩诘经变》中的陈设（案、炉架、须弥座）

图 10-1-15　中唐莫高窟第 201 窟北壁壁画《舞乐》中的陈设（案、炉架、方响架、毯）

图 10-1-16　中唐莫高窟第 236 窟东壁门壁画《斋僧》中的陈设（席、案）

图 10-1-17　中唐莫高窟第 360 窟壁画《维摩诘经变之佛国品》中的陈设（案、炉架、莲座）

图 10-1-18　中唐莫高窟第 361 窟壁画《弥勒经变之弥勒降生》中的陈设（围屏、经幢、席）（上）

图 10-1-19　中唐莫高窟第 386 窟北壁壁画《药师会》中的陈设（案、炉架）（下）

图 10-1-20　中唐榆林窟第 25 窟北壁壁画《观无量寿经变之九品行生》中的陈设（案、炉架、宝珠架）

图10-1-21 中唐榆林窟第25窟北壁壁画《老人入墓》中的陈设（墓床、屏风）（上）

图10-1-22 中唐榆林窟第25窟北壁壁画《七宝供养》中的陈设（案、炉架、盒、宝盘）（下）

图 10-1-23　中唐榆林窟第 25 窟北壁中央下部壁画《弥勒变之男剃度》中的陈设（墩、毯）（上）

图 10-1-24　中唐榆林窟第 25 窟北壁中央下部壁画《弥勒变之女剃度（出家与听法）》中的陈设（墩、案、毯、盒、炉架）（下）

图 10-1-25　中唐榆林窟第 25 窟北壁中央下部壁画《弥勒变之女剃度》中的陈设（屏风、墩、毯）

附图 I　陈设

图 10-1-26　中唐榆林窟第 25 窟北壁中央下部壁画《弥勒变·剃度与出家听法》中的陈设（墩、案、毯、盒）

图 10-1-27 中唐榆林窟第 25 窟壁画《观无量寿经变之九品行生》中的陈设(供案、莲座、炉架)

图 10-1-28 中唐榆林窟第 25 窟壁画《弥勒经变》中的陈设（供案、食案、莲座、凳、席、墩、屏风、盒、炉架）

图 10-1-29 中唐榆林窟第 25 窟壁画《弥勒经变》中的陈设（供案、食案、莲座、凳、席、墩、屏风、炉架）

图 10-1-30　中唐榆林窟第 25 窟壁画《弥勒经变》中的陈设（供案、食案、莲座、席、盒、炉架）

图 10-1-31　中唐榆林窟第 25 窟壁画《弥勒经变之女剃度》中的陈设（墩、毯、席、盒）（上）

图 10-1-32　中唐榆林窟第 25 窟壁画《弥勒经变之女剃度》中的陈设（墩、毯、席、盒）线描解析图（下）

图 10-1-33 中唐榆林窟第 25 窟南壁壁画《观无量寿经变》中的陈设（案、炉架）线描解析图

图 10-1-34 中唐榆林窟第 25 窟南壁壁画《观无量寿经变》中的陈设（毯、案、炉架）

图 10-1-35　晚唐莫高窟第 9 窟东坡壁画《奠雁之礼》中的陈设（凳、案、席）

图 10-1-36　晚唐莫高窟第 12 窟主室南壁壁画《法华经变·灵鹫山说法图》中的陈设（案、炉架、莲座、席、榻）

图 10-1-37　晚唐莫高窟第 156 窟西壁龛内壁画《放生、燃灯》中的陈设（灯架、案、莲座、席）

图 10-1-38　晚唐莫高窟第 196 窟北壁东侧壁画《弥勒经变之剃度》中陈设（屏风、案、毯）

图 10-1-39　晚唐莫高窟第 196 窟壁画《劳度叉斗圣变》中的陈设（莲座、椅、凳、钟架、筌蹄）

图 10-1-40　晚唐莫高窟第九窟前室西壁壁画《毗沙门天王请佛入塔赴哪吒会》中的陈设（案、炉架、座）

图 10-1-41　晚唐莫高窟第 12 窟壁画《佛与诸众菩萨》中的陈设（案、炉架）

图 10-1-42　晚唐莫高窟第 12 窟南壁《剃度图》中的陈设（凳、毯、屏风、盒）（上）

图 10-1-43　五代莫高窟第 61 窟壁画《男剃度》中的陈设（轮架、席）（下）

图 10-1-44 晚唐莫高窟第 12 窟壁画《佛与诸众菩萨》中的陈设（案、炉架）

图 10-1-45　五代莫高窟第 61 窟南壁壁画《楞伽经变》中的陈设（榻、衣架、灯架、折叠足桌等）

图 10-1-46　五代莫高窟第 98 窟壁画《维摩诘》中的陈设（高座、案）（上）

图 10-1-47　五代莫高窟第 108 东壁壁画《宅子酒肆》中的陈设（凳、案、屏风）（下）

图 10-1-48　五代莫高窟第 61 窟壁画《文殊与化菩萨》中的陈设（案、高座）

图 10-1-49 五代榆林窟第 16 窟壁画《劳度叉斗圣变》中的陈设（钟架、筌蹄、凳）

图 10-1-50　五代榆林窟第 20 窟壁画《嫁娶图》中的陈设（案、屏风）

图 10-1-51　五代榆林窟第 38 窟西壁壁画《汉族回鹘族通婚》中的陈设（案、凳、屏风、镜架）（上）

图 10-1-52　北宋莫高窟第 76 窟南壁壁画《法华经变》中的陈设（案、炉架、莲座）（下）

注：敦煌家具陈设形象还见于图 4-10　初唐莫高窟第 334 窟壁画《维摩诘》中的栅足几、凭几、高座；图 8-3-1　晚唐莫高窟第 9 窟东坡壁画《奠雁之礼》中的凳、案、席；图 8-3-2　晚唐莫高窟第 12 窟壁画《未生怨》中的案、长凳、盒、帷帐式屏风等。

附图 II　卧具

图 10-2-1-1　盛唐莫高窟第 23 窟窟顶南坡壁画《离淫欲毒》中的床（上）

图 10-2-1-2　盛唐莫高窟第 217 窟南壁壁画《念经治病》中的床、榻（榻上设床）（下）

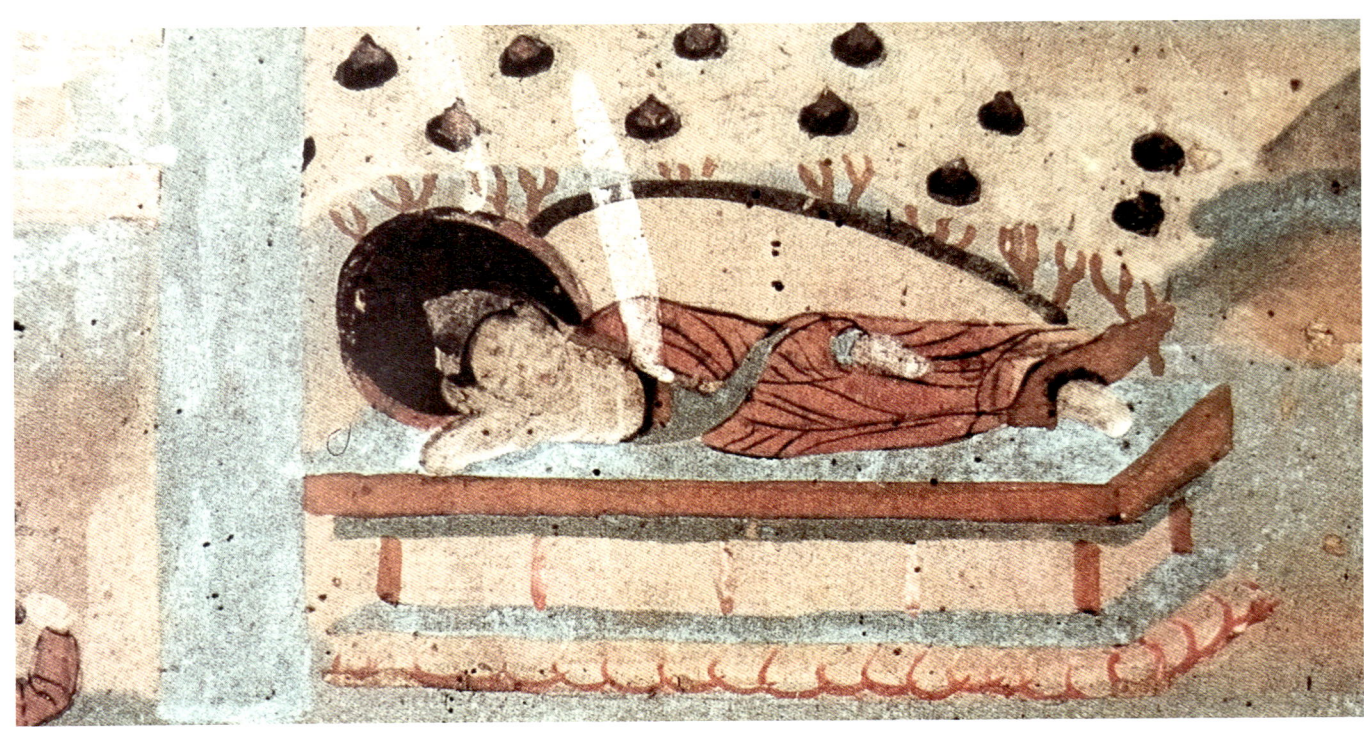

图 10-2-1-3　晚唐莫高窟第 12 窟主室南壁壁画《法华经变·火宅喻》中的床

图 10-2-1-4　晚唐莫高窟第 14 窟北壁壁画《淫舍》中的床

图 10-2-1-5　晚唐莫高窟第 85 窟窟顶南坡壁画《淫舍》中的床

图 10-2-1-6　五代莫高窟第 61 窟南壁壁画《病无良医被鬼害》中的床

图 10-2-1-7　五代莫高窟第 61 窟南壁壁画《生死如幻梦》中的床

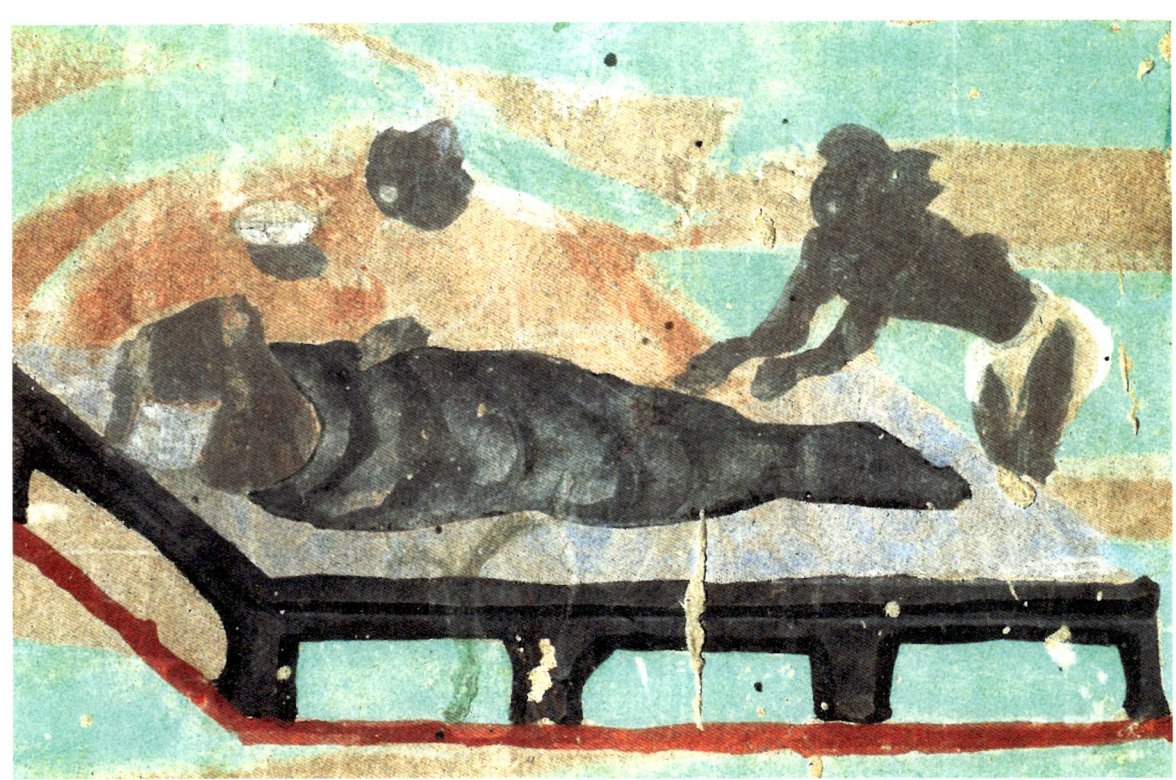

图 10-2-1-8　五代莫高窟第 454 窟南壁壁画《病人服药》中的床

注： 敦煌床的形象还见于图 7-1-1　初唐莫高窟第 323 窟东壁门南壁画《拒卧具供养》中具有斜靠背的床；图 9-3-1-1 宋代莫高窟第 76 窟北壁壁画《巫医治病》中的床等。

图 10-2-2-1　隋代莫高窟第 419 窟东坡壁画《堂屋》中的榻

附图 Ⅱ　卧具

图 10-2-2-2 初唐莫高窟第 203 窟西壁壁画《维摩示疾》中的榻线描解析图

图 10-2-2-3 初唐莫高窟第 203 窟西壁壁画《文殊来问》中的榻线描解析图

图 10-2-2-4 初唐莫高窟第 323 窟北壁壁画《佛图澄与后赵皇帝石虎》中的榻

图 10-2-2-5　盛唐莫高窟第 45 窟壁画中的榻

附图Ⅱ　卧具

图 10-2-2-6　盛唐莫高窟第 217 窟壁画中的榻

图 10-2-2-7　盛唐莫高窟第 217 窟壁画中的榻（上）

图 10-2-2-8　盛唐莫高窟第 217 窟壁画中的榻（下）

敦煌家具 图式

图 10-2-2-9　盛唐莫高窟第 217 窟壁画中的榻

图 10-2-2-10　盛唐莫高窟第 45 窟北壁壁画《未生怨》中的榻

附图 II　卧具

图 10-2-2-11 盛唐莫高窟第 45 窟北壁壁画《未生怨》中的榻

图 10-2-2-12　盛唐莫高窟第 113 窟北壁壁画《跪拜行礼》中的榻

图 10-2-2-13　盛唐莫高窟第 148 窟东壁壁画《第一横》中的榻

附图 Ⅱ　卧具

图 10-2-2-14　盛唐莫高窟第 148 窟南壁壁画中的榻（上）

图 10-2-2-15　盛唐莫高窟第 171 窟南壁壁画《日想观》中的榻（下）

图 10-2-2-16 盛唐莫高窟第 173 窟南壁壁画《未生怨之囚父》中的榻（上）

图 10-2-2-17 盛唐莫高窟第 320 窟北壁壁画《思惟菩萨》中的榻（下）

图 10-2-2-18　盛唐莫高窟第 320 窟北壁壁画《未生怨之欲害其母》中的榻

图 10-2-2-19　中唐莫高窟第 150 窟南壁壁画《卧佛》中的榻

图 10-2-2-20 中唐莫高窟第 159 窟南壁壁画《释迦涅槃》中的榻

图 10-2-2-21 中唐莫高窟第 358 窟北壁壁画《放生》中的榻

图 10-2-2-22 中唐莫高窟第 468 窟北壁壁画《被襁驱除鬼》中的榻

图 10-2-2-23　中唐榆林窟第 25 窟北壁壁画《老人入墓》中的墓室屏风线描解析图

图 10-2-2-24　中唐榆林窟第 25 窟壁画《观无量寿经变》中的榻

图 10-2-2-25　晚唐莫高窟第 12 窟北壁壁画《赛神治病》中的榻

图 10-2-2-26　晚唐莫高窟第 9 窟东壁壁画《男供养人》中的榻

图 10-2-2-27　晚唐莫高窟第 12 窟主室东壁壁画《供养人》中的榻

图 10-2-2-28　晚唐莫高窟第 12 窟主室南壁壁画《法华经变·争战》中的榻

图 10-2-2-29　晚唐莫高窟第 14 窟南壁壁画《巫舞》中的榻

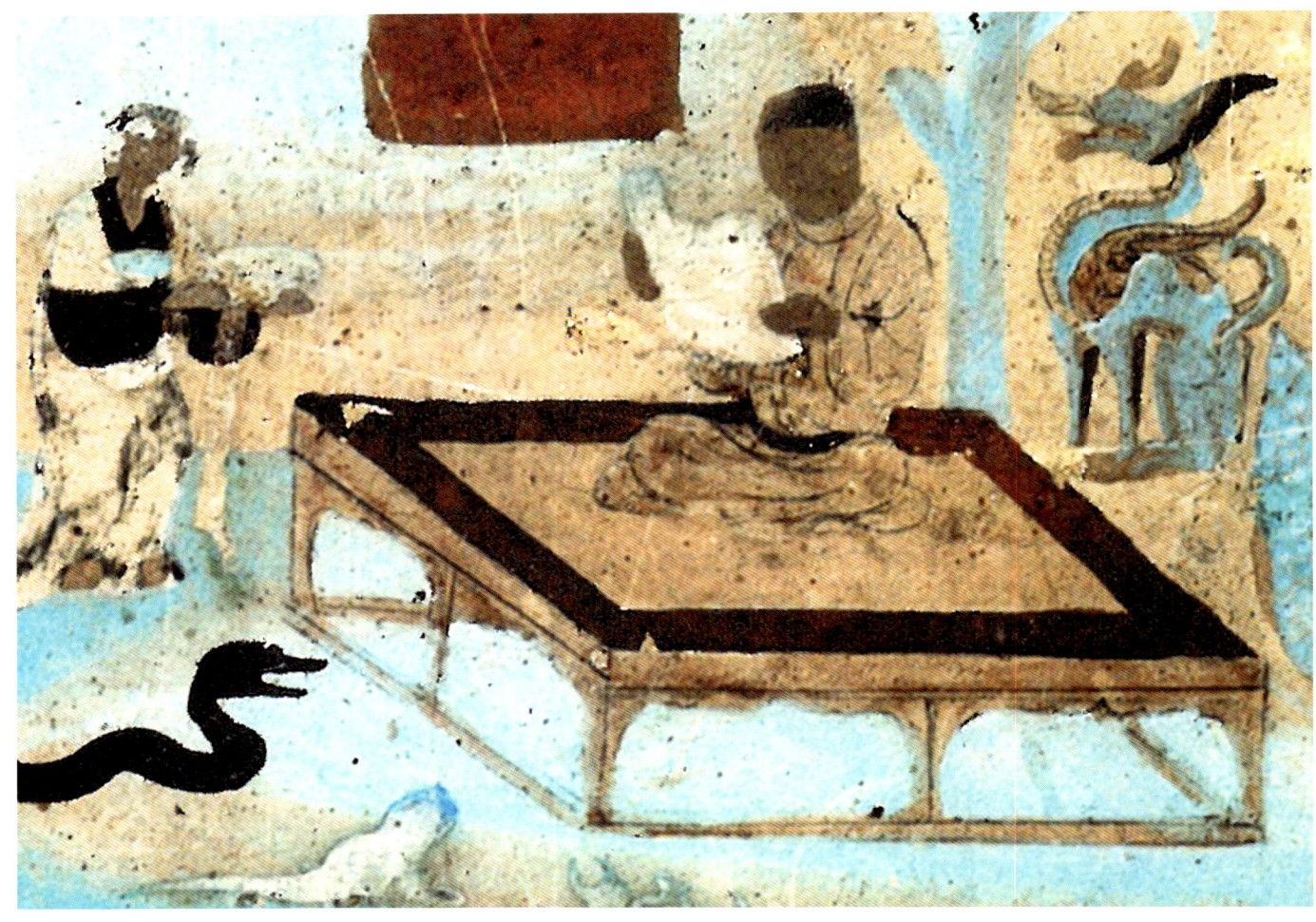

图 10-2-2-30　晚唐莫高窟第 14 窟南壁壁画中的榻（上）

图 10-2-2-31　晚唐莫高窟第 85 窟窟顶东坡壁画中的榻（下）

图 10-2-2-32　晚唐莫高窟第 85 窟南壁壁画《受持诵读金刚经》中的榻

图 10-2-2-33　晚唐莫高窟第 98 窟南壁壁画《虔阇尼婆梨王本生全图》中的榻

图 10-2-2-34　晚唐莫高窟第 138 窟南壁壁画中的榻（男信徒坐）

图 10-2-2-36　晚唐莫高窟第 138 窟南壁壁画中的榻（与衣架并设）

图 10-2-2-35　晚唐莫高窟第 138 窟南壁壁画中的榻（女信徒坐）

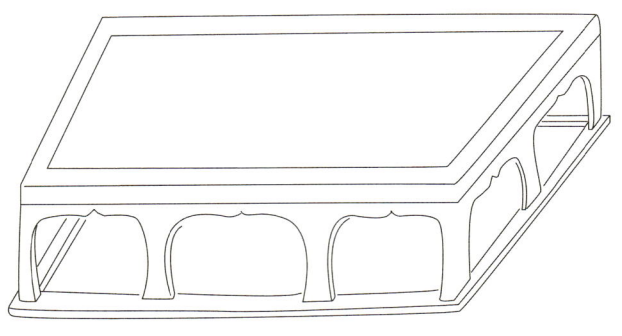
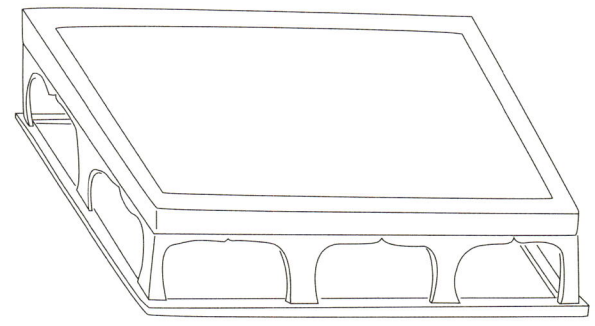

图 10-2-2-37　晚唐莫高窟第 144 窟东壁壁画《索家供养像》中的两件榻线描解析图

图 10-2-2-38　晚唐莫高窟第 156 窟南壁壁画《被人轻贱》中的榻

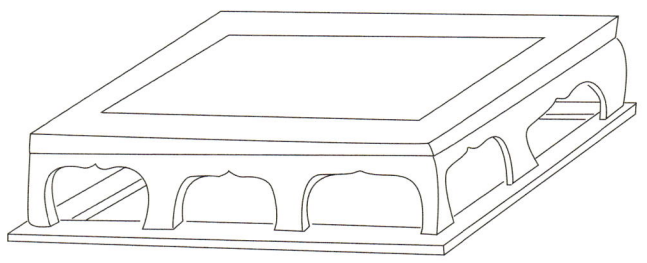

图 10-2-2-39　晚唐莫高窟第 156 窟南壁壁画《被人轻贱》中的榻线描解析图

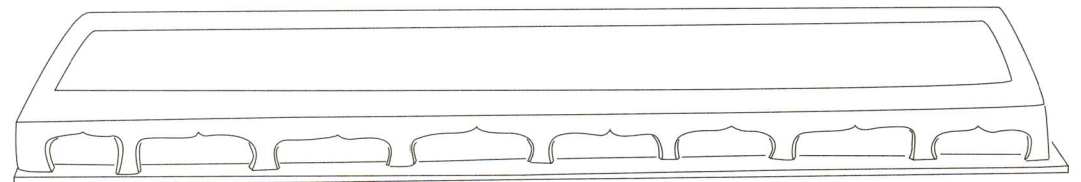

图 10-2-2-40　五代莫高窟第 61 窟南壁壁画《良医授药》中的长榻线描解析图

图 10-2-2-41　五代莫高窟第 98 窟壁画《学堂》中的两件榻

图 10-2-2-42 五代莫高窟第 384 窟甬道顶壁画《地藏十王》中的十王坐榻

图 10-2-2-43　宋代莫高窟第 55 窟北壁壁画《第一横》中的榻

图 10-2-2-44　宋代莫高窟第 55 窟北壁壁画中的榻

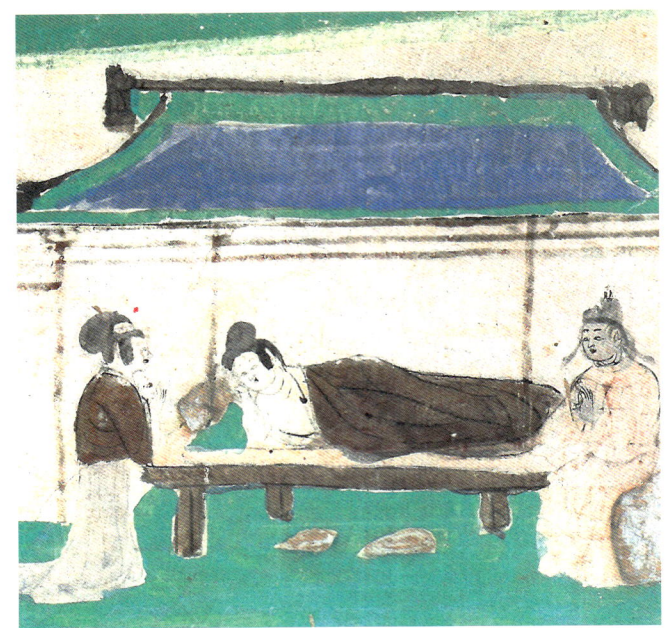

图 10-2-2-45　宋代莫高窟第 76 窟北壁壁画《巫医治病》中的床（上）

图 10-2-2-46　宋代莫高窟第 76 窟东壁门南侧壁画《王捧太子，相师占相》中的两件榻（下）

注：敦煌榻的形象还见于图 1-2-1 晚唐莫高窟第 144 窟东壁壁画《索家供养像》中的榻；图 3-11 初唐莫高窟第 323 窟南壁壁画《隋文帝问昙延法师天旱原因》中的榻；图 3-12 中唐榆林窟第 25 窟北壁壁画《听经得往生》中的矮榻；图 4-1 初唐莫高窟第 203 窟西壁龛外北侧上部壁画《文殊来问》中的榻；图 4-2 初唐莫高窟第 203 窟西壁龛外北侧上部壁画《文殊来问》中的榻；图 4-3 盛唐莫高窟第 14 窟南壁壁画《闻法欢喜》中的壸门托泥榻；图 4-4 盛唐莫高窟第 217 窟南壁壁画《国王求法》中的榻；图 4-5 盛唐莫高窟第 320 窟北壁壁画《未生怨之欲害其母》中的榻；图 4-6 中唐莫高窟第 112 窟南壁壁画《被人轻贱》中的榻；图 4-8 晚唐莫高窟第 14 窟南壁壁画中的壸门托泥榻；图 7-2-1 五代莫高窟第 61 窟南壁壁画《良医授药》中的长榻；图 8-1-2 中唐莫高窟第 159 窟南壁壁画《释迦方便涅槃》中的须弥座式榻；图 8-1-3 五代莫高窟第 98 窟东壁壁画《维摩诘经变》局部；图 8-2-3 盛唐莫高窟第 217 窟南壁壁画《国王求法》中的榻；图 9-3-2-1 中唐莫高窟第 150 窟南壁壁画《卧佛》中的榻等。

图 10-2-2-47　元代榆林窟第 6 窟明窗前室四壁北侧壁画《供养人》中的榻

图 10-2-2-48　元代榆林窟第 6 窟明窗前室四壁南侧壁画《供养人》中的榻

附图 Ⅲ　坐具

图 10-3-1-1　初唐莫高窟第 331 窟壁画《各族君长》中的席

附图Ⅲ　坐具

图 10-3-1-2　盛唐莫高窟第 217 窟壁画中的席（上）

图 10-3-1-3　盛唐莫高窟第 217 窟壁画中的席（下）

图 10-3-1-4 初唐莫高窟第 331 窟壁画《各族君长》中的席

图 10-3-1-5 初唐莫高窟第 431 窟壁画《宝树观》中的席

图 10-3-1-6 盛唐莫高窟第 103 窟南壁壁画《念经治病》中的席

图 10-3-1-7 盛唐莫高窟第 148 窟东壁壁画《地想观》中的席（上）

图 10-3-1-8 盛唐莫高窟第 217 窟北壁壁画《韦提希夫人》中的席（下）

图 10-3-1-9 盛唐莫高窟第 217 窟南壁壁画《拜塔斋僧》中的席

图 10-3-1-10　盛唐莫高窟第 217 窟西龛顶壁画《顶礼佛陀》中的席（上）

图 10-3-1-11　晚唐莫高窟第 9 窟东坡壁画《奠雁之礼》中的席（下）

图 10-3-1-12　晚唐莫高窟第 12 窟北壁壁画《天神问佛法》中的席（上）

图 10-3-1-13　晚唐莫高窟第 12 窟北壁壁画《天神跪佛前》中的席（下）

附图Ⅲ　坐具

图 10-3-1-14　五代莫高窟第 61 窟东壁壁画《维摩诘经变》中的席

图 10-3-1-17　宋代莫高窟第 76 窟东壁门北侧壁画《波斯匿王献花供养》中的席

图 10-3-1-15　五代莫高窟第 61 窟南壁壁画《陶工》中的席

图 10-3-1-16　五代莫高窟第 98 窟甬道壁画中的席

图 10-3-1-18　北凉莫高窟第 275 窟南壁壁画《伎乐》中的圆毯

图 10-3-1-19　初唐莫高窟第 220 窟北壁壁画《乐舞图》中的圆毯线描解析图

图 10-3-1-20　初唐莫高窟第 220 窟南壁壁画《乐舞图》中的圆毯线描解析图

图 10-3-1-21　晚唐莫高窟第 85 窟壁画《舞》中的毯

附图Ⅲ　坐具

图 10-3-1-22　北凉莫高窟第 263 窟北壁东侧壁画《说千佛》中的蒲团

图 10-3-1-23　西魏莫高窟第 285 窟壁画《禅修图》中的蒲团

注：敦煌席、毯、蒲团的形象还见于图 3-3 初唐莫高窟第 329 窟壁画供养人像线描解析图；图 3-4　初唐莫高窟第 220 窟北壁壁画《乐舞图》中的圆毯；图 3-5　盛唐莫高窟第 320 窟壁画《观无量寿经变》中的舞者线描解析图；图 3-6　初唐莫高窟第 431 窟北壁壁画《坐席观山》中的席；图 3-7　盛唐莫高窟第 66 窟北壁壁画《"十六观"前八观》中的席；图 3-8　盛唐莫高窟第 68 窟北壁壁画《长河落日》中的席；图 3-9　盛唐莫高窟第 217 窟北壁壁画《远山落日》中的席；图 3-10　中唐榆林窟第 25 窟北壁壁画中的席；图 8-2-1　初唐莫高窟第 331 窟壁画《各族君长》中的席；图 8-2-2　初唐莫高窟第 331 窟壁画《各族君长》中的席；图 9-4-1-1　盛唐莫高窟第 103 窟北壁壁画《远山落日》中的席；图 9-4-1-2　盛唐莫高窟第 172 窟北壁壁画《长河落日》中的席等。

图 10-3-1-24　五代莫高窟第 8 窟甬道顶壁画《昙延法师圣容》中的蒲团

图 10-3-2-1 中唐莫高窟第 202 窟壁画《弥勒经变》中的扶手椅

图 10-3-2-2 中唐莫高窟第 202 窟壁画《弥勒经变》中的扶手椅

图 10-3-2-3 晚唐莫高窟第 196 窟西壁南侧壁画《外道皈依》中的靠背椅

图 10-3-2-4　五代莫高窟第 61 窟西壁壁画《大清凉寺》中的禅椅

注：敦煌椅的形象还见于图 1-4-1 初唐莫高窟第 334 窟西壁龛内北壁壁画《舍利弗宴坐》中的禅椅；图 5-8-1 五代莫高窟第 384 窟甬道顶壁画《地藏十王》中的 4 件靠背椅；图 5-8-4 初唐莫高窟第 334 窟西壁龛内北壁壁画《舍利弗宴坐》中的禅椅（左）与敦煌莫高窟西魏第 285 窟壁画中的绳床（右）的对比图；图 6-1-2 中唐莫高窟第 186 窟顶东坡北坡壁画《拆幢》中的扶手椅；图 6-1-3 西夏文殊山万佛洞右壁壁画《贤愚经变》中的靠背椅；图 6-1-4 西夏文殊山万佛洞左壁壁画《贤愚经变》中的靠背椅；图 6-1-5 晚唐莫高窟第 9 窟北壁中间壁画《舍利弗宴坐》中的禅椅；图 6-1-6 五代莫高窟第 61 窟东壁壁画《舍利弗宴坐》中的禅椅；图 6-1-7 五代莫高窟第 61 窟西壁壁画《五台山大佛光寺》中的禅椅；图 6-1-9 晚唐莫高窟第 196 窟壁画中的圈椅、扶手椅；图 6-1-10 元代莫高窟第 95 窟南壁西侧壁画《长眉罗汉》中的竹椅；图 7-3-1 盛唐莫高窟第 148 窟南壁壁画中的椅子；图 7-3-2 晚唐莫高窟第 138 窟南壁壁画中的禅椅；图 8-2-4 五代莫高窟第 98 窟甬道顶壁画《昙延法师圣容》中的禅椅；图 8-4-1 五代莫高窟第 61 窟壁画《五台山》中的禅椅等。

图 10-3-2-5　五代莫高窟第 98 窟甬道顶壁画《昙延法师圣容》中的禅椅

图 10-3-2-6　五代莫高窟第 390 窟甬道顶壁画《六道轮回》中的两件椅

图 10-3-3　北魏莫高窟第 257 窟西壁壁画《须摩提女缘品》中的胡床

注：敦煌胡床形象还见于图 5-1-4　北魏莫高窟第 257 窟西壁壁画《须摩提女缘品》中的双人胡床；图 5-1-6　隋代莫高窟第 420 窟壁画中的胡床等。

图 10-3-4-1 北凉莫高窟第 275 窟北壁壁画《尸毗王本生》中的凳（上）

图 10-3-4-2 北魏莫高窟第 257 窟南壁壁画《沙弥守戒自救故事之二》中的凳（下）

图 10-3-4-3　北魏莫高窟第 257 窟南壁壁画《沙弥守戒自救故事之四》中的凳（上）

图 10-3-4-4　隋代莫高窟第 380 窟西壁南侧壁画《维摩诘经变问疾品文殊》中的凳（下）

图 10-3-4-5　中唐莫高窟第 360 窟壁画《维摩诘经变之方便品》中的凳

图 10-3-4-6　中唐榆林窟第 25 窟北壁中央下部壁画《弥勒经变·女剃度（洗头）》中的凳

图 10-3-4-7　晚唐莫高窟第 12 窟主室南壁壁画《弥勒经变·剃度和拆幢》中的凳

图 10-3-4-8　晚唐莫高窟第 12 窟主室南壁壁画《弥勒经变·剃度和拆幢》中的凳

图 10-3-4-9　晚唐莫高窟第 85 窟西坡壁画中的凳

图 10-3-4-11　五代莫高窟第 6 窟南壁壁画中的凳

图 10-3-4-10　晚唐莫高窟第 85 窟甬道北坡壁画《瑞像》中的凳

图 10-3-4-12　五代莫高窟第 98 窟东壁壁画《维摩诘经变》中的凳

图 10-3-4-13　五代莫高窟第 146 窟东壁壁画《宅子酒肆》中的长凳

图 10-3-4-14 五代莫高窟第 146 窟北壁壁画《燃灯》中的凳（上）

图 10-3-4-15 五代榆林窟第 32 窟西壁壁画《拒好音声》中的凳（下）

图 10-3-4-16　莫高窟北凉第 275 窟泥塑中的凳

图 10-3-4-17　五代榆林窟第 32 窟西壁壁画《拒食百味净食》中的凳

图 10-3-4-19　宋代莫高窟第 55 窟北壁壁画中的凳

图 10-3-4-18　五代榆林窟第 32 窟西壁壁画《拒贪好触》中的凳

图 10-3-4-20　宋代莫高窟第 454 窟北壁壁画《拒百味饮食》中的凳

图10-3-4-21 宋代莫高窟第454窟北壁壁画《拒视美色》中的凳（上）

图10-3-4-22 宋代莫高窟第454窟北壁壁画《拒礼拜供养》中的凳（下）

注：敦煌凳的形象还见于图5-2-1 北魏莫高窟第257窟南壁壁画《沙弥守戒自杀故事》中的凳；图5-2-2 北魏莫高窟第257窟南壁壁画《沙弥守戒自杀故事》中的凳；图5-2-3 北魏莫高窟第257窟南壁壁画《沙弥守戒自杀故事》中的凳；图5-2-4 北凉莫高窟第266窟佛龛雕塑中的凳；图5-2-5 北凉莫高窟第268窟西壁佛龛中的弥勒菩萨坐凳；图5-2-6 中唐莫高窟第360东壁壁画《露天酒肆》中的长凳；图5-2-7 五代榆林窟第32窟西壁壁画《梵网经变中十二愿之一》中的凳；图5-3-6 中唐榆林窟第25窟壁画《弥勒经变之女剃度》中的墩；图5-3-7 晚唐莫高窟第85窟壁画《树下弹筝》中的两件墩；图5-3-8 五代莫高窟第100窟壁画《善友太子与利师跋国公主》中的两件墩；图7-5-1 北周莫高窟第290窟人字坡东坡壁画《阿夷观相》中的"吧台"凳；图7-6-1 中唐莫高窟第186窟北壁东侧壁画中的高凳；图7-6-2 盛唐莫高窟第148窟南壁壁画中的三足高凳；图7-7-1 晚唐莫高窟第9窟南壁东部壁画《圣僧助战》中的长凳；图7-7-2 宋代莫高窟第454窟西壁壁画《圣僧助战》中的长凳；图9-4-4-1 中唐莫高窟第159窟壁画《弥勒经变之盥洗》中的凳等。

图 10-3-5-1　盛唐莫高窟第 148 窟东壁壁画《九横死》中的墩

图 10-3-5-2　盛唐莫高窟第 148 窟东壁壁画《树幡、斋僧、燃灯》中的墩

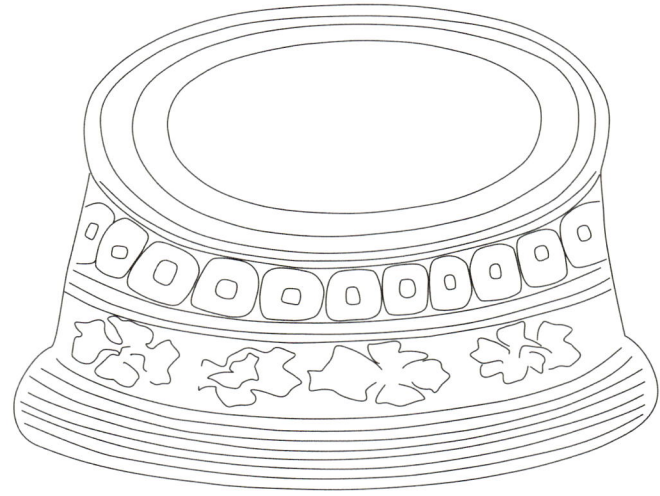

图 10-3-5-3　中唐榆林窟第 25 窟《弥勒经变之女剃度》中的墩线描解析图

图 10-3-5-4 中唐榆林窟第 25 窟壁画《弥勒经变之女剃度》中的墩

图 10-3-5-5 晚唐莫高窟第 196 窟壁画《嫁娶图》中的墩

图 10-3-5-6 晚唐莫高窟第 9 窟窟顶东坡壁画《拆幢图》中的墩

图 10-3-5-7　五代莫高窟第 61 窟壁画《女剃度》中的墩

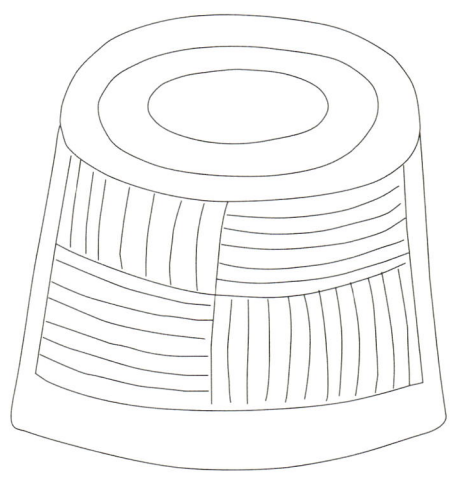

图 10-3-5-8　五代莫高窟第 61 窟壁画《女剃度》中的藤墩线描解析图

图 10-3-5-9　五代莫高窟第 61 窟壁画《五台山》中的墩

图 10-3-5-10　五代莫高窟第 61 窟南壁壁画《拆幢图》中的墩

图 10-3-5-11 北周莫高窟西千佛洞第 8 窟壁画中的墩

注：敦煌墩的形象还见于图 5-3-4 北凉莫高窟第 275 窟北壁上层树形龛雕塑《菩萨半跏像》中的墩；图 5-3-5 中唐榆林窟第 25 窟北壁壁画《弥勒经变之女剃度》中的墩等。

图 10-3-6-1 北凉莫高窟第 275 窟北壁壁画《快目王施眼本生》中的筌蹄线描解析图（上）

图 10-3-6-2 北魏莫高窟第 263 窟壁画《伎乐天》中的筌蹄（下）

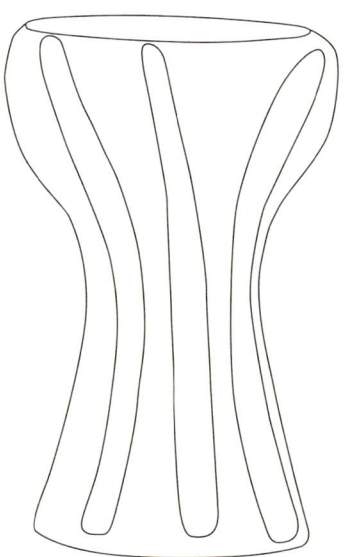

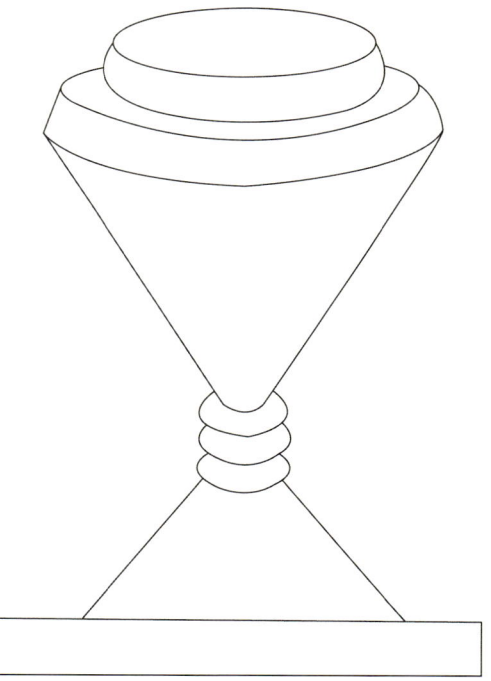

图 10-3-6-3　北周莫高窟第 428 窟北壁壁画《力士》中的筌蹄（上）

图 10-3-6-4　北周莫高窟第 428 窟壁画《力士》中的筌蹄线描解析图（下）

图 10-3-6-5　隋代莫高窟第 314 窟西壁壁画《思惟菩萨》中的筌蹄

图 10-3-6-6　隋代莫高窟第 471 窟壁画《菩萨授记》中的筌蹄

图 10-3-6-8　隋代莫高窟第 423 窟窟顶西坡壁画《供养菩萨》中的筌蹄

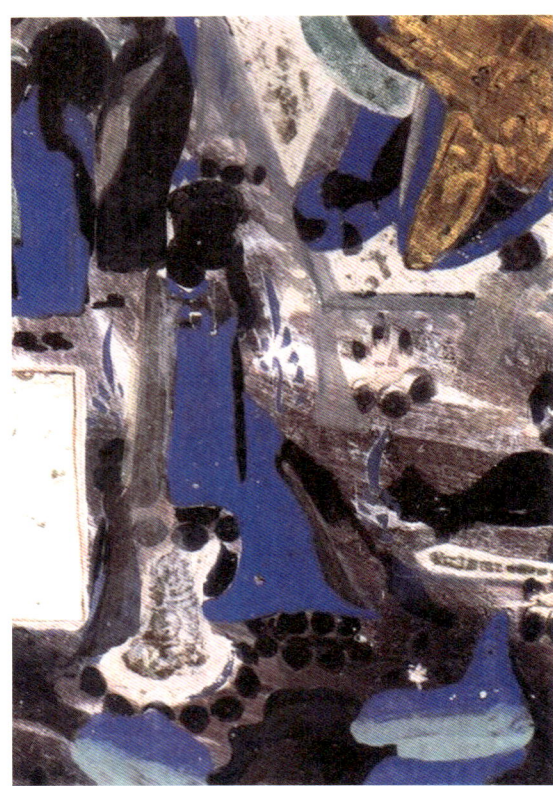

图 10-3-6-7　隋代莫高窟第 420 窟人字坡北坡壁画《大般涅槃经》中的筌蹄

图 10-3-6-9　隋代莫高窟第 423 窟窟顶西坡壁画《摩顶授记》中的筌蹄

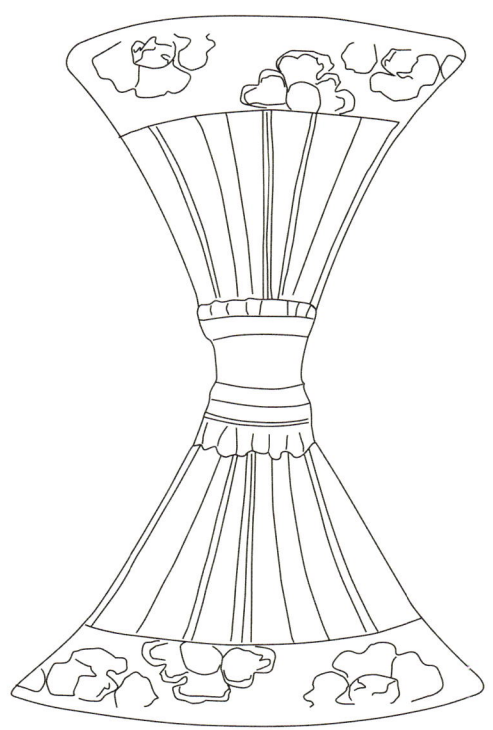

图 10-3-6-10　晚唐莫高窟第 196 窟西壁壁画《外道皈依》中的筌蹄线描解析图（上）

图 10-3-6-11　五代莫高窟第 146 窟西壁壁画《劳度叉斗圣变》中的筌蹄线描解析图（下）

注：敦煌筌蹄形象还见于图 5-4-1-1　北凉莫高窟第 275 窟北壁壁画《月光王本生全图》中的筌蹄；图 5-4-1-2　北魏莫高窟第 263 窟北壁壁画《说法图》中的两件筌蹄；图 5-4-1-3　西魏莫高窟第 285 窟南壁壁画《五百强盗成佛故事》中佛祖所坐筌蹄；图 5-4-1-4　隋代莫高窟第 420 窟顶西坡左侧壁画中的筌蹄；图 5-4-1-5　隋代莫高窟第 280 窟人字坡西坡壁画《佛母摩耶夫人》中的筌蹄；图 5-4-1-6　隋代莫高窟第 295 窟人字坡西坡壁画《佛母摩耶夫人》中的筌蹄；图 5-4-1-7　隋代莫高窟第 420 窟顶西坡左侧壁画中的筌蹄；图 5-4-1-8　隋代莫高窟第 303 窟壁画人字坡壁画《现婆罗门身》中的筌蹄；图 5-4-1-10　初唐莫高窟第 331 窟壁画《从海涌出》中的筌蹄；图 5-4-1-11　初唐莫高窟第 331 窟壁画《四大天王》中的 4 件筌蹄；图 5-4-1-12　晚唐莫高窟第 196 窟西壁壁画《外道皈依》中的筌蹄；图 5-4-1-13　晚唐莫高窟第 98 窟南壁壁画《虔阇尼婆梨王本生全图》中的筌蹄；图 5-4-1-14　五代莫高窟第 146 窟西壁壁画《劳度叉斗圣变》中的筌蹄；图 5-4-1-15　五代莫高窟第 146 窟西壁壁画《劳度叉斗圣变》中的筌蹄；图 5-4-1-16　五代榆林窟第 76 窟东壁壁画《剃头》中的两件筌蹄等。

附图Ⅲ　坐具

图 10-3-7-1　隋代莫高窟第 244 窟西壁壁画《供养菩萨》中的莲座（上）

图 10-3-7-2　隋代莫高窟第 394 窟壁画《供养菩萨》中的莲座（下）

图 10-3-7-3　隋代莫高窟第 394 窟西壁北侧壁画《菩萨》中的莲座

敦煌家具图式

图 10-3-7-4　隋代莫高窟第 420 窟壁画《佛说法图》中的莲座

图 10-3-7-5 初唐莫高窟第 71 窟壁画《弥勒经变》中的莲座

图 10-3-7-6　初唐莫高窟第 323 窟南壁壁画《铜莲花座》中的莲座（上）

图 10-3-7-7　初唐莫高窟第 323 窟南壁壁画《铜莲花座》中的莲座线描解析图（下）

图 10-3-7-8 初唐莫高窟第 329 窟东壁门壁画《释迦说法图》中的莲座

附图Ⅲ 坐具

图 10-3-7-9 初唐莫高窟第 329 窟东壁门壁画《释迦说法图》中的莲座线描解析图（上）

图 10-3-7-10 初唐供养菩萨塑像（敦煌陈列中心藏）中的束腰仰覆莲座线描解析图（下）

图 10-3-7-11 盛唐莫高窟第 31 窟南壁壁画《给释迦佛洗脚》中的莲座

图 10-3-7-12 盛唐莫高窟第 31 窟南壁壁画《给释迦佛洗脚》中的莲座线描解析图

图 10-3-7-13 盛唐莫高窟第 148 窟壁画《如意观音经变》中的莲座

图 10-3-7-14 盛唐莫高窟第 148 窟壁画《如意观音经变》中的莲座线描解析图

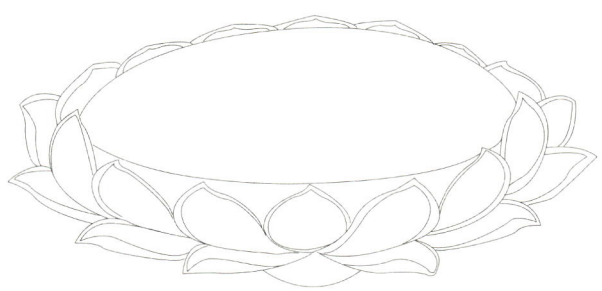

图 10-3-7-15　盛唐莫高窟第 148 窟东壁壁画《地想观》中的莲座线描解析图

图 10-3-7-18　盛唐莫高窟第 148 窟东壁壁画《华座观》中的莲座线描解析图

图 10-3-7-16　盛唐莫高窟第 148 窟东壁壁画《第二大愿》中的莲座线描解析图

图 10-3-7-19　盛唐莫高窟第 171 窟阿弥陀佛泥塑像中的莲座线描解析图

图 10-3-7-17　盛唐莫高窟第 148 窟东壁壁画《华座观》中的莲座

图 10-3-7-20　盛唐莫高窟第 171 窟佛像泥塑中的莲座线描解析图

图 10-3-7-21　盛唐莫高窟第 45 窟壁画中的莲座 1（上）

图 10-3-7-22　盛唐莫高窟第 45 窟壁画中的莲座 2（下）

图 10-3-7-23　盛唐莫高窟第 45 窟壁画中的莲座 3（上）

图 10-3-7-24　盛唐莫高窟第 217 窟壁画中的莲座（下）

图 10-3-7-25　中唐莫高窟第 159 窟东壁南侧壁画《维摩诘经变》中的莲座

图 10-3-7-27　中唐莫高窟第 220 窟甬道南壁龛内壁画《榜题释迦说法图》中的莲座线描解析图

图 10-3-7-26　中唐莫高窟第 220 窟甬道南壁龛内壁画《榜题释迦说法图》中的莲座

10-3-7-28 中唐莫高窟第231窟西壁佛龛顶壁画《萨伽耶仙寺瑞像》中的莲座

图10-3-7-29 中唐莫高窟第231窟西壁佛龛顶壁画《萨伽耶仙寺瑞像》中的莲座线描解析图

图10-3-7-30 中唐榆林窟第25窟壁画中的莲座线描解析图

图 10-3-7-31　晚唐莫高窟第 9 窟南壁东部壁画《舍利弗》中的莲座

10-3-7-32　晚唐莫高窟第9窟南壁东部壁画《舍利弗》中的莲座线描解析图

图 10-3-7-33　晚唐莫高窟第 12 窟主室壁画《法华经变之火宅喻》中的莲座（双鹿座）（上）

图 10-3-7-34　晚唐莫高窟第 12 窟主室壁画《法华经变之争战》中的莲座（下）

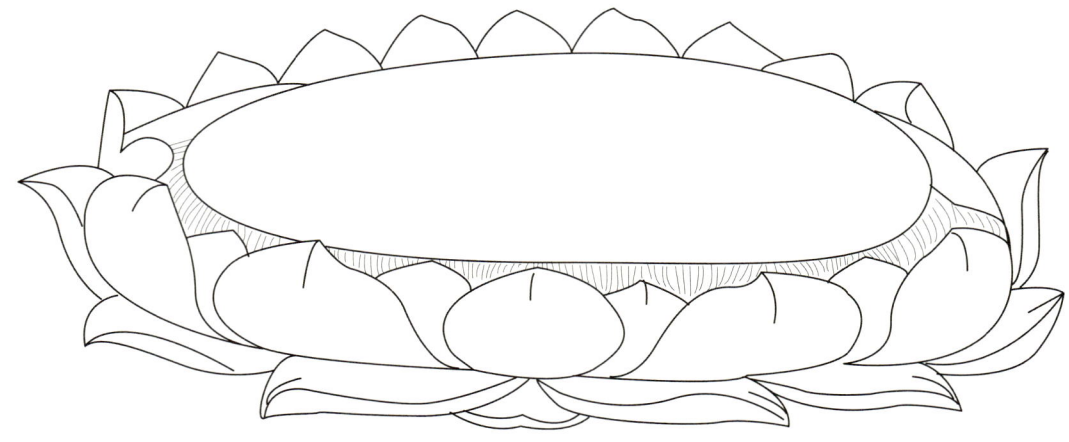

图 10-3-7-35　晚唐莫高窟第 14 窟南壁壁画《金刚母菩萨》中的莲座线描解析图

图 10-3-7-36　晚唐莫高窟第 196 窟佛坛北侧菩萨塑像中的莲座线描解析图

图 10-3-7-37　晚唐莫高窟第 9 窟主室中心柱南平顶壁画《金刚力士会变之二》中的莲座

图 10-3-7-38　晚唐莫高窟第 14 窟壁画《持梵箧菩萨》中的莲座

图 10-3-7-39　晚唐莫高窟第 14 窟壁画《金刚杵菩萨》中的莲座

图 10-3-7-40　五代榆林窟第 16 窟壁画《劳度叉斗圣变》中的莲座

图 10-3-7-41　五代榆林窟第 16 窟东壁北部壁画《舍利弗》中的莲座

图 10-3-7-42 五代榆林窟第 20 窟甬道顶壁画《菩萨》中的莲座线描解析图（上）

图 10-3-7-43 五代榆林窟第 38 窟壁画《甘露供养菩萨》中的莲座（下）

图 10-3-7-44　五代榆林窟第 431 窟壁画《水月观音》中的莲座

图 10-3-7-45　五代榆林窟第 431 窟壁画《水月观音》中的莲座

图 10-3-7-46　宋代莫高窟第 76 窟东壁门北侧壁画《猕猴献蜜》中的莲座线描解析图

注： 敦煌莲座形象还见于图 5-4-1-9 初唐供养菩萨塑像中的束腰仰覆莲座；图 5-4-5-5　中唐莫高窟第 361 窟壁画《千手千眼文殊》中的束腰莲座；图 5-5-1　初唐莫高窟第 329 窟东壁门上壁画《释迦说法图》中的莲座；图 5-5-2　盛唐莫高窟第 148 窟东壁壁画《第二大愿》中的莲座；图 5-5-3　晚唐莫高窟第 14 窟南壁壁画《金刚母菩萨》中的莲座；图 5-5-4　五代榆林窟第 20 窟甬道顶壁画《菩萨》中的莲座；图 5-5-5　宋代莫高窟第 76 窟东壁门北侧壁画《猕猴献蜜》中的莲座；图 5-5-7　盛唐莫高窟第 171 窟阿弥陀佛泥塑造像中的莲座；图 8-4-2　晚唐莫高窟第 14 窟壁画《持莲花菩萨》中的莲座；图 9-4-7-1　隋代莫高窟第 244 窟壁画《佛说法图》中的莲座等。

图 10-3-8-1 西魏莫高窟第 285 窟北壁壁画《二佛并坐像》中的须弥座

图 10-3-8-2　西魏莫高窟第 285 窟北壁壁画《释迦、多宝二佛说法》中的须弥座

图 10-3-8-3　西魏莫高窟第 285 窟北壁壁画《说法图》中的须弥座

图 10-3-8-4　西魏莫高窟第 285 窟壁画《说法图》中的须弥座线描解析图

附图Ⅲ 坐具

图 10-3-8-5　北周莫高窟西千佛洞第 8 窟壁画《说法图》中的须弥座（上）

图 10-3-8-6　北周莫高窟西千佛洞第 8 窟壁画《说法图》中的须弥座线描解析图（下）

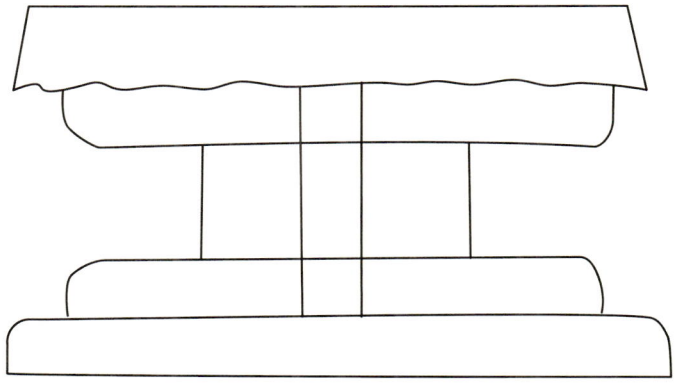

图 10-3-8-7　隋代莫高窟第 244 窟北壁东侧壁画《说法》中的须弥座（上）

图 10-3-8-8　隋代莫高窟第 280 窟壁画《迦叶结集》中的须弥座（下）

图 10-3-8-9　隋代莫高窟第 301 窟壁画《佛与菩萨》中的须弥座

图 10-3-8-10 隋代莫高窟第 302 窟北壁壁画《佛说法图》中的须弥座

图 10-3-8-11　隋代莫高窟第 305 窟壁画《降龙说法图》中的须弥座

附图Ⅲ　坐具

敦煌家具图式

图 10-3-8-12　隋代莫高窟第 314 窟壁画《说法图》中的须弥座

图 10-3-8-13　隋代莫高窟第 405 窟壁画《佛说法图》中的须弥座

图 10-3-8-14　隋代莫高窟第 407 窟壁画《佛说法图》中的须弥座

图 10-3-8-15　隋代莫高窟第 420 窟壁画《维摩诘经变·文殊》中的须弥座

图 10-3-8-16　盛唐莫高窟第 217 窟壁画中的须弥座 1

图 10-3-8-17　盛唐莫高窟第 217 窟壁画中的须弥座 2

敦煌家具图式

图 10-3-8-18　盛唐莫高窟第 217 窟壁画中的须弥座 3

图 10-3-8-19　盛唐莫高窟第 66 窟北壁壁画《"十六观"前八观》中的须弥座

图 10-3-8-22　盛唐莫高窟第 148 窟东壁壁画《地想观》中的须弥座线描解析图

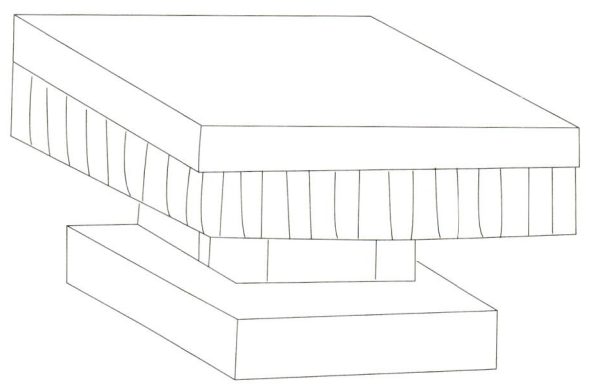

图 10-3-8-20　盛唐莫高窟第 66 窟北壁壁画《"十六观"前八观》中的须弥座线描解析图

图 10-3-8-23　中唐莫高窟第 92 窟顶南坡壁画《均分舍利》中的须弥座

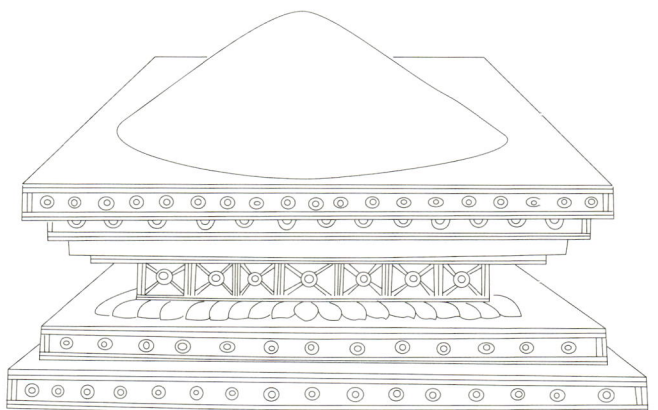

图 10-3-8-21　盛唐莫高窟第 148 窟北壁壁画《分舍利》中的须弥座线描解析图

图 10-3-8-24　中唐莫高窟第 92 窟顶南坡壁画《均分舍利》中的须弥座线描解析图

图 10-3-8-25 中唐莫高窟第 159 窟东壁南侧壁画《维摩诘经变》中的须弥座（右上）

图 10-3-8-26 中唐莫高窟第 231 窟西壁佛龛顶壁画《萨迦耶仙寺瑞像》中的须弥座线描解析图（右下）

图 10-3-8-27 中唐莫高窟第 237 窟西壁佛龛顶壁画《虚空藏菩萨瑞像》中的须弥座（左）

图 10-3-8-28 中唐莫高窟第 159 窟壁画《普贤变之普贤菩萨》中的须弥座

图 10-3-8-29　中唐莫高窟第 159 窟壁画《普贤变之普贤菩萨》中的须弥座

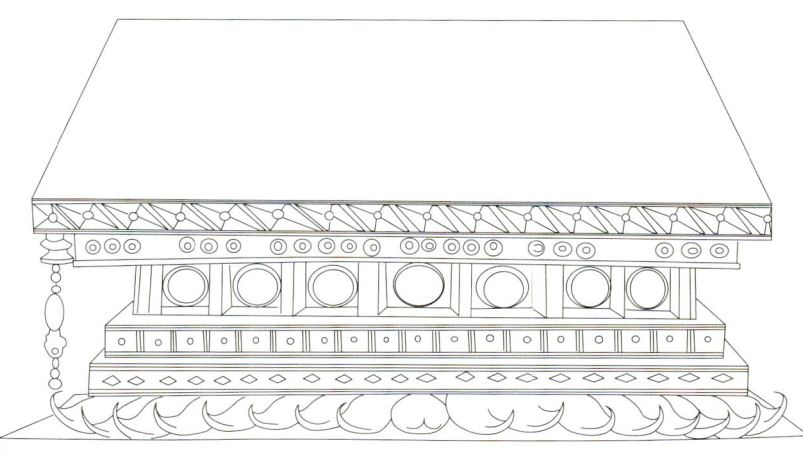

图 10-3-8-30 中唐榆林窟第 15 窟前室北壁壁画《北方天王》中的须弥座（上）

图 10-3-8-31 中唐榆林窟第 15 窟前室北壁壁画《北方天王》中的须弥座线描解析图（下）

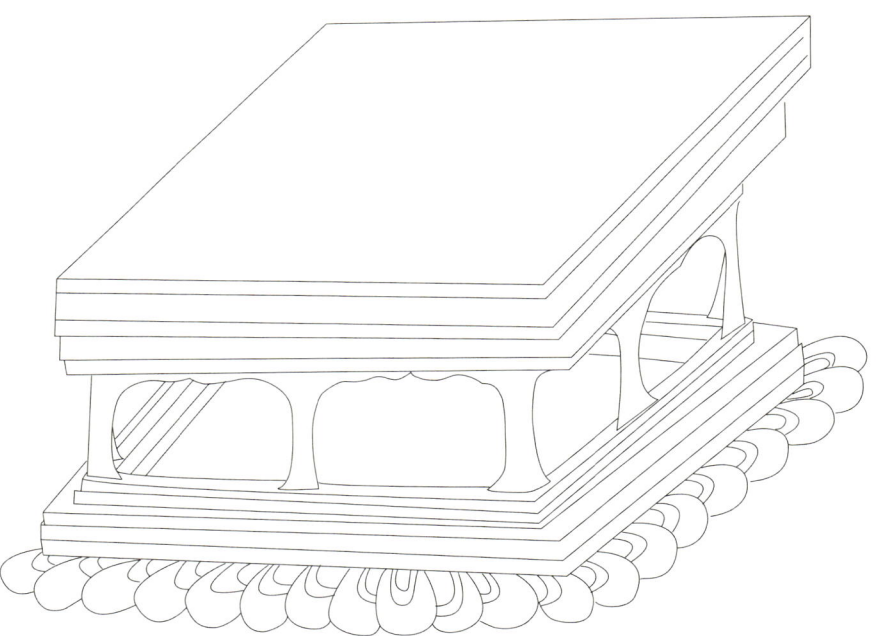

图 10-3-8-32 晚唐莫高窟第 18 窟壁画《文殊菩萨》中的须弥座（上）

图 10-3-8-33 晚唐莫高窟第 18 窟壁画《文殊菩萨》中的须弥座线描解析图（下）

图 10-3-8-34　晚唐莫高窟第 156 窟壁画《降魔成道》中的须弥座

图 10-3-8-35　晚唐莫高窟第 156 窟壁画《降魔成道》中的须弥座线描图

图 10-3-8-36 晚唐莫高窟第 196 窟壁画《劳度叉斗圣变》中的须弥座

图 10-3-8-37 晚唐莫高窟第 14 窟壁画《大日如来》中的须弥座

图 10-3-8-38 五代莫高窟第 61 窟北壁下部壁画《求分舍利，起塔供养》中的须弥座

图 10-3-8-39 五代莫高窟第 61 窟北壁下部壁画《求分舍利，起塔供养》中的须弥座线描解析图

图 10-3-8-40 五代莫高窟第 72 窟西壁佛龛顶壁画《结跏佛瑞像》中的须弥座

图 10-3-8-41　五代榆林窟第 16 窟壁画《劳度叉斗圣变》中的须弥座（上）

图 10-3-8-42　西夏榆林窟第 29 窟壁画《国师》中的须弥座（下）

注：敦煌须弥座形象还见于图 5-6-4　初唐莫高窟第 335 窟壁画《文殊》中的须弥座；图 5-6-5　初唐莫高窟第 332 窟北壁东侧壁画《借座灯王及七宝供养》中的须弥座；图 5-6-6　盛唐莫高窟第 148 窟北壁壁画《分舍利》中的须弥座；图 5-6-7　中唐榆林窟第 25 窟壁画《观无量寿经变》中的须弥座；图 5-6-8　隋代莫高窟第 420 窟壁画《野牛听法》中的须弥座；图 5-6-9　隋代莫高窟第 420 窟壁画《群鸟听法》中的须弥座；图 5-6-10　西夏文殊山石窟万佛洞壁画《弥勒经变图》中的须弥座；图 7-4-1　盛唐莫高窟第 328 窟西壁龛顶壁画《弥勒佛说法图》中的须弥座等。

图 10-3-9-1 初唐莫高窟第 220 窟壁画《维摩诘示疾》中的高座

图 10-3-9-2 初唐莫高窟第 323 窟南壁壁画《隋文帝问昙延法师天旱原因》中的高座（上）

图 10-3-9-3 初唐莫高窟第 321 窟南壁壁画《辩论》中的高座（下）

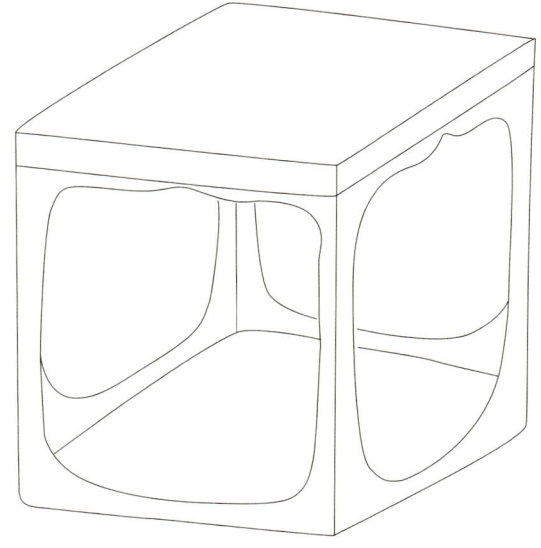

图 10-3-9-4 盛唐莫高窟第 217 窟壁画中的高座

图 10-3-9-5 中唐莫高窟第 361 窟壁画《金刚经变之譬喻画》中的高座

图 10-3-9-6　晚唐莫高窟第 9 窟主室北壁壁画《维摩诘经变》中的高座

图 10-3-9-7 晚唐莫高窟第 12 窟主室东壁壁画《维摩诘经变》中的高座

图 10-3-9-8　晚唐莫高窟第 12 窟主室东壁壁画《维摩诘经变善权方便说法之三》中的高座

图 10-3-9-9　晚唐莫高窟第 85 窟东壁北侧壁画《维摩诘经变》中的高座

图 10-3-9-10　晚唐莫高窟第 98 窟南壁壁画《虔阇尼婆梨王本生全图》中的高座（上）

图 10-3-9-11　五代莫高窟第 61 窟南壁壁画《最后闻经 50 人》中的高座（下）

图 10-3-9-12　五代莫高窟第 98 窟东壁壁画《维摩诘经变》中的高座

注： 敦煌高座形象还见于图 6-2-1 初唐莫高窟第 323 窟南壁壁画《隋文帝问昙延法师天旱原因》中的高座；图 6-2-2 盛唐莫高窟第 217 窟北壁壁画《未生怨之高座说法》中的高座；图 6-2-3 中唐莫高窟第 159 窟南壁壁画《辗转听受法华经》中的两件高座；图 6-2-4 中唐莫高窟第 159 窟东壁窟门南侧壁画《掌擎大众》中的两件高座；图 6-2-5 盛唐莫高窟第 103 窟东壁窟门南侧壁画《维摩诘经变》中的高座；图 6-2-6 中唐莫高窟第 159 窟东壁南侧壁画《维摩诘经变》中的高座；图 6-2-7 晚唐莫高窟第 156 窟东壁北侧壁画《维摩诘经变》中的高座；图 6-2-8 五代莫高窟第 61 窟东壁窟门北侧壁画《维摩诘经变》中的高座；图 6-2-9 五代榆林窟第 38 窟前室东壁壁画《地藏十王》中的高座；图 6-2-10 西夏文殊山万佛洞右壁壁画《贤愚经变》中的高座；图 7-4-2 盛唐莫高窟第 328 窟西壁龛顶壁画《弥勒佛说法图》中的须弥座式扶手椅线描解析图；图 8-2-5 中唐莫高窟第 112 窟南壁壁画《比丘宣讲金刚经》中的高座；图 9-4-5-1 盛唐莫高窟第 113 窟北壁壁画中的 3 件高座等。

图 10-3-10-1　中唐莫高窟第 159 窟西壁南侧壁画《普贤变》中的象座

图 10-3-10-2　晚唐莫高窟第 9 窟主室南壁壁画《劳度叉斗圣变之金砖铺园》中的象座（上）

图 10-3-10-3　晚唐莫高窟第 85 窟南壁壁画《使者骑象宣示国王诏书》中的象座（中）

图 10-3-10-4　晚唐莫高窟第 85 窟南壁壁画《使者骑象宣示国王诏书》中的象座线描解析图（下）

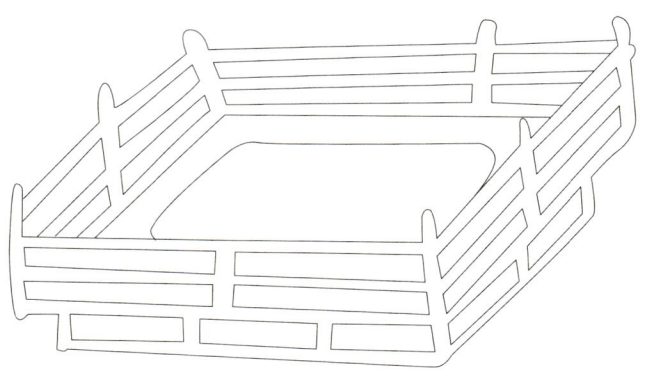

图 10-3-11　中唐莫高窟第 159 窟西壁北侧壁画《文殊变》中的狮座

图 10-3-12-1　盛唐莫高窟第 148 窟西壁壁画《佛陀出殡》中的棺座

图 10-3-12-2　盛唐莫高窟第 148 窟西壁壁画《佛陀出殡》中的棺座线描解析图

图 10-3-12-3 盛唐莫高窟第 148 窟西壁壁画《停棺举哀》中的棺座（上）

图 10-3-12-4 五代莫高窟第 61 窟北壁壁画《停棺举哀》中的棺座（中）

图 10-3-12-5 五代莫高窟第 61 窟北壁壁画《停棺举哀》中的棺座线描解析图（下）

图 10-3-13-1　中唐莫高窟第 358 窟北壁壁画《纸马》中的坛座

图 10-3-13-2　五代莫高窟第 146 窟西壁壁画中的坛座

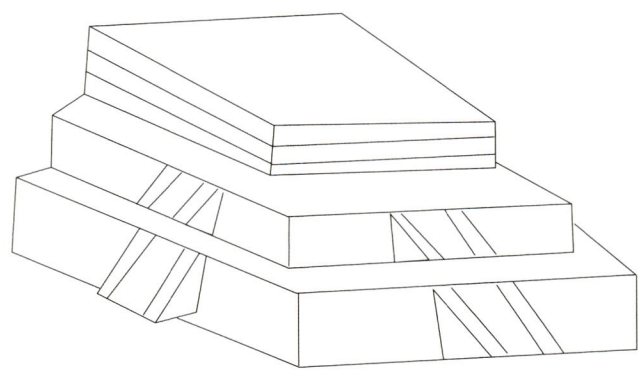

图 10-3-13-3　五代莫高窟第 146 窟西壁壁画中的坛座线描解析图

图 10-3-13-4　五代榆林窟第 32 窟南壁壁画中的坛座

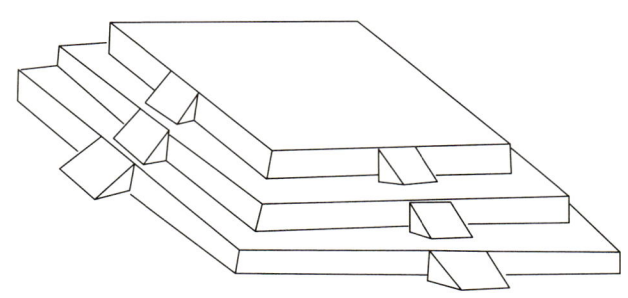

图 10-3-13-5　五代榆林窟第 32 窟南壁壁画中的坛座线描解析图

图 10-3-14-1　北魏莫高窟第 257 窟南壁壁画《沙弥守戒自救故事之四》中的座

图 10-3-14-2　隋代莫高窟第 303 窟壁画《法华经变之龙王度人》中的座

图 10-3-14-3　中唐莫高窟第 158 窟东壁壁画《思益梵天及二比丘尼》中的座

图 10-3-14-4　中唐莫高窟第 158 窟东壁壁画《思益梵天及二比丘尼》中的座线描解析图（上）

图 10-3-14-5　五代莫高窟第 61 窟西壁下部壁画《击鼓报喜》中的鼓座（中）

图 10-3-14-6　五代莫高窟第 61 窟中的石座线描解析图（下）

注：敦煌其他座的形象还见于图 5-4-5-6 晚唐莫高窟第 14 窟北壁壁画《千钵文殊变》中的掌中佛座；图 6-2-12 沙州回鹘时期莫高窟第 97 窟南壁西侧壁画《榜题戍博迦罗汉》中的石座；图 9-4-8-1 中唐莫高窟第 112 窟南壁壁画《被人轻贱》中的方座等。

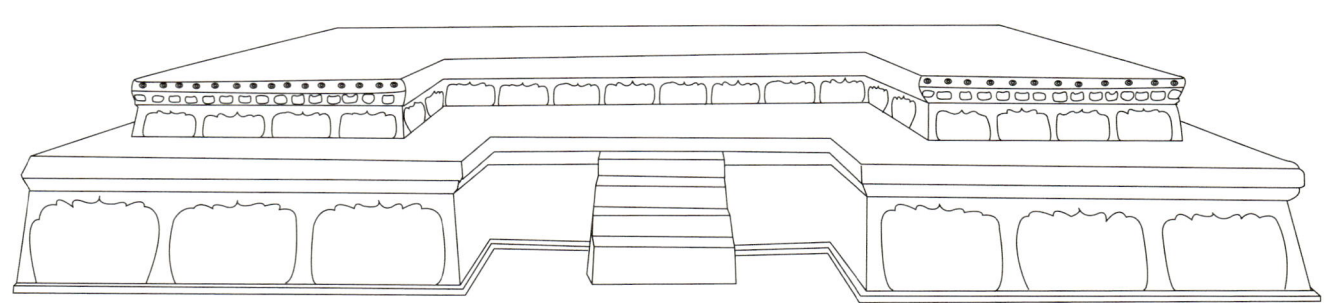

附图 IV 承具

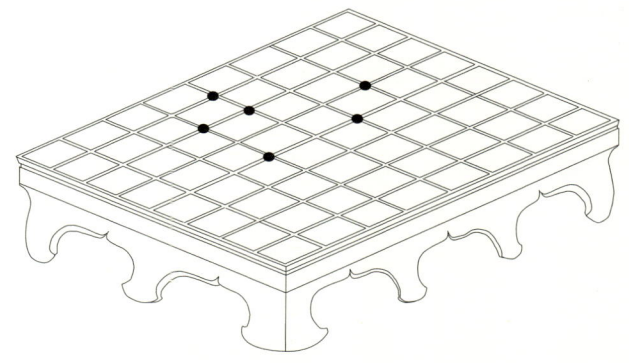

图 10-4-1-1 初唐莫高窟第 334 窟南壁壁画《天女散花》中的几

图 10-4-1-2　初唐莫高窟第 334 窟壁画《维摩诘》中的几

图 10-4-1-3　宋代莫高窟第 55 窟东壁壁画《密严经》中的几

注： 敦煌几的形象还见于图 4-11 盛唐莫高窟第 103 窟东壁窟门南侧壁画《维摩诘经变》中的曲栅足几；图 9-5-1-1 初唐莫高窟第 203 窟西壁龛外北侧上部壁画《文殊来问》中的几等。

图 10-4-2-1　盛唐莫高窟第 45 窟壁画中的案

图 10-4-2-2　盛唐莫高窟第 148 窟东壁壁画《树幡、斋僧、燃灯》中的供案

图 10-4-2-3　盛唐莫高窟第 445 窟北壁壁画《弥勒经变之剃度图》中的供案线描解析图

图 10-4-2-4　中唐莫高窟第 18 窟窟顶南坡中央壁画《释迦说法图》中的供案（上）

图 10-4-2-5　中唐莫高窟第 112 窟壁画《观无量寿经变之舞乐》中的供案（下）

图 10-4-2-6 中唐莫高窟第 112 窟南壁壁画《佛为菩萨比丘说法》中的供案

图 10-4-2-7　中唐莫高窟第 158 窟东壁南侧壁画《天请问经变》中的供案

图 10-4-2-8　中唐莫高窟第 158 窟东壁南侧壁画中的供案

图 10-4-2-9　中唐榆林窟第 25 窟壁画《观无量寿经变》中的供案

图 10-4-2-10　中唐榆林窟第 25 窟南壁壁画《观无量寿经变》中的供案线描解析图

图 10-4-2-11　晚唐莫高窟第 9 窟主室西壁壁画《楞伽经变之诸天迎佛》中的供案

图 10-4-2-12　晚唐莫高窟第 12 窟主室北壁壁画《药师经变之供养天人》中的供案

附图Ⅳ　承具

图 10-4-2-13 晚唐莫高窟第 12 窟主室北壁壁画《药师经变之供养天人》中的供案

图 10-4-2-14　晚唐莫高窟第 12 窟主室北坡壁画《说法图》中的供案

图 10-4-2-15　晚唐莫高窟第 12 窟主室南壁壁画《弥勒经变之供养菩萨》中的供案

图 10-4-2-16　晚唐莫高窟第 12 窟主室南壁壁画《弥勒经变之供养菩萨》中的供案

图 10-4-2-17　晚唐莫高窟第 85 窟窟顶东坡壁画《释迦佛接见罗婆那王》中的供案（上）

图 10-4-2-18　五代莫高窟第 61 窟壁画《文殊菩萨》中的供案（下）

图 10-4-2-19 五代莫高窟第 72 窟西龛内壁画《阿难问佛母子三人因缘》中的供案

图 10-4-2-20　五代莫高窟第 98 窟壁画《法华经变安乐行品·战俘》中的供案

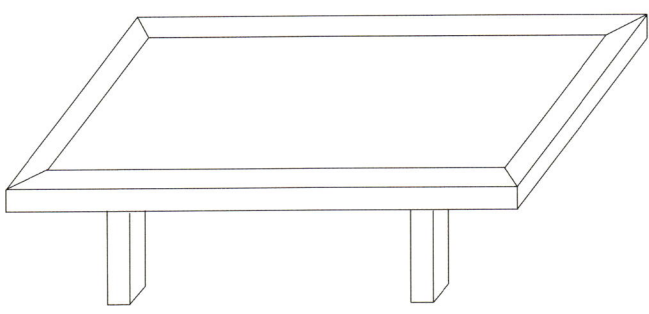

图 10-4-2-21 初唐莫高窟第 220 窟北壁壁画（西侧）中的案线描解析图

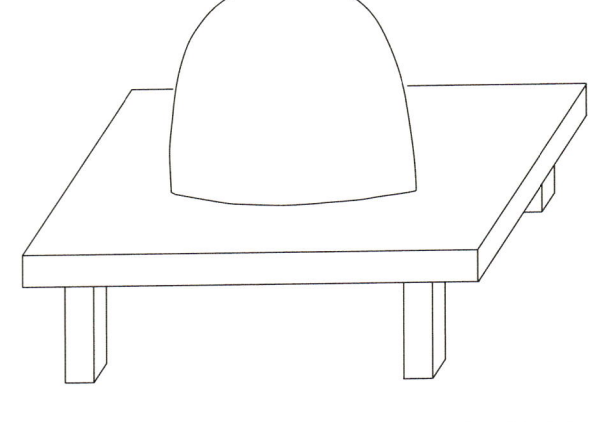

图 10-4-2-24 初唐莫高窟第 323 窟东壁门北壁画《拒贪美味》中的案线描解析图

图 10-4-2-22 初唐莫高窟第 323 窟北壁壁画《佛图澄与后赵皇帝石虎》中的案

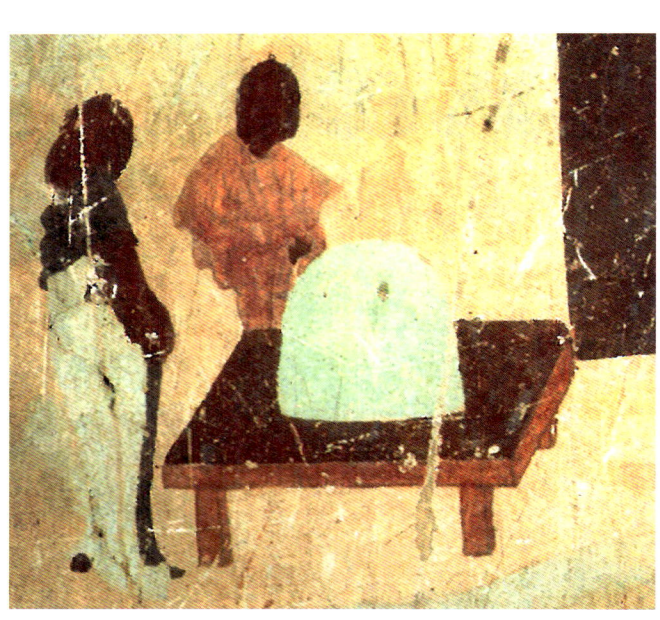

图 10-4-2-23 初唐莫高窟第 323 窟东壁壁画《拒贪美味》中的案

图 10-4-2-25 盛唐莫高窟第 33 窟南壁壁画《拜堂图》中的案

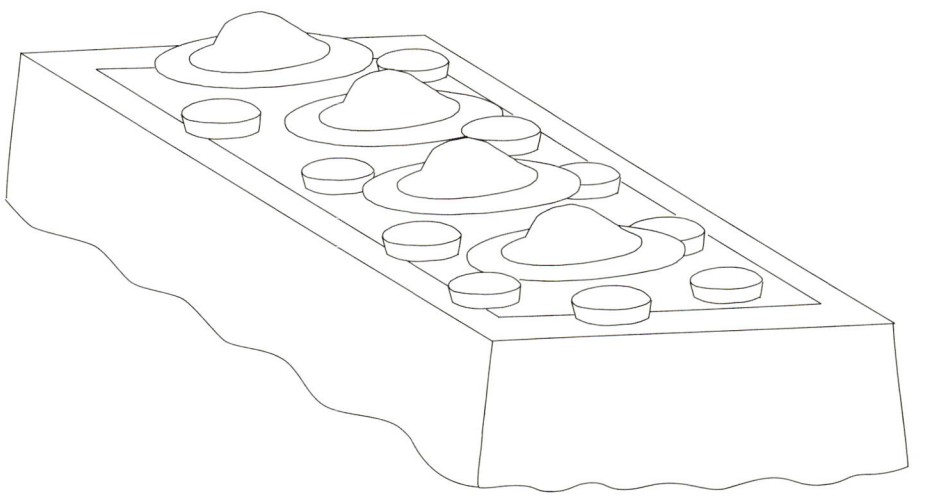

图 10-4-2-26　盛唐莫高窟第 148 窟南壁壁画《弥勒上生下生经变》中的案

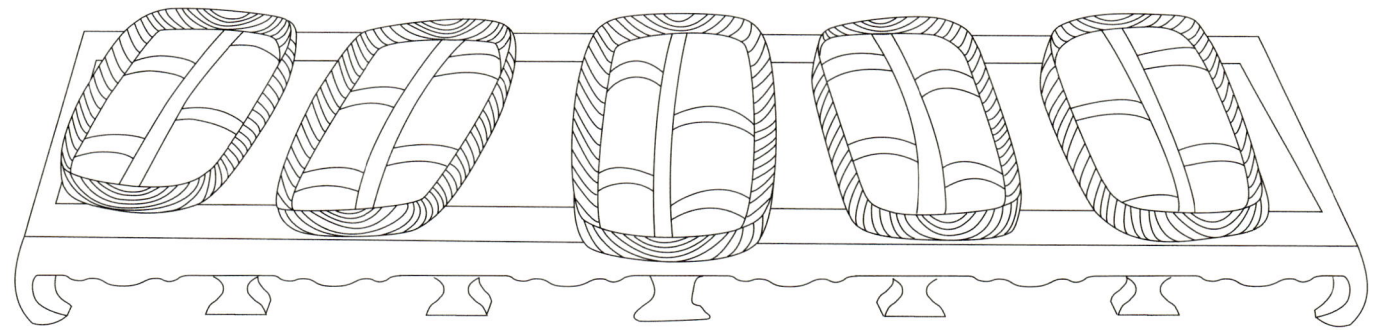

图 10-4-2-27　盛唐莫高窟第 445 窟北壁壁画《弥勒经变之剃度图》中的案线描解析图

图 10-4-2-28　中唐莫高窟第 150 窟南壁壁画《布施》中的案

图 10-4-2-30　中唐莫高窟第 159 窟西龛内西壁壁画中的案

图 10-4-2-29　中唐莫高窟第 159 窟东壁壁画《掷骰戏》中的案

图 10-4-2-31　中唐莫高窟第 186 窟窟顶东坡北坡壁画《拆幢》中的三件案

图 10-4-2-32　中唐莫高窟第 236 窟壁画《斋僧》中的案

图 10-4-2-33　中唐莫高窟第 361 窟南壁壁画《布施》中的案

图 10-4-2-35　中唐莫高窟第 474 窟西龛北壁壁画中的案

图 10-4-2-34　中唐莫高窟第 468 窟北壁西侧壁画《药师净土变相之十二大愿》中的案

图 10-4-2-36　中唐榆林窟第 25 窟北壁壁画《吐蕃族婚礼》中的案

图 10-4-2-37 中唐榆林窟第 25 窟北壁壁画《弥勒经变》中的案（上）

图 10-4-2-38 中唐榆林窟第 25 窟北壁壁画中的案（中）

图 10-4-2-39 中唐榆林窟第 25 窟北壁壁画中的案线描解析图（下）

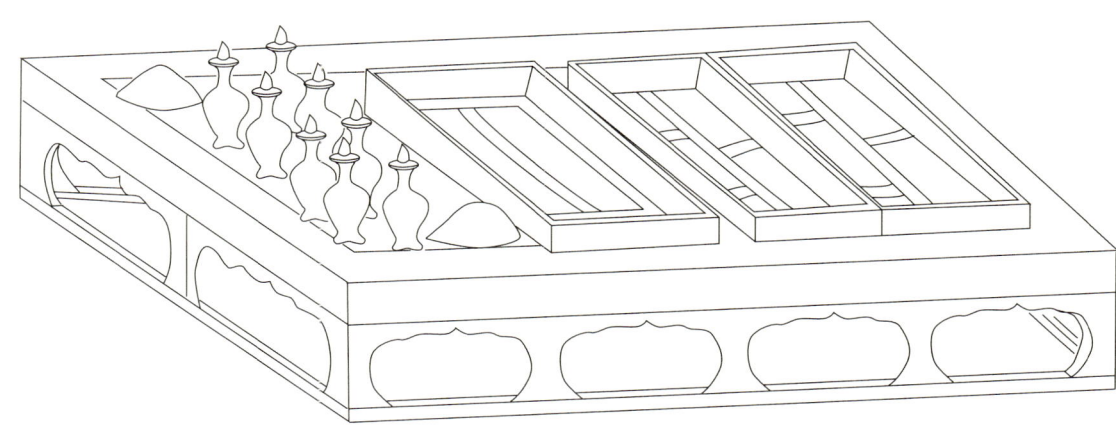

图 10-4-2-40　晚唐莫高窟第 9 窟东坡壁画《奠雁之礼》中的案（上）

图 10-4-2-41　晚唐莫高窟第 9 窟中心柱西向面壁画《白描人物》中的案（下）

图 10-4-2-42 晚唐莫高窟第 12 窟北壁壁画《放生法会》中的案

图 10-4-2-44 晚唐莫高窟第 18 窟北壁壁画《布施》中的案

图 10-4-2-45 晚唐莫高窟第 85 窟窟顶东坡壁画《肉坊》中的两件案线描解析图

图 10-4-2-43 晚唐莫高窟第 12 窟南壁壁画《婚嫁图》中的案

图 10-4-2-46 晚唐莫高窟第 85 窟窟顶东坡壁画《龙宫说法》中的案

图 10-4-2-47　五代莫高窟第 61 窟南壁壁画《系珠喻》中的案

图 10-4-2-50　五代榆林窟第 38 窟前室东壁壁画《地藏十王》中的案

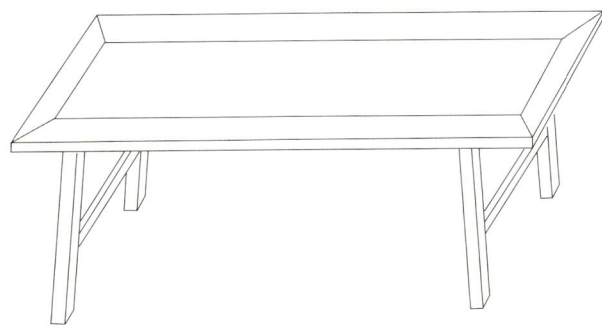

图 10-4-2-48　五代莫高窟第 98 窟北壁壁画《宴饮俗舞》中的案线描解析图

图 10-4-2-49　五代榆林窟第 20 窟南壁壁画《礼席图》中的案

图 10-4-2-51　宋代榆林窟第 38 窟壁画《未生怨》中的案

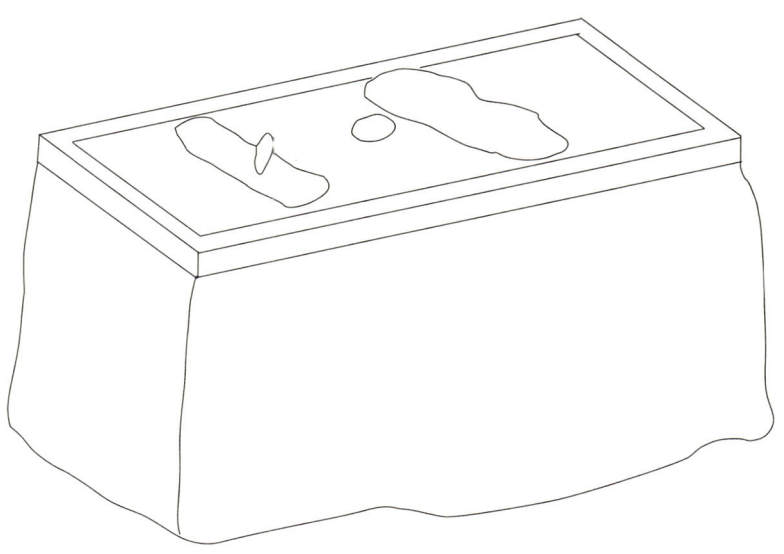

图 10-4-2-52　宋代榆林窟第 38 窟壁画《未生怨》中的案线描解析图

图 10-4-2-53　西夏莫高窟五个庙第 3 窟壁画《药师净土经变相》中的案

图 10-4-2-54　五代榆林窟第 32 窟壁画《弈棋》中的棋案

图 10-4-2-55　宋代莫高窟第 454 窟东壁门壁画《弈棋》中的棋案

图 10-4-2-56　北宋建隆二年（961）莫高窟壁画《水月观音变相图》中的案

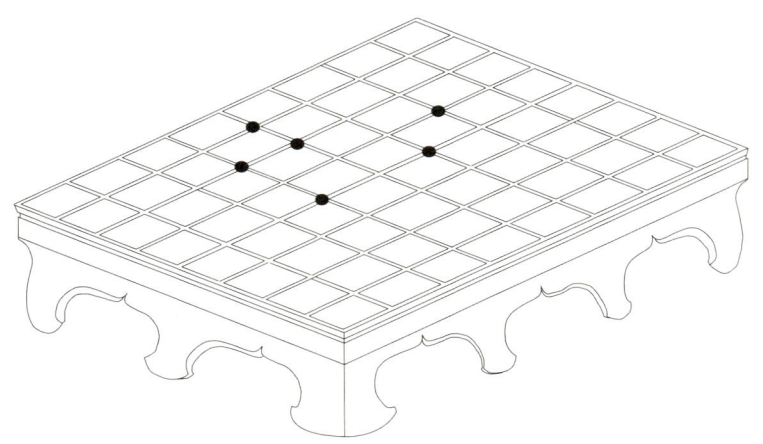

图 10-4-2-57　宋代莫高窟第 454 窟东壁门壁画《弈棋》中的棋案线描解析图（上）

图 10-4-2-58　五代莫高窟第 61 窟南壁壁画《照镜喻》中的镜架案（下）

图 10-4-2-59 五代莫高窟第 454 窟南壁壁画中的镜架案

图 10-4-2-60 中唐榆林窟第 25 窟南壁壁画中的莲花案

图 10-4-2-61 隋代莫高窟第 400 窟北壁壁画中的轮足案

注：敦煌案的形象还见于图 5-9-1 晚唐莫高窟第 85 窟窟顶东坡壁画《肉坊》中的两件高案；图 5-9-2 五代莫高窟第 98 窟北壁壁画《宴饮俗舞》中的高案；图 6-3-1 晚唐莫高窟第 12 窟东壁壁画《帐篷酒肆》中的长案；图 6-3-2 晚唐莫高窟第 18 窟壁画《布施》中的案；图 6-3-3 晚唐莫高窟第 85 窟顶东坡壁画《释迦佛接见罗婆那王》中的案；图 7-8-1 晚唐莫高窟第 156 窟窟顶东坡壁画《肉市》中的八字腿高案；图 7-8-2 五代莫高窟第 61 窟南壁壁画《肉摊》中的八字腿高案；图 8-2-6 中唐榆林窟第 25 窟南壁壁画《观无量寿经变》中的案；图 8-2-7 盛唐莫高窟第 445 窟北壁壁画《弥勒经变之剃度图》中的案；图 9-5-2-1 中唐榆林窟第 25 窟壁画《弥勒经变》中的案等。

图 10-4-3　西夏榆林窟第 29 窟南壁东侧壁画《国师》中的桌线描解析图

注：敦煌桌的形象还见于图 5-9-3　西夏榆林窟第 29 窟南壁东侧壁画《国师》中的桌；图 7-9-1　盛唐莫高窟第 445 窟北壁壁画《盛唐婚嫁图》中的八足桌；图 9-5-3-1　初唐莫高窟第 220 窟北壁壁画中的桌等。

附图Ⅴ 屏具

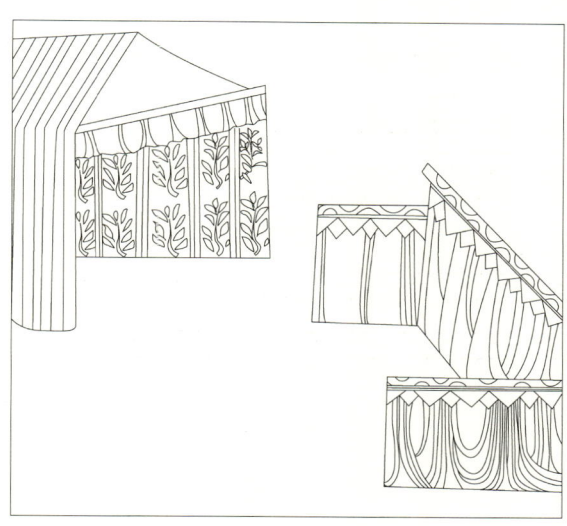

图 10-5-1　盛唐莫高窟第 23 窟窟顶南坡壁画《离淫欲毒》中的屏风

图 10-5-2　盛唐莫高窟第 445 窟北壁壁画《盛唐婚嫁图》中的屏风

图 10-5-3　盛唐莫高窟第 103 窟东壁窟门南侧壁画《维摩诘经变》中的屏风

图 10-5-4　中唐榆林窟第 25 窟北壁壁画《吐蕃族婚礼》中的屏风

图 10-5-5　晚唐莫高窟第 12 窟主室南壁壁画《弥勒经变·男剃度》中的屏风

图 10-5-6　晚唐莫高窟第 12 窟主室南壁壁画《弥勒经变·剃度和拆幢》中的屏风

图 10-5-7　晚唐莫高窟第 12 窟主室南壁壁画《弥勒经变·剃度和拆幢》中的屏风

图 10-5-8　晚唐莫高窟第 14 窟北壁壁画《淫舍》中的屏风

图 10-5-9　晚唐莫高窟第 85 窟窟顶南坡壁画《淫舍》中的屏风

图 10-5-10　晚唐莫高窟第 196 窟北壁东侧壁画《弥勒经变·剃度》中的屏风（上）

图 10-5-11　五代莫高窟第 61 窟壁画《男剃度》中的屏风（下）

注：敦煌屏具形象还见于图 4-13 盛唐莫高窟第 217 窟壁画《得医图》中的屏风线描图；图 4-14 盛唐莫高窟第 172 窟壁画中的 3 件屏风线描图；图 4-15 盛唐莫高窟第 148 窟南壁壁画《男女相对互礼》中的屏风；图 4-16 晚唐莫高窟第 85 窟壁画《帷屋闲话》中的帷帐式屏风；图 4-17 五代莫高窟第 61 窟壁画《女剃度》中的屏风；图 4-18 中唐莫高窟第 361 窟壁画《金刚经经变之譬喻画》中的围屏；图 4-19 晚唐莫高窟第 85 窟顶东坡壁画《勾栏百戏》中的围屏；图 4-20 晚唐莫高窟第 138 窟南壁壁画中的围屏；图 4-21 五代莫高窟第 61 窟壁画《杂技》中的围屏；图 9-6-1 晚唐莫高窟第 12 窟主室南壁壁画《弥勒经变·女剃度图》中的屏风等。

图 10-5-12　五代榆林窟第 20 窟壁画《嫁娶图》中的屏风

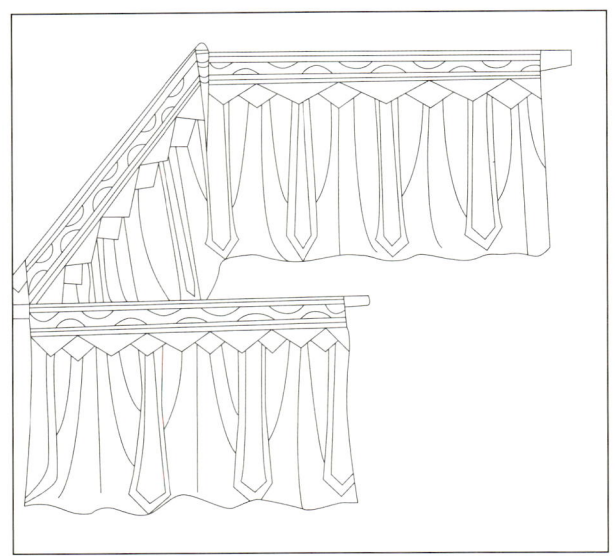

图 10-5-13　五代榆林窟第 20 窟壁画《嫁娶图》中的屏风线描解析图

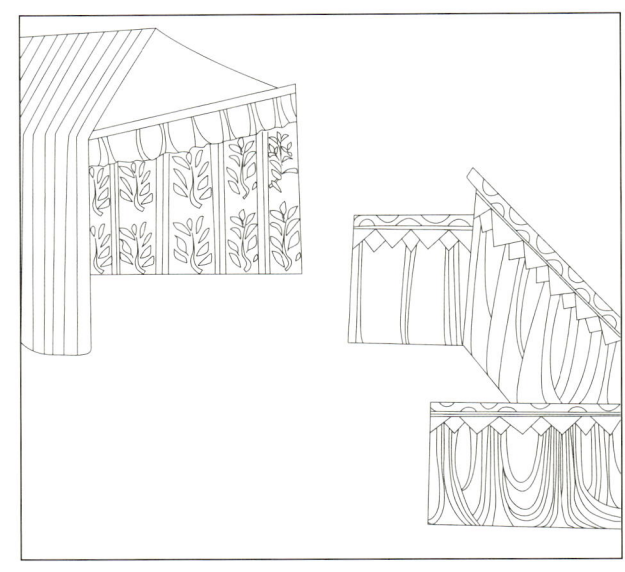

图 10-5-14　五代榆林窟第 38 窟西壁壁画《汉族回鹘族通婚》中的围屏、帐内屏风线描解析图

附图 VI 皮具

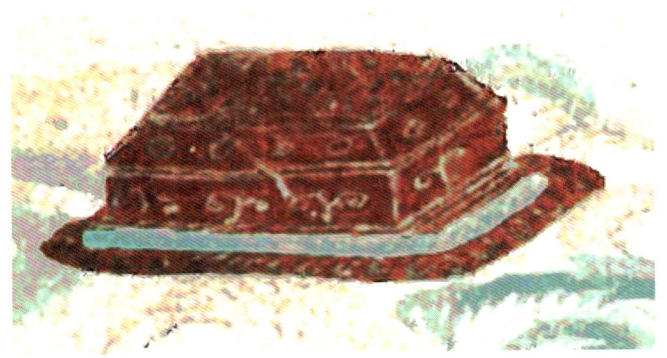

图 10-6-1-1 盛唐莫高窟第 205 窟西壁壁画中的箱

图 10-6-1-4 中唐莫高窟第 205 窟西壁壁画《耕获》中的箱

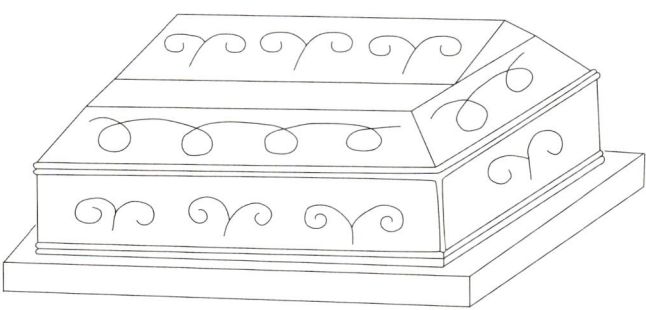

图 10-6-1-2 盛唐莫高窟第 205 窟西壁壁画中的箱线描解析图

图 10-6-1-5 中唐榆林窟第 25 窟北壁壁画《见宝生厌》中的箱线描解析图

图 10-6-1-3 盛唐莫高窟第 445 窟北壁壁画《七宝》中的箱线描解析图

图 10-6-1-6 中唐榆林窟第 25 窟北壁壁画《弥勒经变》中的箱线描解析图

注：敦煌箱的形象还见于图 9-7-3-1 中唐榆林窟第 25 窟北壁壁画《弥勒经变》中的箱；图 9-7-3-2 盛唐莫高窟第 217 窟南壁壁画《法华经变》中的《得医图》（史敦宇先生摹）等。

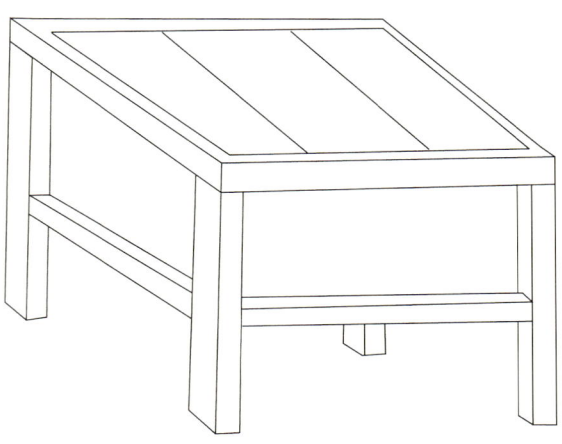

图 10-6-2-3　晚唐莫高窟第 85 窟窟顶东坡壁画《肉坊》中的柜线描解析图

图 10-6-2-1　中唐莫高窟第 237 窟西壁佛龛顶壁画《泥婆罗水火油池和弥勒头冠柜》中的柜线描解析图

图 10-6-2-2　晚唐莫高窟第 85 窟窟顶东坡壁画《肉坊》中的柜

注：敦煌柜的形象还见于图 9-7-2-3　中唐莫高窟第 237 窟西壁佛龛顶壁画《泥婆罗水火油池和弥勒头冠柜》中的柜等。

图 10-6-2-4　西夏榆林窟第 2 窟壁画《水月观音》中的柜

图 10-6-3-2　盛唐莫高窟第 33 窟南壁壁画《钿盒图》中的盒线描解析图

图 10-6-3-1　盛唐莫高窟第 33 窟南壁壁画《钿盒图》中的盒

图 10-6-3-3　盛唐莫高窟第 445 窟北壁壁画《弥勒经变之剃度图》中的 5 件盒

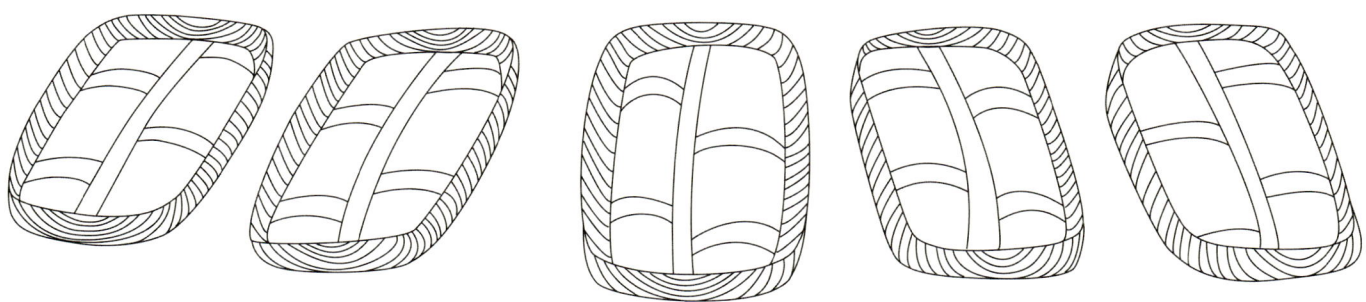

图 10-6-3-4　盛唐莫高窟第 445 窟北壁壁画《弥勒经变之剃度图》中的 5 件盒线描解析图

图 10-6-3-5 中唐莫高窟第 159 窟南壁壁画《七宝福报》中的盒

图 10-6-3-8 中唐榆林窟第 25 窟北壁壁画《弥勒经变》中的盒线描解析图

图 10-6-3-6 中唐莫高窟第 159 窟南壁壁画《七宝福报》中的盒线描解析图

图 10-6-3-9 中唐榆林窟第 25 窟北壁壁画《七宝供养》中的盒线描解析图

图 10-6-3-7 中唐榆林窟第 25 窟北壁壁画《弥勒经变》中的盒

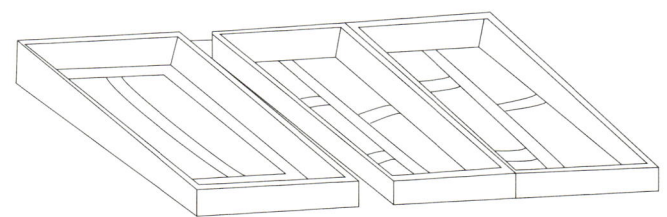

图 10-6-3-10 中唐榆林窟第 25 窟北壁壁画中的 3 件盒线描解析图

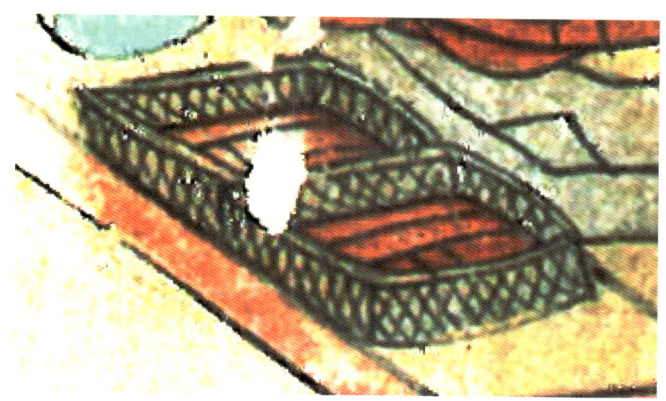
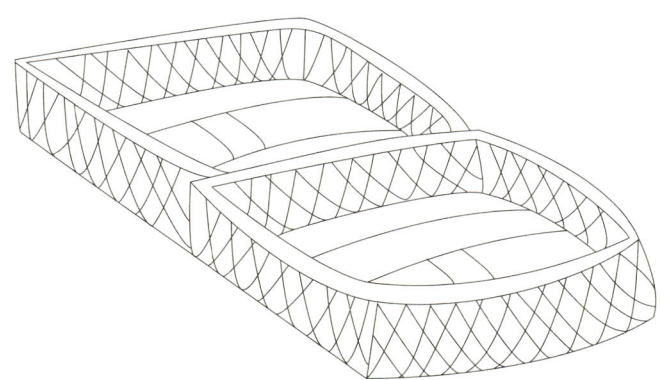

图 10-6-3-11　中唐榆林窟第 25 窟北壁壁画中的盒　　　　图 10-6-3-12　中唐榆林窟第 25 窟北壁壁画中的两件盒线描解析图

图 10-6-3-13　中唐榆林窟第 25 窟北壁中央下部壁画《弥勒经变之剃度与出家听法》中的盒

图 10-6-3-14　中唐榆林窟第 25 窟北壁中央下部壁画《弥勒经变之听法僧人》中的盒

图 10-6-3-15　晚唐莫高窟第 12 窟南壁壁画《婚嫁图》中的 3 件盒

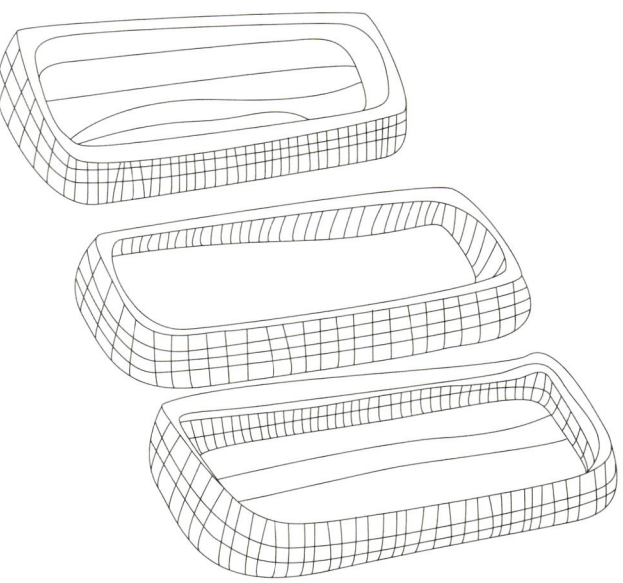

图 10-6-3-16　晚唐莫高窟第 12 窟南壁壁画《婚嫁图》中的 3 件盒线描解析图

图 10-6-3-17　晚唐莫高窟第 12 窟主室南壁壁画《弥勒经变之剃度和拆幢》中的盒

图 10-6-3-18 晚唐莫高窟第 12 窟主室南壁壁画《弥勒经变之剃度图》中的盒

图 10-6-3-20 晚唐莫高窟第 107 窟南壁壁画《喜和母女供养像》中的盒线描解析图

图 10-6-3-21 五代莫高窟第 61 窟壁画《女剃度》中的盒

图 10-6-3-19 晚唐莫高窟第 107 窟南壁壁画《喜和母女供养像》中的盒

注：敦煌盒的形象还见于图 9-7-5-1 盛唐莫高窟第 445 窟北壁壁画《七宝》中的盒等。

附图 VII 架具

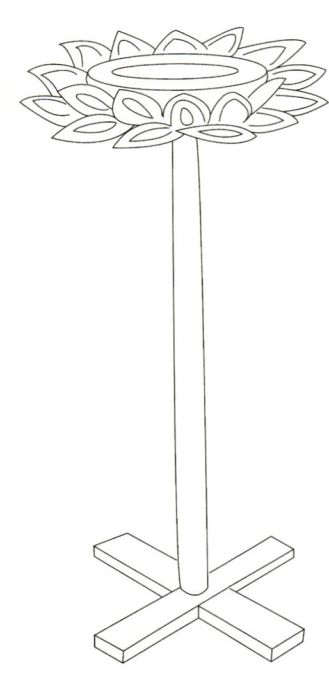

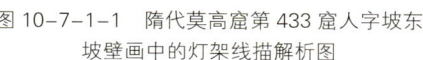

图 10-7-1-1　隋代莫高窟第 433 窟人字坡东坡壁画中的灯架线描解析图

图 10-7-1-2　初唐莫高窟第 220 窟北壁壁画中的灯架

图 10-7-1-3　盛唐莫高窟第 66 窟北壁壁画《"十六观"前八观》中的灯架

图 10-7-1-4　盛唐莫高窟第 66 窟北壁壁画《"十六观"前八观》中的灯架线描解析图

图 10-7-1-5　盛唐莫高窟第 445 窟北壁壁画《七宝》中的灯架（左）

图 10-7-1-6　盛唐莫高窟第 445 窟北壁壁画《七宝》中的灯架线描解析图（右）

图 10-7-1-7　中唐莫高窟第 159 窟西龛壁画《燃灯斋僧》中的灯架（左）

图 10-7-1-8　中唐莫高窟第 159 窟西龛壁画《燃灯斋僧》中的灯架线描解析图（右）

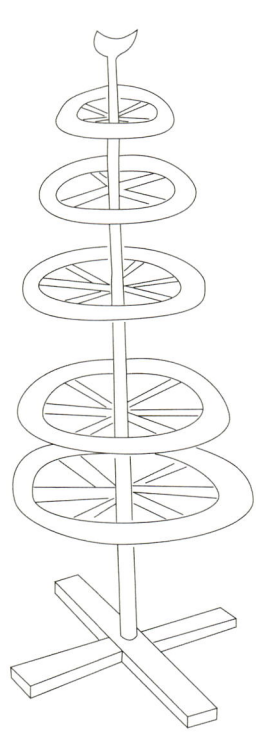

图 10-7-1-9 中唐莫高窟第 359 窟北壁壁画中的灯架

图 10-7-1-10 晚唐莫高窟第 12 窟北壁壁画《放生法会》中的灯架

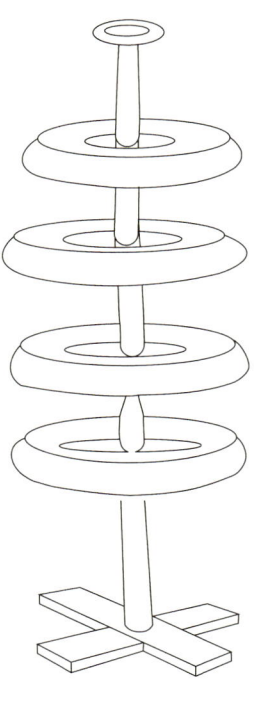
图 10-7-1-11 晚唐莫高窟第 12 窟北壁壁画《放生法会》中的灯架线描解析图

图 10-7-1-12 晚唐莫高窟第 85 窟窟顶东坡壁画《灯火喻》中的灯架

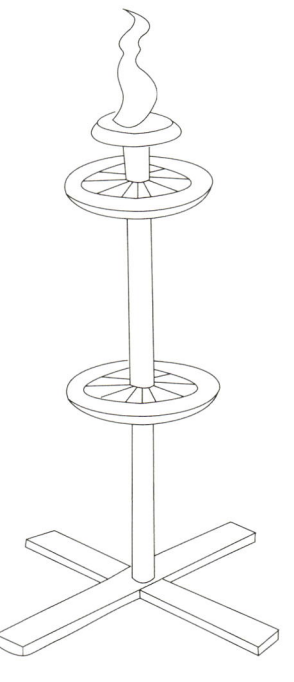
图 10-7-1-13 晚唐莫高窟第 85 窟顶东坡壁画《灯火喻》中的灯架线描解析图

 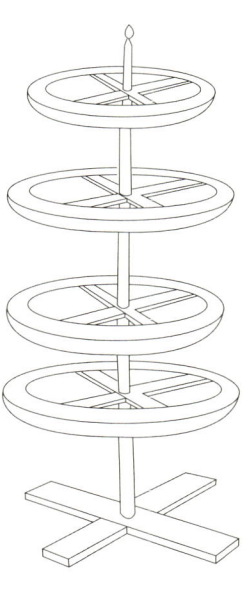  

图 10-7-1-14　晚唐莫高窟第156窟西壁龛内壁画《放生、燃灯》中的灯架

图 10-7-1-15　晚唐莫高窟第156窟西壁龛内壁画《放生、燃灯》中的灯架线描解析图

图 10-7-1-16　五代莫高窟第61窟南壁壁画《灯猴喻》中的灯架

图 10-7-1-17　五代莫高窟第61窟南壁壁画《灯猴喻》中的灯架线描解析图

 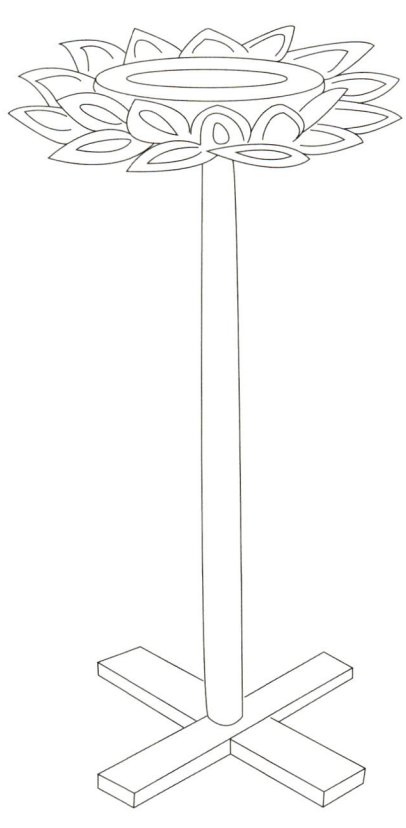

图 10-7-1-18　五代莫高窟第61窟南壁壁画中的灯架

图 10-7-1-19　五代莫高窟第61窟南壁壁画中的灯架线描解析图

图 10-7-1-20　五代莫高窟第 146 窟北壁壁画《燃灯》中的灯架

注： 敦煌灯架形象还见于图 7-12-1 初唐莫高窟第 220 窟北壁壁画中的灯架之一；图 7-12-2 初唐莫高窟第 220 窟北壁壁画中的灯架之二；图 7-12-3 盛唐莫高窟第 148 窟东壁壁画《树幡、斋僧、燃灯》中的灯架；图 7-12-4 初唐莫高窟第 323 窟壁画《张骞出使西域图》中的灯架；图 9-8-3-1 隋代莫高窟第 433 窟人字坡东坡壁画中的九层灯架；图 9-8-3-2 中唐莫高窟第 358 窟北壁壁画《斋僧、树幡、燃灯》中的灯架等。

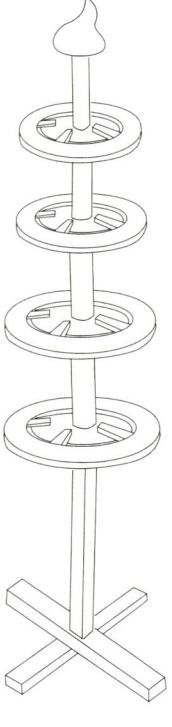

图 10-7-1-21　西夏莫高窟第 400 窟北壁壁画《燃灯》中的灯架（左）

图 10-7-1-22　西夏莫高窟第 400 窟北壁壁画《燃灯》中的灯架线描解析图（右）

图 10-7-2-1　初唐莫高窟第 220 窟北壁壁画中的炉架线描解析图

图 10-7-2-2　盛唐莫高窟第 113 窟南壁壁画《观无量寿经》中的炉架

图 10-7-2-3　盛唐莫高窟第 113 窟南壁壁画《观无量寿经变》中的炉架线描解析图

图 10-7-2-4 盛唐莫高窟第 148 窟西壁壁画《佛陀出殡》中的炉架

图 10-7-2-5 盛唐莫高窟第 148 窟西壁壁画《佛陀出殡》中的炉架线描解析图

图 10-7-2-6 盛唐莫高窟第 444 窟壁画《说法图》中的炉架

图 10-7-2-7 盛唐莫高窟第 445 窟北壁壁画《弥勒经变之剃度图》中的炉架线描解析图

图 10-7-2-8　盛唐莫高窟第 217 窟壁画中的炉架

图 10-7-2-9　盛唐莫高窟第 217 窟壁画中的炉架

图 10-7-2-10 中唐榆林窟第 25 窟北壁壁画《七宝供养》中的炉架线描解析图

图 10-7-2-14 晚唐莫高窟第 14 窟中心柱北向面壁画《倚坐弥勒佛》中的炉架

图 10-7-2-11 中唐榆林窟第 25 窟南壁壁画《观无量寿经变》中的炉架线描解析图

图 10-7-2-12 中唐榆林窟第 25 窟南壁壁画中的炉架

图 10-7-2-13 中唐榆林窟第 25 窟南壁壁画中的炉架线描解析图

图 10-7-2-15　晚唐莫高窟第 85 窟窟顶东坡壁画《释迦佛接见罗婆那王》中的炉架

图 10-7-2-16　五代莫高窟第 61 窟壁画《昆仑奴与卫士》中的炉架

图 10-7-2-17　五代莫高窟第 98 窟北壁壁画中的炉架

图 10-7-2-18 五代莫高窟第 384 窟甬道顶壁画《地藏十王》中的炉架

图 10-7-2-19 五代榆林窟第 34 窟壁画《文殊变》中的炉架

图 10-7-2-20 宋代榆林窟第 2 窟南壁西侧壁画中的炉架线描解析图

注：敦煌炉架形象还见于图 8-4-3 宋代莫高窟第 245 窟东壁壁画《辩护》局部等。

图 10-7-3-1 五代莫高窟第 61 窟南壁壁画《楞伽经变·净衣喻》中的衣架

图 10-7-3-2 五代莫高窟第 72 窟北壁壁画《木架生衣》中的衣架

图 10-7-3-3 五代榆林窟第 36 窟前室东壁壁画《木架生衣》中的衣架

图 10-7-3-4　五代榆林窟第 38 窟壁画《树上生衣》中的衣架（上）

图 10-7-3-5　宋代莫高窟第 55 窟窟顶东坡壁画《净衣喻》中的衣架（下）

注：敦煌衣架形象还见于图 7-13-2　晚唐莫高窟第 85 窟窟顶东坡壁画《净衣喻》中的衣架。

图 10-7-4-1　五代莫高窟第 61 窟东壁北侧壁画《维摩诘经变之阿閦佛品》中的镜架（上）

图 10-7-4-2　五代莫高窟第 61 窟南壁壁画中的镜架（下）

注：敦煌镜架形象还见于图 7-10-1　晚唐莫高窟第 85 窟东坡壁画中的镜架；图 7-10-2　五代莫高窟第 454 窟南壁壁画中的镜架等。

图 10-7-5-1　晚唐莫高窟第 196 窟西壁北侧壁画《劳度叉斗圣变》中的鼓架

图 10-7-5-2　五代榆林窟第 32 窟北壁壁画《劳度叉斗圣变》中的鼓架

注：敦煌鼓架形象还见于图 7-11-1 晚唐莫高窟第 9 窟南壁壁画《劳度叉斗圣变》中的鼓架；图 7-11-2 五代榆林窟第 16 窟东壁壁画《风吹鼓架》中的鼓架等。

图 10-7-6-1　晚唐莫高窟第 196 窟西壁南侧壁画《比丘敲钟》中的钟架

图 10-7-6-2　五代榆林窟第 32 窟北壁壁画《劳度叉斗圣变》中的钟架

图 10-7-6-3　五代榆林窟第 16 窟东壁壁画中的钟架线描解析图

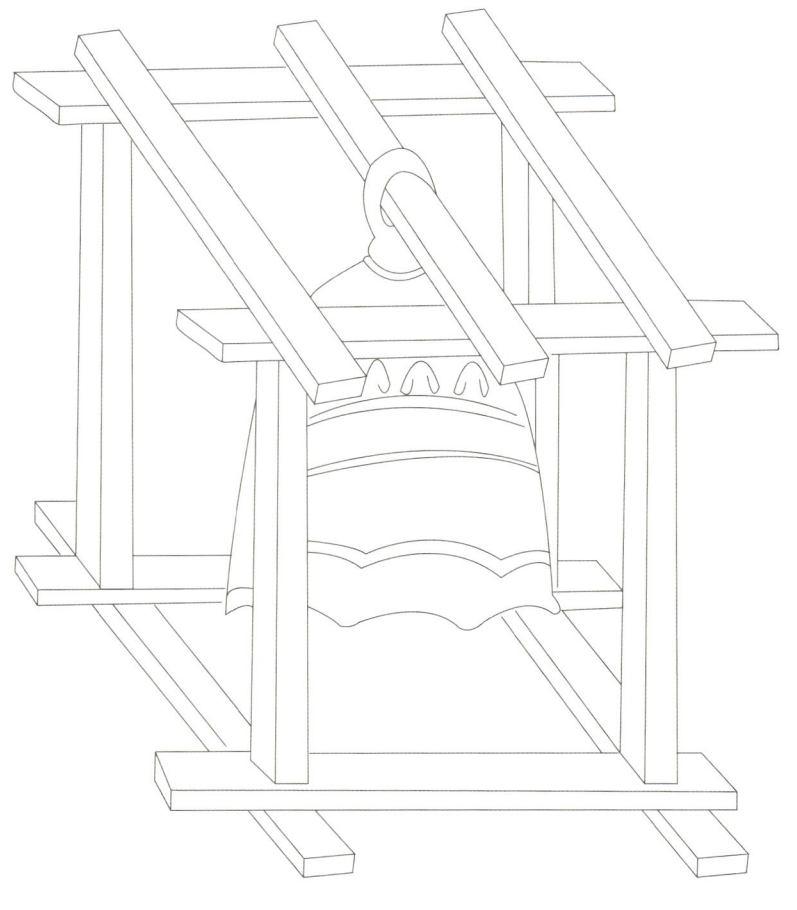

注： 敦煌钟架形象还见于图 7-11-3 晚唐莫高窟第 9 窟南壁东部壁画中的钟架；图 7-11-4 五代榆林窟第 16 窟东壁壁画中的钟架等。

图 10-7-7-1 隋代莫高窟第 390 窟北壁壁画《飞天》中的方响架

图 10-7-7-2 初唐莫高窟第 220 窟北壁壁画《敲方响》中的方响架

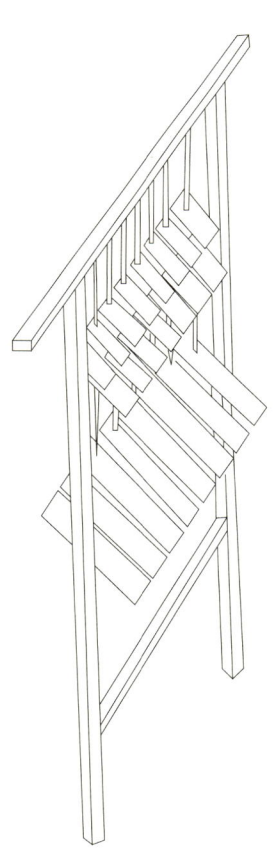

图 10-7-7-3 初唐莫高窟第 220 窟北壁壁画《敲方响》中的方响架线描解析图

图 10-7-7-4 初唐莫高窟第 322 窟窟顶西坡壁画中的方响架

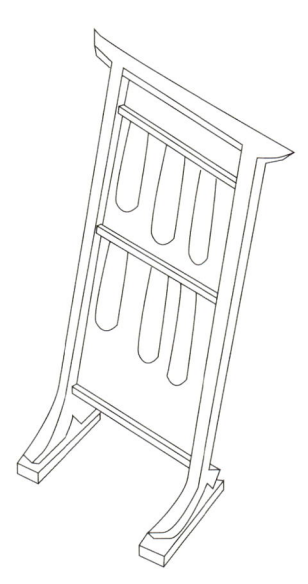

图 10-7-7-5 初唐莫高窟第 322 窟窟顶西坡壁画中的方响架线描解析图

图 10-7-7-6 盛唐莫高窟第 148 窟东壁南侧壁画中的方响架

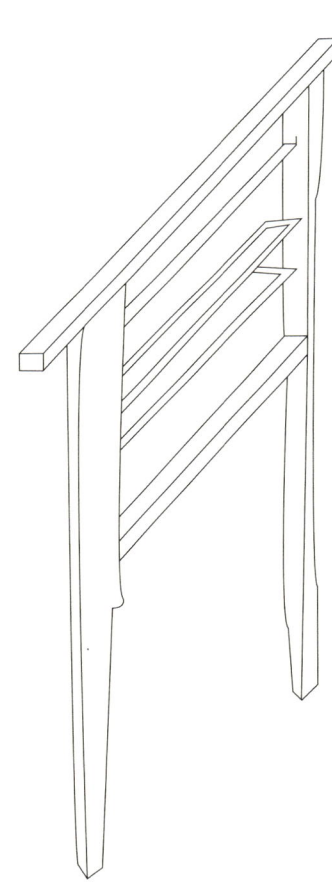

图 10-7-7-7 盛唐莫高窟第 148 窟东壁南侧壁画中的方响架线描解析图

图 10-7-7-8　盛唐莫高窟第 172 窟南壁壁画《不鼓自鸣乐器》中的方响架

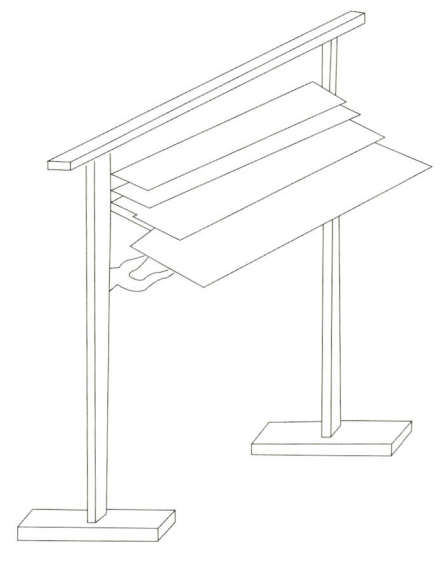

图 10-7-7-9　盛唐莫高窟第 172 窟南壁壁画《不鼓自鸣乐器》中的方响架线描解析图

图 10-7-7-10　中唐莫高窟第 112 窟北壁东侧壁画《乐师经变》中的方响架

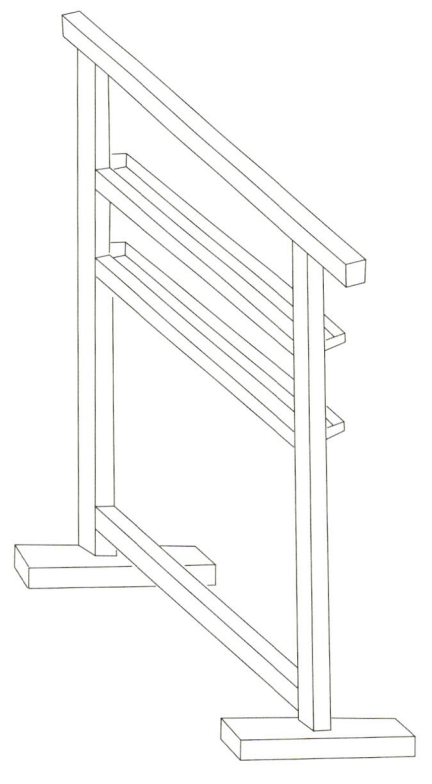

图 10-7-7-11　中唐莫高窟第 112 窟北壁东侧壁画《乐师经变》中的方响架线描解析图

图 10-7-8-1　晚唐莫高窟第 9 窟西壁壁画《尸毗王本生》中的天平架

图 10-7-8-2　五代莫高窟第 61 窟南壁壁画《割肉贸鸽》中的天平架

图 10-7-8-3　五代莫高窟第 61 窟甬道北壁壁画《星图》中的天平架

图 10-7-8-4　五代莫高窟第 61 窟甬道北壁壁画《星图》中的天平架线描解析图

图 10-7-8-5　五代莫高窟第 98 窟南壁壁画《割肉贸鸽》中的天平架（上）

图 10-7-8-6　五代莫高窟第 454 窟南壁壁画《割肉贸鸽》中的天平架（下）

注：敦煌天平架形象还见于图 7-13-1 晚唐莫高窟第 85 窟窟顶东坡壁画《尸毗王割股》中的天平架等。

图 10-7-9-1 盛唐莫高窟第 31 窟南壁壁画《给释迦佛洗脚》中的盆架（上）

图 10-7-9-2 五代莫高窟第 146 窟壁画《洗头》中的盆架（下）

图 10-7-10-1　初唐莫高窟第 431 窟南壁壁画中的锅架

图 10-7-10-2　中唐莫高窟第 468 窟北壁壁画《祓禳驱鬼》中的锅架

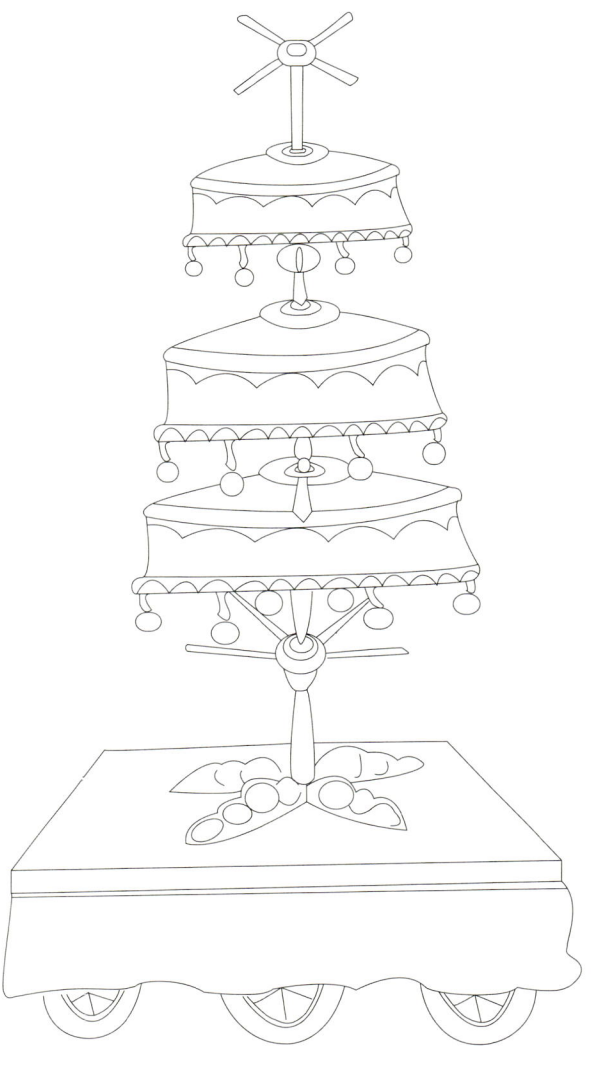

图 10-7-11-1 隋代莫高窟第 400 窟北壁壁画中的幢架

图 10-7-11-2 隋代莫高窟第 400 窟北壁壁画中的幢架线描解析图

图 10-7-11-3 盛唐莫高窟第 148 窟西壁壁画《佛陀出殡》中的幢架

图 10-7-11-4 盛唐莫高窟第 148 窟西壁壁画《佛陀出殡》中的幢架线描解析图

图 10-7-11-5　盛唐莫高窟第 45 窟壁画中的幢架 1

图 10-7-11-6　盛唐莫高窟第 45 窟壁画中的幢架 2

图 10-7-11-7 中唐莫高窟第 186 窟窟顶东坡北坡壁画《拆幢》中的幢架

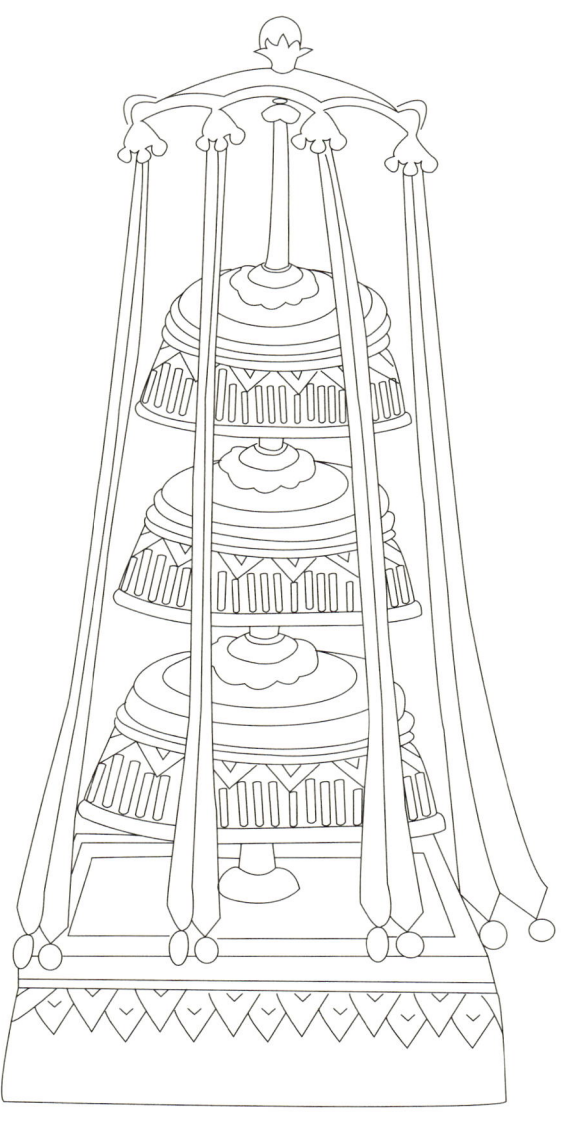

图 10-7-11-8 中唐莫高窟第 186 窟窟顶东坡北坡壁画《拆幢》中的幢架线描解析图

图 10-7-11-9　晚唐莫高窟第 144 窟东壁壁画《索家供养像》中的幢架

图 10-7-11-10　晚唐莫高窟第 144 窟东壁壁画《索家供养像》中的幢架线描解析图

图 10-7-11-11　五代莫高窟第 61 窟南壁壁画《拆幢图》中的幢架

注：敦煌幢架形象还见于图 8-1-1 北周莫高窟第 290 窟壁画中的幢架等。

图 10-7-12-1 初唐莫高窟 220 窟南壁阿弥陀经变东侧壁画中的莲花架

图 10-7-12-2 初唐莫高窟第 220 窟北壁壁画中的莲花架线描解析图

图 10-7-12-3 盛唐莫高窟第 66 窟北壁壁画《"十六观"前八观》中的莲花架

图 10-7-12-4 元代榆林窟第 4 窟东壁壁画《天王》的莲花架线描解析图

注：敦煌莲花架形象还见于图 9-8-4-1 元代榆林窟第 4 窟东壁壁画《天王》局部等。

图 10-7-13-1　隋代莫高窟第 302 窟窟顶西坡壁画《汲仆饮水》中的井栏架

图 10-7-13-2　五代莫高窟第 98 窟甬道顶壁画《纯陀最后供养释迦的水井》中的井栏架

图 10-7-13-3　宋代莫高窟第 76 窟东壁门北侧壁画《猕猴献蜜》中的井栏架

图 10-7-14-1 盛唐莫高窟第 148 窟南壁壁画中的兵器架

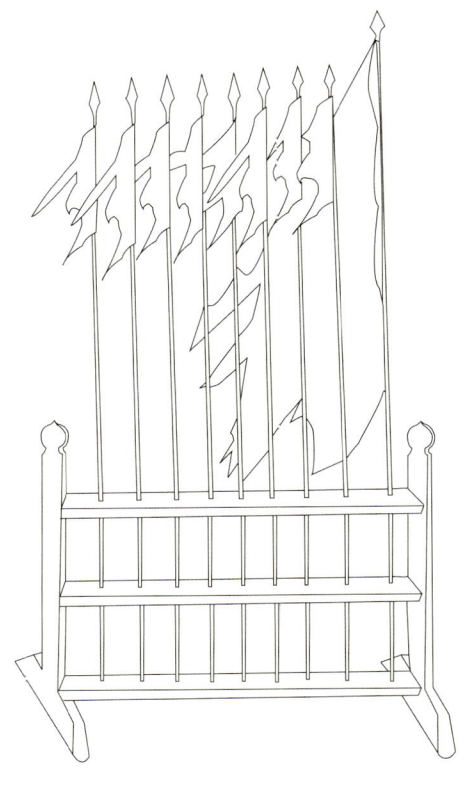

图 10-7-14-2 盛唐莫高窟第 148 窟南壁壁画中的兵器架线描解析图

图 10-7-14-3 盛唐莫高窟第 320 窟北壁壁画《宫廷守卫》中的兵器架

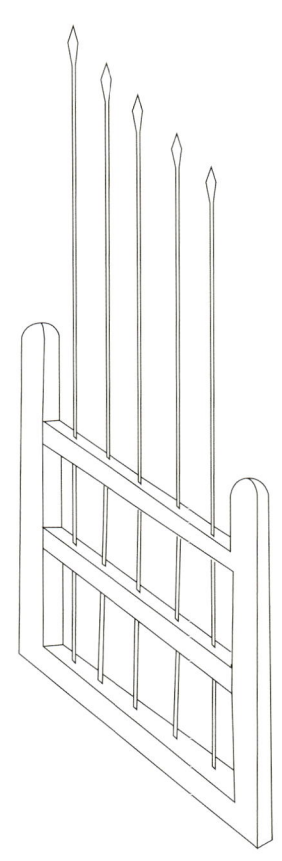

图 10-7-14-4 盛唐莫高窟第 320 窟北壁壁画《宫廷守卫》中的兵器架线描解析图

图 10-7-15-1　隋代莫高窟第 302 窟东坡人字坡壁画《福田经变》中的马槽架

附图Ⅶ　架具

图 10-7-15-2 中唐莫高窟第 154 窟北壁壁画《报恩经变》中的宝珠架

图 10-7-15-3　盛唐莫高窟第 45 窟壁画中的货物架

图 10-7-15-4　晚唐莫高窟第 85 窟窟顶东坡壁画
　　　　　　《肉坊》中的挂肉架

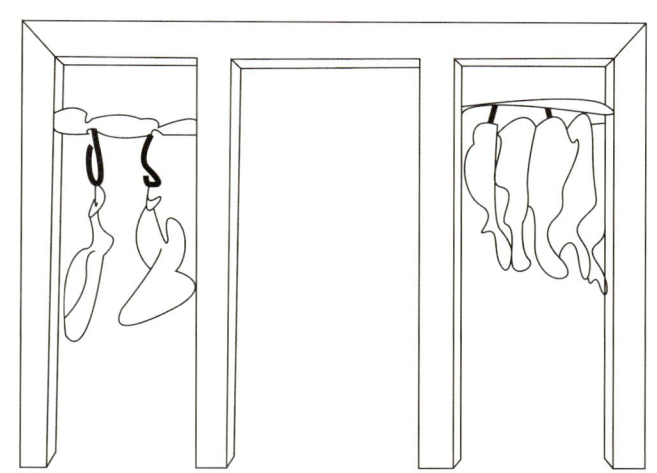

图 10-7-15-5　晚唐莫高窟第 85 窟窟顶东坡壁画
　　　　　　《肉坊》中的挂肉架线描解析图

图 10-7-15-6　五代敦煌莫高窟第 61 窟壁画《春碓》中的碓架

图 10-7-15-9　西夏榆林窟第 3 窟壁画《酿酒图》中的搁物架

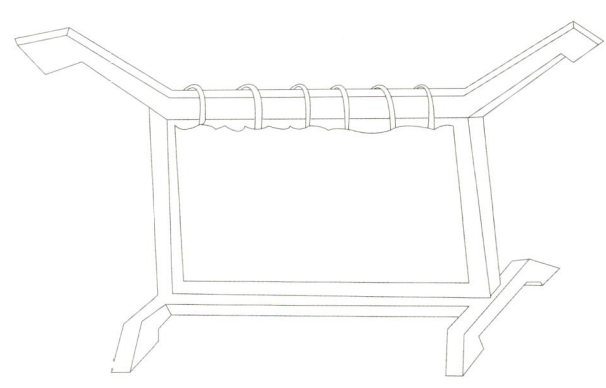

图 10-7-15-10　西夏榆林窟第 3 窟壁画《酿酒图》中的搁物架线描解析图

图 10-7-15-7　五代莫高窟第 61 窟壁画《剃度》中的轮架

图 10-7-15-8　五代莫高窟第 61 窟壁画《剃度》中的轮架线描解析图

图 10-7-15-11　元代榆林窟第 4 窟北壁壁画中的宝塔架

图 10-7-15-12　元代榆林窟第 4 窟北壁壁画中的宝塔架线描解析图

注： 敦煌其他架形象还见于图 8-2-8 西夏文殊山万佛洞西壁壁画《西方净土变》中的树架等。

参考文献

(仅按拼音首字母排序)

一、著作与图册

1. 董玉祥. 中国美术全集·雕塑编9：炳灵寺等石窟雕塑. 北京：人民美术出版社，1988.

2. 段文杰. 敦煌石窟全集(26卷). 香港：商务印书馆(香港)有限公司，2005.

3. 段文杰. 中国敦煌壁画全集(11册). 天津：天津人民美术出版社，2006.

4. 敦煌文物研究所. 中国石窟·安西榆林窟. 北京：文物出版社；东京：日本株式会社平凡社，1997.

5. 敦煌文物研究所. 中国石窟·敦煌莫高窟第一卷. 北京：文物出版社，东京：日本株式会社平凡社，1982.

6. 敦煌文物研究所. 中国石窟·敦煌莫高窟第二卷. 北京：文物出版社，东京：日本株式会社平凡社，1984.

7. 敦煌文物研究所. 中国石窟·敦煌莫高窟第三卷. 北京：文物出版社，东京：日本株式会社平凡社，1987.

8. 敦煌文物研究所. 中国石窟·敦煌莫高窟第四卷. 北京：文物出版社，东京：日本株式会社平凡社，1987.

9. 敦煌文物研究所. 中国石窟·敦煌莫高窟第五卷. 北京：文物出版社，东京：日本株式会社平凡社，1987.

10. 敦煌研究院，甘肃人民美术出版社. 敦煌石窟鉴赏丛书. 兰州：甘肃人民美术出版社，1990.

11. 俄罗斯国立艾尔米塔什博物馆、上海古籍出版社.俄藏敦煌艺术品I.彼得堡:俄罗斯国立艾尔米塔什博物馆,上海:上海古籍出版社,1997.

12. 冯骥才.中国大同雕塑全集·云冈石窟雕刻卷.北京:中华书局,2010.

13. 高礼智(R.Ghose)、何培斌、杨春棠.沄相传真——古代佛教艺术.香港:香港大学美术博物馆,1998.

14. [英]贡布里希(E.H.Gombrich).图像与眼睛.范景中译.南宁:广西美术出版社,2013.

15. 杭侃.佛教文物选粹2.台北:震旦艺术博物馆,2005.

16. 郝春文.唐后期五代宋初敦煌僧尼的社会生活.北京:中国社会科学出版社,1998.

17. 郝春文敦煌学论集.上海:上海古籍出版社,2011.

18. 姜伯勤.中国祆教艺术史研究.北京:生活.读书.新知三联书店,2004.

19. 金申.中国历代纪年佛像图典.北京:文物出版社,1994.

20. 李炳武主编,陈安利分册主编.中华国宝:陕西珍贵文物集成·唐三彩卷.西安:陕西人民教育出版社,1998.

21. 林保尧.敦煌艺术图典.台北:艺术家出版社,1991.

22. 林福厚.中外建筑与家具风格.北京:中国建筑工业出版社,2000.

23. 林树中.中国美术全集·魏晋南北朝卷.北京:人民美术出版社,1986.

24. 马承源,岳峰.丝路考古珍品.上海:上海译文出版社,1998.

25. 马德编.敦煌工匠史料.兰州:甘肃人民出版社,1997.

26. 穆舜英.西域艺术.台北:"中央图书馆",1994.

27. 潘潘,方振宁.美索不达米亚艺术.桂林:广西师范大学出版社,2003.

28. [德]潘诺夫斯基(E.Panofky).视觉艺术的含义.傅志强译.沈阳:辽宁人民出版社,1987.

29. 饶宗颐.敦煌白画.香港:香港大学饶宗颐学术馆,2010.

30. 饶宗颐二十世纪学术文集(十四卷,二十册).台湾:新文丰出版股份有限公司,2003.

31. 陕西省考古所、法门寺博物馆.佛门秘宝大唐遗珍·陕西扶风法门寺地宫.北京:文物出版社,1994.

32. 邵晓峰.敦煌壁画与中国家具的千年之变(香港敦煌吐鲁番研究中心丛书第一辑第一种).香港:香港大学饶宗颐学术馆,2014.

33. 邵晓峰.中国宋代家具——研究与图像集成.南京:东南大学出版社,2010.

34. 沈从文.中国古代服饰研究.香港:商务印书馆香港分馆,1981.

35. [日]石田茂作.正仓院&东大寺.东京:日本东京每日修学会,昭和38年(1963).

36. [日]水野清一.中国佛教美术.东京都:日本平凡社,1968.

37. 唐耕耦,陆宏基.敦煌社会经济文献真迹释录(第2辑).北京:全国图书馆文献缩微复制中心,1990.

38. 唐耕耦,陆宏基.敦煌社会经济文献真迹释录(第3辑).北京:全国图书馆文献缩微复制中心,1990.

39. 唐耕耦,陆宏基.敦煌社会经济文献真迹释录(第4辑).北京:全国图书馆文献缩微复制中心,1990.
40. 王世襄.中国画论研究.南宁:广西师范大学出版社,2010.
41. 王世襄.明式家具研究.北京:生活.读书.新知三联书店,2008.
42. 王世襄.明式家具珍赏.北京:文物出版社,2003.
43. 王镛.印度美术.北京:中国人民大学出版社,2004.
44. 温玉成.中国美术全集·云冈石窟卷.上海:上海人民美术出版社,1988.
45. 香港文化博物馆.丝路珍宝——新疆文物大展.香港:香港康乐及文化事务署,2005.
46. 香港艺术馆.大英博物馆藏埃及珍宝展.香港:香港临时市政局,1998.
47. 谢成水.敦煌壁画线描精品集.南京:江苏美术出版社,2009.
48. 晏新志.多姿多彩的陶俑.西安:陕西人民出版社,2006.
49. 杨森.敦煌壁画家具图像研究.兰州:民族出版社,2010.
50. [英]约翰·马歇儿(J.Mashell).王冀青译.犍陀罗佛教艺术.兰州:甘肃教育出版社,1989.
51. 郑安芬.佛教文物选粹1.台北:震旦艺术博物馆,2003.

二、论文

1. 陈秉义,杨娜妮.关于契丹细腰鼓的考查与初步认识.乐府新声(沈阳音乐学院学报),2011(1).
2. 高启安.从莫高窟壁画看唐五代敦煌人的坐具和饮食坐姿(上、下).敦煌研究,2001(3).
3. 郭俊叶.敦煌壁画中的经架——兼议莫高窟第156窟前室室顶南侧壁画题材.文物,2011(10).
4. 郝春文.唐后期五代宋初敦煌僧人与寺院常住斛斗的关系(上、下).首都师范大学学报(社会科学版),1998(3、4).
5. 郝春文.唐后期五代宋初敦煌寺院常住什物的数量及与僧人的关系.敦煌研究,1998(2).
6. 河南省古代建筑保护研究所.河南安阳灵泉寺唐代双石塔.文物,1986(3).
7. 胡德生.从敦煌壁画看传统家具(上、下).商品与质量,2011(51)、2012(3).
8. 暨远志.绳床及相关问题考——敦煌壁画家具研究之一.考古与文物,2004(2).
9. 暨远志.金狮床考——敦煌壁画家具研究之二.考古与文物,2004(3).
10. 暨远志.胡床杂考——敦煌壁画家具研究之三.考古与文物,2004(4).
11. 贾宪保.唐代的柜.文博,1988(1).
12. 雷学华.唐代敦煌的寺院经济.中南民族学院学报(哲学社会科学版),1989(1).
13. 李翎.坐与座的文化阐释.民族艺术,2000(2).
14. 李小荣.论隋唐五代至宋初的药师信仰——以敦煌文献为中心.普门学报(台湾佛光山文教基金会主办),2002(3).

15. 廖明君,邵晓峰.图像中家具文化的学术空间——邵晓峰教授访谈录.民族艺术,2013(1).

16. 陆离.敦煌文书中的博士与教授.敦煌学辑刊,1999(1).

17. 饶宗颐.我的学术自述——以敦煌学为例.民族艺术,2013(3).

18. 山西省考古研究所.太原隋代虞弘墓清理简报.文物,2001(1).

19. 邵晓峰.《五山十刹图》中的南宋佛教家具研究.民族艺术,2013(5).

20. 邵晓峰.《张胜温画卷》中的"禅宗七祖"坐椅研究.民族艺术,2011(1).

21. 邵晓峰.从"席地坐"到"垂足坐"——宋代佛教家具.佛教文化(中国佛教协会会刊),2011(2).

22. 邵晓峰.从家具看《六尊者像》的断代.民族艺术,2011(4)

23. 邵晓峰.敦煌壁画在中国古代家具嬗变研究中的独特价值探微.南京艺术学院学报(美术与设计版),2004(4).

24. 邵晓峰.敦煌壁画中的家具图式表征.宏德学刊,(7).

25. 邵晓峰.敦煌壁画中椅子图式的汉化与发展.民族艺术,2017(5).

26. 邵晓峰.佛教在中国文化里的适宜方式.中国图书评论,2010(11).

27. 邵晓峰.国家社科基金艺术学项目"敦煌壁画中的家具图式研究"项目及主持人邵晓峰简介.民族艺术,2017(封二、封三).

28. 邵晓峰.家具对于绘画研究的独特价值——以宋代为例.创意与设计,2012(2).

29. 邵晓峰.看敦煌壁画见现代家具.(香港)经济日报,2013-05-08(11).

30. 邵晓峰.宋代佛教绘画《写经罗汉图》研究.艺术百家,2012(5).

31. 邵晓峰.图像中的家具文化.东方收藏,2011(5).

32. 邵晓峰.中国最早的椅子图像辨析.装饰,2004(12).

33. 邵晓峰.中流自在心——饶宗颐先生的治学之道.民族艺术,2013(3).

34. 唐刚卯.跋敦煌文书《某寺常住什物交割点检历》——关于唐代家具的一点思考.魏晋南北朝隋唐史资料(武汉大学中国三至九世纪研究所主办),2000.

35. 扬之水.《一切经音义》之佛教艺术名物图证(一).百年敦煌文献整理研究国际学术讨论会论文集(下册).中国敦煌吐鲁番学会、浙江省社会科学界联合会主办,杭州,2010.

36. 杨泓.敦煌莫高窟与中国古代家具史研究之一——公元五至六世纪中国家具的演变(摘要).敦煌研究,1988(2).

37. 杨森,张宏.浅谈敦煌籍帐文书中的漆器和小木器皿.敦煌研究,2009(2).

38. 殷凌云.文献与图像之间的敦煌壁画.湖北美术学院学报,2008(1).

39. 岳阳市文物考古研究所.湖南岳阳桃花山唐墓.文物,2006(11).

正文插图名录

图 1-1-1　王世襄编著：《明式家具珍赏》封面，北京：文物出版社，2003 年版

图 1-1-2　王世襄编著：《明式家具研究》封面，北京：生活·读书·新知三联书店，2008 年版

图 1-1-3　王世襄：《中国画论研究》封面，南宁：广西师范大学出版社，2010 年版

图 1-1-4　邵晓峰：《中国宋代家具》，东南大学出版社，2010 年版

图 1-1-5　《中国宋代家具》中的家具线描解析图

图 1-2-1　晚唐莫高窟第 144 窟东壁壁画《索家供养像》中的榻

图 1-2-2　明代紫檀南官帽椅

图 1-3-1　五代莫高窟第 61 窟壁画《大清凉之寺》

图 1-4-1　初唐莫高窟第 334 窟西壁龛内北壁壁画《舍利弗宴坐》中的禅椅

图 1-4-2　元代倪瓒《渔庄秋霁图》

图 1-5-1　明代榉木扶手椅，清华大学艺术博物馆藏

图 2-1　古埃及第四王朝赫特菲尔利斯陵墓中出土的扶手椅

图 2-2　古埃及的扶手椅线描解析图

图 2-3　古埃及的交足凳线描解析图

图 2-4　古埃及的床线描解析图

图 2-5　美索不达米亚镶嵌画《乌尔标准，和平情景》，公元前 3000 年，出土于乌尔王陵，伦敦大英博物馆藏

图 2-6　美索不达米亚《伊希达女神》，雪花石膏，公元前 3000 年，叙利亚大马士革国立博物馆藏

图 2-7　美索不达米亚《汉谟拉比法典》，公元前 1792—前 1750 年，玄武岩雕刻

图 2-8　美索不达米亚《竖琴演奏者坐像》，高 12 厘米，宽 7.5 厘米，陶土，公元前 2000 年，巴黎罗浮宫藏

图 2-9　石雕《弹三角竖琴的人》，公元前 2800—前 2300 年，希腊国家考古博物馆藏

图 2-10　《克山狄波斯的墓碑》，大理石浮雕，约公元前 430 年

图 2-11　墓碑浮雕大理石，约公元前 4 世纪制作于雅典，希腊国家考古博物馆藏

图 2-12　古希腊的交足凳、靠背椅线描解析图

图 2-13　古希腊的扶手椅线描解析图

图 2-14　古希腊的床线描解析图

图 2-15　古罗马的交足凳线描解析图

图 2-16　古罗马的扶手椅、宝座线描解析图

图 2-17　古罗马的桌、几线描解析图

图 2-18　巴泽雷克古墓壁毯《女王接受骑士致敬》，出土于俄罗斯戈尔诺阿尔泰省巴泽雷克盆地，约制作于公元前 5 世纪，俄罗斯艾米塔什博物馆藏

图 2-19　巴泽雷克古墓壁毯《女王接受骑士致敬》中的靠背椅

图 2-20　犍陀罗浮雕《托胎图》中的藤墩、宝座，出土于巴基斯坦斯瓦特翠堵婆遗址，巴基斯坦白沙瓦博物馆藏

图 2-21《陶制人物像》，公元 2—3 世纪，高 12 厘米，出土于新疆和阗县，现藏于韩国首尔

图 3-1　《河南密县打虎亭东汉壁画》中的长连席

图 3-2　西汉长信宫灯（因曾置于西汉刘胜祖母窦太后的长信宫，故名），河北满城出土，河北省博物馆藏

图 3-3　初唐莫高窟第 329 窟壁画供养人像线描解析图

图 3-4　初唐莫高窟第 220 窟北壁壁画《乐舞图》中的圆毯

图 3-5　盛唐莫高窟第 320 窟壁画《观无量寿经变》中的方毯线描解析图

图 3-6　初唐莫高窟第 431 窟北壁壁画《坐席观山》中的席

图 3-7　盛唐莫高窟第 66 窟北壁壁画《"十六观"前八观》中的席

图 3-8　盛唐莫高窟第 68 窟北壁壁画《长河落日》中的席

图 3-9　盛唐莫高窟第 217 窟北壁壁画《远山落日》中的席

图 3-10　中唐榆林窟第 25 窟北壁壁画中的席、矮几

图 3-11　初唐莫高窟第 323 窟南壁壁画《隋文帝问昙延法师天旱原因》中的榻

图 3-12　中唐榆林窟第 25 窟北壁壁画《听经得往生》中的矮榻

图 4-1　初唐莫高窟第 203 窟西壁龛外南侧上部壁画《维摩示疾》中的榻

图 4-2　初唐莫高窟第 203 窟西壁龛外北侧上部壁画《文殊来问》中的榻

图 4-3　盛唐莫高窟第 14 窟南壁壁画《闻法欢喜》中的榻

图 4-4　盛唐莫高窟第 217 窟南壁壁画《国王求法》中的榻上设案

图 4-5　盛唐莫高窟第 320 窟北壁壁画《未生怨之欲害其母》中的榻上设案

图 4-6　中唐莫高窟第 112 窟南壁壁画《被人轻贱》中的榻上设案

图 4-7　山东嘉祥隋代徐敏行夫妇墓室壁画《徐侍郎夫妇宴享行乐图》中的榻、凭几、隐囊、屏风，1976 年出土，山东博物馆藏

图 4-8　晚唐莫高窟第 14 窟南壁壁画中的榻

图 4-9　唐代周昉（传）《调婴图》局部，绢本设色，"台北故宫博物院"藏

图 4-10　初唐莫高窟第 334 窟壁画《维摩诘》中的栅足几、凭几、高座

图 4-11　盛唐莫高窟第 103 窟东壁窟门南侧壁画《维摩诘经变》中的栅足几

图 4-12　唐代栅足翘头几，长 13 厘米，宽 10 厘米，高 5 厘米，1994 年 4 月出土于湖南岳阳桃花山

图 4-13　盛唐莫高窟第 217 窟壁画《得医图》中的屏风线描解析图

图 4-14　盛唐莫高窟第 172 窟壁画中的 3 件屏风线描解析图

图 4-15　盛唐莫高窟第 148 窟南壁壁画《男女相对互礼》中的屏风

图 4-16　晚唐莫高窟第 85 窟壁画《帷屋闲话》中的帷帐式屏风

图 4-17　五代莫高窟第 61 窟壁画《女剃度》中的屏风

图 4-18　中唐莫高窟第 361 窟壁画《金刚经经变之譬喻画》中的围屏

图 4-19　晚唐莫高窟第 85 窟窟顶东坡壁画《勾栏百戏》中的围屏

图 4-20　晚唐莫高窟第 138 窟南壁壁画中的围屏

图 4-21　五代莫高窟第 61 窟壁画《杂技》中的围屏

图 5-1-1　图坦卡蒙陵墓折叠式交椅，古埃及第 18 王朝图坦卡蒙统治时期（公元前 1336—前 1327 年）

图 5-1-2　大理石浮雕《猫狗斗戏》，约公元前 510 年制作于雅典，希腊国家考古博物馆藏

图 5-1-3　青铜折叠凳，约公元前 480 年制作于雅典，雅典卫城博物馆藏

图 5-1-4　北魏莫高窟第 257 窟西壁壁画《须摩提女缘品》中的胡床

图 5-1-5　东魏武定三年（545）佛传故事石刻画像，河南新乡博物馆藏

图 5-1-6　隋代莫高窟第 420 窟壁画中的胡床线描解析图

图 5-2-1　北魏莫高窟第 257 窟南壁壁画《沙弥守戒自杀故事》中的凳

图 5-2-2　北魏莫高窟第 257 窟南壁壁画《沙弥守戒自杀故事》中的凳

图 5-2-3　北魏莫高窟第 257 窟南壁壁画《沙弥守戒自杀故事》中的凳

图 5-2-4　北凉莫高窟第 266 窟佛龛雕塑中的凳

图 5-2-5　北凉莫高窟第 268 窟西壁佛龛雕塑中的凳

图 5-2-6　中唐莫高窟第 360 东壁壁画《露天酒肆》中的长凳

图 5-2-7　五代榆林窟第 32 窟西壁壁画《梵网经变中十二愿之一》中的凳

图 5-2-8　汉代徐州画像石中的几线描解析图

图 5-2-9　河南画像石《聂政自屠》中的几

图 5-3-1　象牙饰板中的藤墩 1，制作于公元 1 世纪，出土于阿富汗贝格拉姆，阿富汗国家博物馆藏

图 5-3-2　象牙饰板中的藤墩 2，制作于公元 1 世纪，出土于阿富汗贝格拉姆，阿富汗国家博物馆藏

图 5-3-3　象牙饰板中的藤墩 3，制作于公元 1 世纪，出土于阿富汗贝格拉姆，阿富汗国家博物馆藏

图 5-3-4　北凉莫高窟第 275 窟北壁上层树形龛雕塑《菩萨半跏像》

图 5-3-5　中唐榆林窟第 25 窟壁画《弥勒经变之女剃度》中的墩

图 5-3-6　中唐榆林窟第 25 窟壁画《弥勒经变之女剃度》中的墩

图 5-3-7　五代莫高窟第 85 窟壁画《树下弹筝》中的两件墩

图 5-3-8　五代莫高窟第 100 窟壁画《善友太子与利师跋国公主》中的两件墩

图 5-4-1-1　北凉莫高窟第 275 窟北壁壁画《月光王本生全图》中的筌蹄

图 5-4-1-2　北魏莫高窟第 263 窟北壁壁画《说法图》中的两件筌蹄

图 5-4-1-3　西魏莫高窟第 285 窟南壁壁画《五百强盗成佛故事》中佛祖所坐筌蹄

图 5-4-1-4　隋代莫高窟第 420 窟窟顶西坡左侧壁画中的筌蹄

图 5-4-1-5　隋代莫高窟第 280 窟人字坡西坡壁画《佛母摩耶夫人》中的筌蹄

图 5-4-1-6　隋代莫高窟第 295 窟人字坡西坡壁画《佛母摩耶夫人》中的筌蹄

图 5-4-1-7　隋代莫高窟第 420 窟窟顶西坡左侧壁画中的筌蹄

图 5-4-1-8　隋代莫高窟第 303 窟人字坡西坡上排中间壁画《现婆罗门身》中的筌蹄

图 5-4-1-9　初唐莫高窟供养菩萨塑像中的束腰仰覆莲座

图 5-4-1-10　初唐莫高窟第 331 窟壁画《从海涌出》中的筌蹄

图 5-4-1-11　初唐莫高窟第 331 窟东壁壁画《四大天王》中的 4 件筌蹄

图 5-4-1-12　晚唐莫高窟第 196 窟西壁壁画《外道皈依》中的筌蹄

图 5-4-1-13　晚唐莫高窟第 98 窟南壁壁画《虔阇尼婆梨王本生全图》中的筌蹄

图 5-4-1-14　五代莫高窟第 146 窟西壁壁画《劳度叉斗圣变》中的筌蹄（之一）

图 5-4-1-15　五代莫高窟第 146 窟西壁壁画《劳度叉斗圣变》中的筌蹄（之二）

图 5-4-1-16　五代榆林窟第 76 窟东壁壁画《剃头》中的两件筌蹄

图 5-4-2-1　北魏云冈石窟莲花洞南壁下部释迦牟尼佛龛内右侧浮雕中的筌蹄

图 5-4-2-2　北魏云冈石窟莲花洞南壁中部下层浮雕中的筌蹄（右图为拓片）

图 5-4-2-3　云冈石窟北魏屋形龛第 9 窟前室东壁上层两位思惟菩萨雕像

图 5-4-2-4　北魏云冈石窟第 10 窟前室中的两位思惟菩萨雕像

图 5-4-2-5　北魏太和十三年云冈石窟造像上层龛第 17 窟明窗东壁石雕思惟菩萨像

图 5-4-2-6　北魏北石窟寺楼底村一窟思惟菩萨、供养人石雕中的筌蹄

图 5-4-2-7　北魏皇兴造像碑阴中思惟菩萨所坐筌蹄

图 5-4-2-8　北魏太和十三年《观世音铜造像》背面浮雕中的思惟菩萨像，河北省博物馆藏

图 5-4-2-9　北朝《观世音铜造像》背面浮雕中的思惟菩萨像

图 5-4-2-10　云冈石窟北魏第 12 窟前室东壁上层思惟菩萨雕像

图 5-4-2-11　云冈石窟第 6 窟石雕阿私陀占相中的筌蹄

图 5-4-2-12　北魏云冈石窟第 9 窟北壁明窗西侧的鹿头梵志雕像、明窗东侧的执雀外道雕像

图 5-4-2-13　北魏云冈石窟第 9 窟北壁明窗全景

图 5-4-2-14　北魏云冈石窟第 1 窟南壁西屋檐下的外道雕像

图 5-4-2-15　北魏云冈石窟第 9 窟前室窟门金翅鸟雕像

图 5-4-2-16　北魏炳林寺第 169 窟左壁壁画《因缘故事》中的筌蹄

图 5-4-2-17　公元 4 世纪中叶到 5 世纪末所建新疆克孜尔第 38 窟主室券顶右侧壁画《郁多本生图》中的筌蹄

图 5-4-2-18　北齐天保四年（553）比丘道常造《思惟太子像》中的筌蹄

图 5-4-2-19　北齐皇建二年（561）造《白马跪别像》造像碑额中的筌蹄

图 5-4-2-20　北齐河清二年（563）造《悉达多太子思惟像》中的筌蹄

图 5-4-2-21　青州北齐武平四年（573）石刻画像《贸易商谈图》拓本中的筌蹄（右为线描解析图）

图 5-4-2-22　太原隋代虞弘墓石椁彩绘汉白玉浮雕墓主人坐像中的筌蹄

图 5-4-2-23　太原隋代虞弘墓石椁彩绘汉白玉浮雕《宴饮图》中的 2 件筌蹄

图 5-4-2-24　太原隋代虞弘墓石椁彩绘《听乐图》中的筌蹄

图 5-4-2-25　隋代或唐初白瓷筌蹄模型，美国纳尔逊博物馆藏

图 5-4-2-26　河南安阳灵泉寺唐中期双石塔西塔基座东壁左侧《吹笛伎乐图》线描解析图

图 5-4-2-27　唐三彩女坐俑，1953 年出土于陕西省西安市东郊王家坟村，中国国家博物馆藏

图 5-4-2-28　唐三彩女坐俑，高 47.5 厘米，1956 年出土于陕西省西安市东郊王家坟村，陕西历史博物馆藏

图 5-4-4-1　晚唐莫高窟第 156 窟南壁壁画《双舞伎》中的腰鼓

图 5-4-4-2　晚唐莫高窟第 108 窟南壁壁画《胸鼓舞》中的腰鼓

图 5-4-4-3　初唐莫高窟第 321 窟北壁壁画《不鼓自鸣鼓乐队》中的两件腰鼓

图 5-4-4-4　盛唐莫高窟第 172 窟南壁壁画《不鼓自鸣乐器》中的腰鼓

图 5-4-4-5　盛唐莫高窟第 225 窟南壁龛顶壁画《不鼓自鸣的腰鼓》中的腰鼓

图 5-4-4-6　牙雕中的束腰器具，贵霜迦腻色伽时期夏都迦毕试古城遗址 13 号墓出土

图 5-4-4-7　浮雕《悉达多诞生》（分三层，此为底层），石灰石，高 186 厘米，制作于公元 3 世纪，印度南部纳加尔朱纳康达出土，印度新德里国立博物馆藏

图 5-4-4-8　北魏云冈石窟伎乐天第 16 窟南壁龛楣外高浮雕中的腰鼓

图 5-4-4-9　北魏云冈石窟第 8 窟高浮雕中的腰鼓

图 5-4-4-10　太原隋虞弘墓石棺椁彩绘汉白玉浮雕中的腰鼓

图 5-4-4-11　唐代伎乐群俑中的手持腰鼓俑，釉陶，湖南省博物馆藏

图 5-4-4-12　唐代乐舞群俑中的手持腰鼓俑，陶质彩绘，北京故宫博物院藏

图 5-4-4-13　唐代鲁山窑花瓷腰鼓，北京故宫博物院藏

图 5-4-4-14　唐代陶腰鼓，中国私人藏

图 5-4-5-1　公元 1 世纪制作的象牙饰板，出土于阿富汗贝格拉姆，阿富汗国家博物馆藏

图 5-4-5-2　公元 1 世纪制作的象牙饰板，出土于阿富汗贝格拉姆，阿富汗国家博物馆藏

图 5-4-5-3　波斯银盘内的束腰形腿高凳

图 5-4-5-4　中唐莫高窟第 159 窟南壁壁画《须弥山之一》中的须弥山

图 5-4-5-5　中唐莫高窟第 361 窟壁画《千手千眼文殊》中的束腰莲座

图 5-4-5-6　晚唐莫高窟第 14 窟北壁壁画《千钵文殊变》中的掌中佛座

图 5-4-5-7　现代塑料腰鼓凳

图 5-5-1　初唐莫高窟第 329 窟东壁门上壁画《释迦说法图》中的莲座

图 5-5-2　盛唐莫高窟第 148 窟东壁壁画《第二大愿》中的莲座

图 5-5-3　晚唐莫高窟第 14 窟南壁壁画《金刚母菩萨》中的莲座

图 5-5-4　五代榆林窟第 20 窟甬道顶壁画《菩萨》中的莲座

图 5-5-5　宋代莫高窟第 76 窟东壁门北侧壁画《猕猴献蜜》中的莲座

图 5-5-6　晚唐《一佛一菩萨二协侍一供养人》，纸本设色，纵 27 厘米，横 15.4 厘米，俄罗斯国立艾尔米塔什博物馆藏

图 5-5-7　盛唐莫高窟第 171 窟阿弥陀佛泥塑造像中的莲座

图 5-5-8　犍陀罗雕刻作品《菩萨居兜率天宫》中的莲座

图 5-6-1　铜须弥座，制作于公元前 525—前 500 年，雅典卫城博物馆藏

图 5-6-2　古希腊陶瓶中的须弥座，公元前 380—前 360 年，原瓶高 87.5 厘米，出土于巴吉利卡达

图 5-6-3　敦煌藏经洞出土《粟特女神》帛画

图 5-6-4　初唐莫高窟第 335 窟壁画《文殊》中的须弥座

图 5-6-5　初唐莫高窟第 332 窟北壁东侧壁画《借座灯王及七宝供养》中的须弥座

图 5-6-6　盛唐莫高窟第 148 窟北壁壁画《分舍利》中的须弥座

图 5-6-7　中唐榆林窟第 25 窟壁画《观无量寿经变》中的须弥座

图 5-6-8　隋代莫高窟第 420 窟壁画《野牛听法》中的须弥座

图 5-6-9　隋代莫高窟第 420 窟壁画《群鸟听法》中的须弥座

图 5-6-10　西夏文殊山石窟万佛洞壁画《弥勒经变图》中的须弥座

图 5-7-1　西魏莫高窟第 285 窟壁画中的绳床

图 5-7-2　北魏司马金龙漆屏风人物故事图中的肩舆

图 5-7-3　上图肩舆的线描解析图

图 5-7-4　上图剖析，推测汉成帝垂足坐于抬椅上

图 5-7-5　北魏司马金龙漆屏风人物故事图中的围榻

图 5-7-6　顾恺之《女史箴图·班姬辞辇》线描解析图

图 5-7-7　河南邓县北朝画像砖中的架帐式肩舆线描解析图

图 5-7-8　隋代莫高窟第 419 窟北壁《婆罗门乞马》中的马车

图 5-8-1　五代莫高窟第 384 窟甬道顶壁画《地藏十王》中的 4 件靠背椅

图 5-8-2　北凉莫高窟第 272 窟西壁泥塑坐佛像

图 5-8-3　北魏莫高窟第 435 窟中心柱东向龛泥塑坐佛像

图 5-8-4　初唐莫高窟第 334 窟西壁龛内北壁壁画《舍利弗宴坐》中的禅椅（左）与敦煌西魏莫高窟第 285 窟壁画中的绳床（右）对比图

图 5-8-5　东魏兴和四年（542）造像拓片中的绳床

图 5-9-1　晚唐莫高窟第 85 窟窟顶东坡壁画《肉坊》中的两件高案

图 5-9-2　五代莫高窟第 98 窟北壁壁画《宴饮俗舞》中的高案

图 5-9-3　西夏榆林窟第 29 窟南壁东侧壁画《国师》中的桌

图 6-1-1　尼雅木桌残件，公元 1—4 世纪，长 67.8 厘米，高 60 厘米，出土于新疆民丰县尼雅遗址，英国伦敦大英博物馆藏

图 6-1-2　中唐莫高窟第 186 窟窟顶壁画《拆幢》中的扶手椅

图 6-1-3　西夏文殊山万佛洞右壁壁画《贤愚经变》中的靠背椅

图 6-1-4　西夏文殊山万佛洞右壁壁画《贤愚经变》中的靠背椅

图 6-1-5　晚唐莫高窟第 9 窟北壁中部壁画《舍利弗宴坐》中的禅椅

图 6-1-6　五代莫高窟第 61 窟东壁壁画《舍利弗宴坐》中的禅椅

图 6-1-7　五代莫高窟第 61 窟西壁《五台山大佛光寺》中的禅椅

图 6-1-8　日本正仓院藏唐代"赤漆欟木胡床"（原展览名称）

图 6-1-9　晚唐莫高窟第 196 窟壁画中的圈椅、扶手椅、长凳线描解析图

图 6-1-10　元代莫高窟第 95 窟南壁西侧壁画《长眉罗汉》中的竹椅

图 6-1-11　南宋马远《西园雅集图》中的玫瑰椅（折背样）

图 6-2-1　初唐莫高窟第 323 窟南壁壁画《隋文帝问昙延法师天旱原因》中的高座

图 6-2-2　盛唐莫高窟第 217 窟北壁壁画《未生怨之高座说法》中的高座

图 6-2-3　中唐莫高窟第 159 窟南壁壁画《辗转听受法华经》中的两件高座

图 6-2-4　中唐莫高窟第 159 窟东壁窟门南侧壁画《掌擎大众》中的两件高座

图 6-2-5　盛唐莫高窟第 103 窟东壁窟门南侧壁画《维摩诘经变》中的高座

图 6-2-6　中唐莫高窟第 159 窟东壁南侧壁画《维摩诘经变》中的高座

图 6-2-7　晚唐莫高窟第 156 窟东壁北侧壁画《维摩诘经变》中的高座

图 6-2-8　五代莫高窟第 61 窟东壁窟门北侧壁画《维摩诘经变》中的高座

图 6-2-9　五代榆林窟第 38 窟前室东壁壁画《地藏十王》中的高座、翘头案

图 6-2-10　西夏文殊山万佛洞右壁壁画《贤愚经变》中的高座

图 6-2-11　西夏文殊山万佛洞右壁壁画《贤愚经变》中的高座线描解析图

图 6-2-12　沙州回鹘时期莫高窟第 97 窟南壁西侧壁画《榜题戍博迦罗汉》中的石座

图 6-3-1　晚唐莫高窟第 12 窟东壁壁画《帐篷酒肆》中的长案、长凳

图 6-3-2　晚唐莫高窟第 18 窟壁画《有施》中的案

图 6-3-3　晚唐莫高窟第 85 窟窟顶东坡壁画《释迦佛接见罗婆那王》中的案

图 6-3-4　当今中国会议室常设的帷幔案

图 7-1-1　初唐莫高窟第 323 窟东壁门南壁画《拒卧具供养》中具有斜靠背的床

图 7-2-1　五代莫高窟第 61 窟南壁壁画《良医授药》中的长榻

图 7-3-1　盛唐莫高窟第 148 窟南壁壁画中的椅子

图 7-3-2　晚唐莫高窟第 138 窟南壁壁画中的禅椅

图 7-4-1　盛唐莫高窟第 328 窟西壁龛顶壁画《弥勒佛说法图》中的须弥座式扶手椅

图 7-4-2　盛唐莫高窟第 328 窟西壁龛顶壁画《弥勒佛说法图》中的须弥座式扶手椅线描解析图

图 7-5-1　北周莫高窟第 290 窟人字坡东坡壁画《阿夷观相》中的"吧台"凳

图 7-5-2　当代吧台凳

图 7-6-1　中唐莫高窟第 186 窟北壁东侧壁画中的高凳

图 7-6-2　盛唐莫高窟第 148 窟南壁壁画中的三足高凳

图 7-6-3　当代钢管凳

图 7-7-1　晚唐莫高窟第 9 窟南壁东部壁画《圣僧助战》中的长凳

图 7-7-2　宋代莫高窟第 454 窟西壁壁画《圣僧助战》中的长凳

图 7-8-1　晚唐莫高窟第 156 窟窟顶东坡壁画《肉市》中的八字腿高案

图 7-8-2　五代莫高窟第 61 窟南壁壁画《肉摊》中的八字腿高案

图 7-9-1　盛唐莫高窟第 445 窟北壁壁画《盛唐婚嫁图》中的八足桌

图 7-10-1　晚唐莫高窟第 85 窟东坡壁画中的镜架与镜台

图 7-10-2　五代莫高窟第 454 窟南壁壁画中的镜架与镜台

图 7-11-1　晚唐莫高窟第 9 窟南壁壁画《劳度叉斗圣变》中的鼓架

图 7-11-2　五代榆林窟第 16 窟东壁壁画《风吹鼓架》中的鼓架

图 7-11-3　晚唐莫高窟第 9 窟南壁东部壁画中的钟架

图 7-11-4　五代榆林窟第 16 窟东壁壁画中的钟架

图 7-11-5　现代大屿山宝莲禅寺中的钟架

图 7-12-1　初唐莫高窟第 220 窟北壁壁画中的灯架之一（右为线描解析图）

图 7-12-2　初唐莫高窟第 220 窟北壁壁画中的灯架之二（右为线描解析图）

图 7-12-3　盛唐莫高窟第 148 窟东壁壁画《树幡、斋僧、燃灯》中的灯架（右为线描解析图）

图 7-12-4　初唐莫高窟第 323 窟壁画《张骞出使西域图》中的灯架

图 7-13-1　晚唐莫高窟第 85 窟窟顶东坡壁画《尸毗王割股》中的天平架

图 7-13-2　晚唐莫高窟第 85 窟窟顶东坡壁画《净衣喻》中的衣架

图 8-1-1　北周莫高窟第 290 窟壁画中的案、席、幢架

图 8-1-2　中唐莫高窟第 159 窟南壁壁画《释迦方便涅槃》中的须弥座式榻

图 8-1-3　五代莫高窟第 98 窟东壁壁画《维摩诘经变》局部

图 8-2-1　初唐莫高窟第 331 窟壁画《各族君长》中的席

图 8-2-2　初唐莫高窟第 331 窟壁画《各族君长》中的席

图 8-2-3　盛唐莫高窟第 217 窟南壁壁画《国王求法》中的榻、案

图 8-2-4　五代莫高窟第 98 窟甬道顶壁画《昙延法师圣容》中的禅椅、蒲团

图 8-2-5　中唐莫高窟第 112 窟南壁壁画《比丘宣讲金刚经》中的高座

图 8-2-6　中唐榆林窟第 25 窟南壁壁画《观无量寿经变》中的案

图 8-2-7　盛唐莫高窟第 445 窟北壁壁画《弥勒经变之剃度图》中的案、炉架、盒

图 8-2-8　西夏文殊山万佛洞西壁壁画《西方净土变》中的树架

图 8-2-9　山西高平开化寺宋代壁画中的树架线描解析图

图 8-2-10　当代香港铜锣湾创意树架

图 8-3-1　晚唐莫高窟第 9 窟东坡壁画《奠雁之礼》中的凳、案、席

图 8-3-2　晚唐莫高窟第 12 窟壁画《未生怨》中的案、凳、盒、屏风

图 8-3-3　盛唐韦氏壁画墓《宴饮图》，纵 180 厘米，横 235 厘米，1987 年出土于陕西长安县南里王村，陕西历史博物馆藏

图 8-4-1　五代莫高窟第 61 窟壁画《五台山》中的禅椅

图 8-4-2　晚唐莫高窟第 14 窟壁画《持莲花菩萨》中的莲座

图 8-4-3　宋代莫高窟第 245 窟东壁壁画《辩护》局部

图 8-4-4　唐代莫高窟第 217 窟壁画《观音菩萨》中的足承线描解析图

图 9-1-1　大英图书馆藏五代敦煌寺院籍帐文书 S.1776《显德五年（958）大乘寺法律尼戒性

等交割常住什物点检历状》

图 9-2-1　隋代莫高窟第 302 窟人字坡西坡壁画《木匠伐木》

图 9-2-2　北宋莫高窟第 454 窟甬道顶壁画中的木匠工具

图 9-2-3　宋代榆林窟第 3 窟东壁千手千眼观音左下部壁画中的木匠工具

图 9-2-4　唐代时期的木画紫檀棋局，日本正仓院藏

图 9-2-5　阿斯塔纳（今为哈萨克斯坦首都）出土的双陆局，斯坦因摄

图 9-2-6　初唐三彩牙脚壶门榻，出土于陕西富平李凤墓

图 9-2-7　隋白瓷围棋盘，出土于河南安阳隋张盛墓，河南省博物馆藏

图 9-3-1-1　宋代莫高窟第 76 窟北壁壁画《巫医治病》中的床、墩

图 9-3-2-1　中唐莫高窟第 150 窟南壁壁画《卧佛》中的榻

图 9-4-1-1　盛唐莫高窟第 103 窟北壁壁画《远山落日》中的席

图 9-4-1-2　盛唐莫高窟第 172 窟北壁壁画《长河落日》中的席

图 9-4-4-1　中唐莫高窟第 159 窟壁画《弥勒经变之盥洗》中的凳

图 9-4-5-1　盛唐莫高窟第 113 窟北壁壁画中的高座

图 9-4-7-1　隋代莫高窟第 244 窟壁画《佛说法图》中的莲座

图 9-4-8-1　中唐莫高窟第 112 窟南壁壁画《被人轻贱》中的方座、案

图 9-5-1-1　初唐莫高窟第 203 窟西壁龛外北侧上部壁画《文殊来问》中的几

图 9-5-2-1　中唐榆林窟第 25 窟壁画《弥勒经变》中的食案、供案、盒

图 9-5-3-1　初唐莫高窟第 220 窟北壁壁画中的桌

图 9-6-1　晚唐莫高窟第 12 窟主室南壁壁画《弥勒经变・女剃度图》中的屏风

图 9-7-2-1　唐代带托泥柜线描解析图，日本正仓院藏

图 9-7-2-2　唐代带托泥柜柜门展开线描解析图，日本正仓院藏

图 9-7-2-3　中唐莫高窟第 237 窟西壁佛龛顶壁画《泥婆罗水火油池和弥勒头冠柜》中的柜

图 9-7-2-4　唐代三彩钱柜，长 15.5 厘米，宽 12.1 厘米，高 13.3 厘米，陕西历史博物馆藏

图 9-7-2-5　唐代三彩柜线描解析图，日本正仓院藏

图 9-7-3-1　中唐榆林窟第 25 窟北壁壁画《弥勒经变》中的箱

图 9-7-3-2　盛唐莫高窟第 217 窟南壁壁画《法华经变》中的《得医图》（史敦宇先生摹）

图 9-7-5-1　盛唐莫高窟第 445 窟北壁壁画《七宝》中的盒

图 9-8-3-1　隋代莫高窟第 433 窟人字坡东坡壁画中的九层灯架

图 9-8-3-2　中唐莫高窟第 358 窟北壁壁画《斋僧、树幡、燃灯》中的灯架

图 9-8-4-1　元代榆林窟第 4 窟东壁壁画《天王》局部

后 记

所谓敦煌家具图式研究，主要探讨的是以敦煌壁画为主的敦煌艺术如何见证中国中古时期家具图式的发展与嬗变，这是中国家具史研究中的一个特殊内容。长期以来，对于这一领域，不但探索的学者少，而且能在图像学研究上进行深入而系统探索的成果也不多，这是我展开这项研究的主要原因。其实早在2004年，当我在撰写博士学位论文《中国传统家具与绘画的关系研究》（后获评为2006年度江苏省优秀博士学位论文）时，就感到这一问题的重要性，曾以之作为一章进行阐释。当我完成了博士后出站报告《宋代家具研究》（中国博士后科学基金资助项目），并于2010年出版了拙著《中国宋代家具》（图1-1-4）之后，就越发觉得需要对敦煌壁画与中国家具的千年之变这一领域进行深入阐发，以便于将中国古代家具的深入研究上溯到五代、隋唐、南北朝，打通中国中古时期家具研究的瓶颈，为将来撰写一部真正意义上的《中国家具史》奠定基础。

由衷感谢一代国学大师、艺术大师、西泠印社第七任社长选堂饶宗颐先生以及中国佛教协会副会长、金山寺住持心澄大和尚，他们欣然为拙著题词，使我倍感鼓励。

饶宗颐先生是我国敦煌学研究的先行者与泰斗，其相关著述多具有划时代的意义，笔者曾为此撰文《中流自在心——饶宗颐先生的治学之道》（《民族艺术》2013年第3期）进行总结。譬如，1952年，饶

饶宗颐先生（中）审读邵晓峰（左）专著《中国宋代家具》，右为郑炜明先生

宗颐先生开始敦煌学研究并从事《道德经》的校勘相关工作，最先对索紞写卷（有建衡年号）研究及校勘；1956 年，饶宗颐先生在香港东南书局出版《敦煌本〈老子想尔注〉校笺》，具有填补学术空白的意义；1978 年，饶宗颐先生在法国远东学院出版《敦煌白画》，显示出可贵的学术首创性；1980 年，饶宗颐先生在日本京都讲学，受二玄社邀请担任《敦煌书法丛刊》主编，分类影印，从 1983 年起，月出一册，共二十九册，前后历时三载，此乃国际敦煌学事业的首创；1987 年，饶宗颐先生在香港中华文化促进中心的帮助下建立香港敦煌吐鲁番研究中心。1992 年，香港敦煌吐鲁番研究中心迁至香港中文大学新亚书院，延揽内地学人莅港从事专题研究，并主办杂志《敦煌吐鲁番研究》，由季羡林、饶宗颐、周一良主编，每期 30 万字，至今已出版到第 12 期。2003 年，香港大学建立饶宗颐学术馆，香港敦煌吐鲁番研究中心迁至该馆，这里成为敦煌学研究的重镇。

我们可以《敦煌白画》为例来感知饶宗颐先生的学术敏锐性。1964 年，饶宗颐先生远道至巴黎法国国立科学中心研究敦煌写卷，即留意到这些写卷中的绘画资料的珍稀价值。因此先生向当时的法国汉学泰斗戴密微教授提出了两项研究工作，其中之一是敦煌画稿的研究。20 世纪 60 年代末，先生撰写了《跋敦煌本白泽精怪图两残卷》一文，考述了法藏和英藏的两本写卷中的书画作品。之后，将散在写卷中的白描、粉本、画稿等重要材料辑出，结合保存在美国普林斯顿大学美术系的罗寄梅所拍摄的敦煌壁画照片，结合画史，对白画源流与敦煌画风，白画的作用、种类与题材，敦煌卷轴中的白画，进行了详细研究，还探索了敦煌壁画中的十余种技法。《敦煌白画》撰成后由戴密微教授安排翻译成法文，由法国远东学院于 1978 年以中法两种文字出版，其中汉文版的数万字皆由饶宗颐先生于 1972 年以清健峻拔的小楷亲书而成，赏心悦目。先生在《敦煌白画》的开篇中写道："敦煌画之发现，可为中国中古画史填补空白。斯坦因、伯希和取去之画幡卷轴，无非绘画资料之瑰宝也。惟是敦煌僻在西陲，其画唐人罕见评骘。自莫高窟发现以来敦煌画遂为人所乐称道，探讨者日众。蔚为一时之显学。"指出了敦煌画在中国美术史中不可替代的地位。在中国传统壁画的创作中，白画是经营轮廓及线条表现的重要基础，因此在壁画创作中有提纲挈领的重要作用。这一前人未曾研究过的敦煌学选题，经饶宗颐先生首创性地加以研究，成为中国绘画史中关于唐代人物画画稿的第一部专著，其研究意义是深远的。

饶宗颐先生对于敦煌学提出了许多真知灼见。譬如，他认为敦煌石窟所出的经卷文物不过是历史上的补充资料，他的研究不对某一件资料作详细描写比勘，因为已有许多目录摆在面前，如英、法两大图书目录均有详细记录，无须重复工作。他喜欢运用贯通的文化史方法，利用它们作为辅助的史料，指出它在某一历史问题上关键性的意义，这是其着眼点与人不同的地方。饶宗颐先生还认为敦煌学今后的动向须从专题着眼，将资料作综合分析与深化，不只是一草一木的揭橥，而是具体地对某一问题寻流溯源，究其演变之迹。

在中国现代学者中，饶宗颐先生还彰显出一大特色，即一向主张"学艺双携"。在艺术史与人文科学的关系方面，先生认为："今天似乎是一个学、艺隔阂的时代，自专门之学兴，学术与艺术分家了。"但是先生以自己的艺术史研究实践力图改变这种学术与艺术"不相揣手的局面"。先生在治学之余坚持丹青不辍，他一向主张：一方面，艺术史研究任务的要求是须建立在考辨源流等厚重的人文科学研究基础之上；另一方面，要想探索绘画史中某种画法的一个重要方法，就是需要对这种画法进行实践和体验。这样一来，学术和艺术，互相推动，皆有促进。例如，饶先生《敦煌白画》所取得的学术业绩与他在白描上的杰出能力密不可分；先生后来在白描画上所取得的艺术造诣又是与他长期对白画的学术研究密不可分；先生于《敦煌研究》2006年第6期发表《中国西北宗山水画说》，并开始尝试创作西北宗山水。

"万古不磨义，中流自在心"是饶宗颐先生很喜欢写的一副对联的内容，这是他在香港大学教书时，有一次在海上吟出来的。"不磨"，意为不朽，古人所追求的不朽即立德、立功、立名，因此先要培育修养；"中流自在心"，是指如同人在船上，虽然船漂来漂去，但是我有我的自在。自在是佛教说法，如观世音菩萨的大自在，等于是其符号。先生所说的"中流自在心"，体现在治学上，就是说无论是做学问，还是做艺术，均要强调独立精神，先生正是以自己百年来的人生轨迹与治学所得向世人形象生动地表述了他的"中流自在心"。

正因为以上缘由，二十多年来我也一直主动地寻求"学艺双携"的契合点，加强自己在理论与实践、书法与绘画上的修养与交融，并对饶宗颐先生的学术动向持续关注，总希望能得到机会当面向先生请益，能有机会在其身边学习则更佳。功夫不负有心人，2012年，我申请到"江苏省首批高校优秀中青年教师和校长境外研修计划"的资助，并在热心好友的帮助之下，于这年8月29日来到香港大学饶宗颐学术馆从事访问学者工作。记得来饶宗颐学术馆工作的第一天，我就有幸拜见了时年96岁的饶宗颐先生，他对我的学术研究与艺术创作鼓励良多，并为我在饶宗颐学术馆的合作研究项目《敦煌壁画与中国古代家具研究》即兴题词："研讨精微，能集中在敦煌壁画，展开新局，令人敬佩！壬辰选堂。"一代大师对晚辈的殷切关爱令我感动不已。在之后的一年里，我身处学术馆浓郁的学术氛围之中，并与饶宗颐先生深入交流过许多次。我在饶宗颐学术馆工作的办公室，周围都是先生捐给香港大学的著述、藏书与艺术资料，三面墙壁上挂的均是先生的书画真迹，可时时揣摩。处于这样得天独厚的学术环境，我一直十分珍惜。本书的整体构思成熟于饶宗颐学术馆，主要内容写于饶宗颐学术馆，部分参考资料采于饶宗颐学术馆，研究题词、书名题签得自饶宗颐先生，部分研究成果作为香港敦煌吐鲁番研究中心（饶宗颐先生创立）丛书第一辑第一种出版发行，也是来自饶宗颐先生的大力推荐。以上这么多的学术机缘均源自饶宗颐先生，因此特别感谢先生！

多年来，我与饶宗颐先生以及香港大学饶宗颐学术馆结下深厚的学术缘分，现略作梳理：

1）2013年4月27日，我受邀在香港大学明华综合大楼举行学术讲座《从敦煌壁画看中国家具的千年之变》，香港大学饶宗颐学术馆高级研究员、学术部主任郑炜明任学术主持人，香港大学饶宗颐学术馆、饶宗颐文化馆、香港中华文化促进中心联合主办。

2）2013年8月17日，我受邀在香港中华文化促进中心（饶宗颐先生创立）举行学术讲座《宋代家具与当代生活》，香港中华文化促进中心节目部经理

饶宗颐先生（右）审阅邵晓峰（左）发表的论文

邵晓峰（右一）向饶宗颐先生（中）汇报研究进展，左二为陈伟南会长，右二为饶清芬女士

邵晓峰在香港大学饶宗颐学术馆工作

刘国辉任学术主持人，香港大学饶宗颐学术馆、饶宗颐文化馆、香港中华文化促进中心联合主办。

3）2013年12月9日—10日，我受邀赴香港参加由香港大学主办的"第二届饶宗颐与华学暨香港大学饶宗颐学术馆成立十周年庆典国际学术研讨会"，任C7组分会场学术主持人。演讲论文《饶宗颐先生的泼彩荷花艺术探微》，此文刊入《第二届饶宗颐与华学暨香港大学饶宗颐学术馆成立十周年庆典国际学术研讨会论文集》。

4）2015年12月5日—9日，我受邀赴香港参加由香港大学主办的"饶宗颐教授百岁华诞国际学术研讨会"，任D9分会场学术主持人。演讲《敦煌壁画中家具图式的文化特色》，此文刊入《饶宗颐教授百岁华诞国际学术研讨会论文集》。

5）2017年9月20日—23日，我受邀以论文《中国传统艺术中的模糊性审美——兼议天一阁藏红木条桌上的"石画"》参加在浙江宁波天一阁举行的"中国传统文化中的审美观国际学术研讨会"，天一阁博物馆、香港大学饶宗颐学术馆联合主办。此文刊入《中国传统文化中的审美观国际学术研讨会论文集》。

6）2017年11月18日—26日，由中国美术馆、香港大学主办，香港大学饶宗颐学术馆承办的"莲莲吉庆——饶宗颐教授荷花书画巡回展"在中国美术馆开幕。有幸的是，此时我已由南京林业大学调入北京工作，担任中国美术馆研究与策划部负责人、教授。

得益于在中国美术馆工作的便利，我全方位见证了北京观众与艺术界对于饶宗颐先生艺术与学术的推崇与喜爱。

15年前，饶宗颐先生曾为王世襄先生编著的《明式家具珍赏》（文物出版社，2003年版）题写书名，成为艺坛与出版界佳话。特别有幸的是，饶宗颐先生也先后为我的四本专著题写书名，它们是：

1）《中国泼彩山水画史》，南京：东南大学出版社，2013年第1版，2016年第2版。此书有幸获评为"全民阅读好书推荐书目（2015—2016）200种"（中国图书馆学会主办）。

2）《敦煌壁画与中国家具的千年之变》（饶宗颐先生创立的香港敦煌吐鲁番研究中心丛书第一辑第一种），香港：香港大学饶宗颐学术馆，2014年第1版。

3）《中华图像文化史·宋代卷（上、下卷，70万字）》（国家"十二五"重点出版项目、2014年度国家出版基金资助项目），北京：中国摄影出版社，2016年第1版。

4）《敦煌家具图式》（2017年度国家出版基金资助项目），南京：东南大学出版社，2018年第1版。

2016年，饶宗颐先生还为我撰写了一份求职推荐信。

总之，我与先生的忘年缘分，先生对我的扶助之恩，实在难以言表。

2018年2月6日，饶宗颐先生大道归山，享年102岁，寰宇震动。

万古不磨义，饶宗颐先生之学术思想不朽；中流自在心，饶宗颐先生之文化精神永存！谨以此书献给先生。

另外，还要感谢好友于向东教授，是他帮我结识

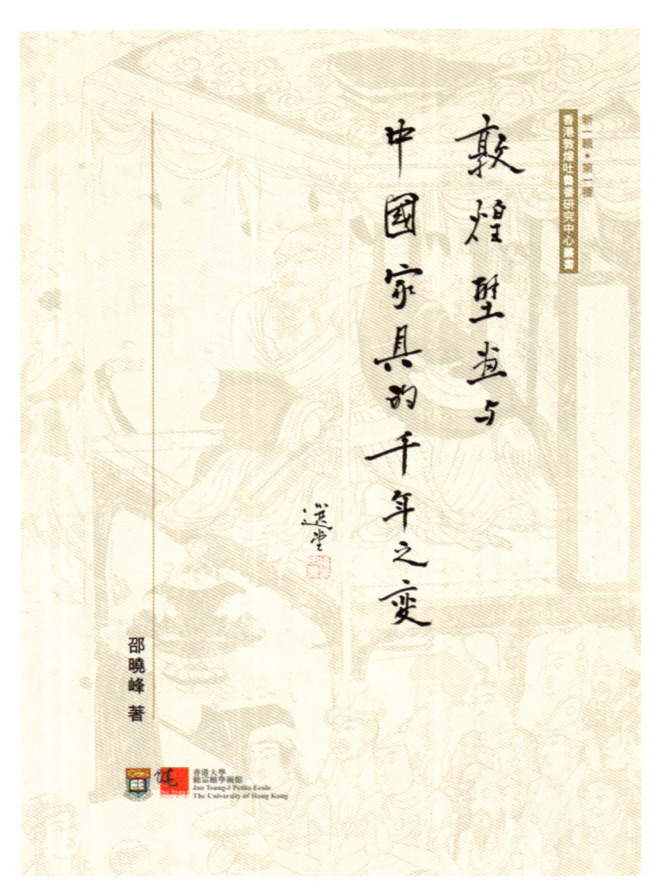

邵晓峰：《敦煌壁画与中国家具的千年之变》封面，
香港：香港大学饶宗颐学术馆，2014年版

邵晓峰（右）与敦煌研究院院长樊锦诗先生（左）在香港大学

了香港大学饶宗颐学术馆馆长李焯芬教授与其夫人李美贤研究员。这对学界伉俪为我构建了在香港大学饶宗颐学术馆求学的机缘与平台，并在此有幸结识了敦煌研究院院长樊锦诗先生，当面得到很多教诲。感谢香港大学饶宗颐学术馆高级研究员、副馆长（学术）郑炜明博士，他为我在饶宗颐学术馆的学习与访问提供了大量便利与建议，作为深受饶宗颐先生器重的入室弟子，炜明先生学术业绩丰厚，是我心目中的良师益友，每次与他的谈话均很投缘，使我收获良多。另外，饶宗颐学术馆副馆长（艺术）邓伟雄博士为我收集饶宗颐先生的学术资料以及展开相关研究工作提供了许多帮助，也表示谢意。

深深感谢我的导师、南京林业大学家居与工业设计学院院长吴智慧教授，长期以来，他对我的教诲与帮助甚多，并在百忙之中替拙著作序，使之增光添彩，这份师生情谊，常令我感怀不已。

感谢我的硕士研究生李汇龙、赵盼盼、李扬、张丹丹、张敏龄、刘荣荣、宋文欣、张心沁、金璐、徐婉婷以及博士研究生王华、梅汝晨，他们组成团队，进行了大量的敦煌家具图式的线图析出与还原以及其他辅助工作，为研究工作的实际运用与有效推进发挥了重要作用。

十分感谢东南大学出版社刘庆楚先生，是他的大力推荐，本书有幸荣获 2017 年度国家出版基金资助项目。多年来，我与东南大学出版社的数次合作均取得喜人的学术荣誉与理想的发行成绩，这些均离不开庆楚兄的精心策划与悉心把关。

拙著付梓，深有感触，特作感怀诗四首：

（一）

敦煌艺藏万国样，域外中土融汇场。
丝路遗存佛窟显，莫高榆林名远扬。

（二）

家具图式起居方，低高之变维度转。
国人有容志乃大，生活方式至今传。

（三）

九州能工兼巧匠，合于生活画师创。
器物传承非小道，小中见大不寻常。

（四）

饶师因缘起香江，学术馆中问道忙。
图文互鉴及故实，六载琢成未觉长。

最后，感谢我所有的师长、同仁、朋友以及学生们，祝大家健康自在！

2018 年 8 月 30 日邵晓峰写于

北京甘雨潜心堂